जीत लो ख़्वाब को

I0081110

जोगिन्दर सिंह
पूर्व निदेशक (सी.बी.आई.)

डायमंड बुक्स

www.diamondbook.in

© लेखकाधीन

प्रकाशकः डायमंड पॉकेट बुक्स (प्रा.) लि.
X-30, ओखला इंडस्ट्रियल एरिया, फेज-II
नई दिल्ली-110020
फोन : 011-40712200
ई-मेल : sales@dpb.in
वेबसाइट : www.diamondbook.in

Jeet Lo Khwab Ko
By : Jogindar Singh

अपनी बात

दृढ़ निश्चय होना चाहिए

सारे इनाम, पुरस्कार और मान्यताएं उन्हीं लोगों के हिस्से में जाती हैं, जो अपने कार्य में शीर्षस्थ हो पाते हैं। उन्हीं को सबसे बड़े पारिश्रमिक या काम के मुआवज़े भी हासिल होते हैं। इसके लिए हमें स्वयं से यह प्रश्न पूछते रहना चाहिए कि क्या जो हम कर रहे हैं, वह हमारा सर्वोत्तम प्रयास है। हमारे जीवन का आदर्श वाक्य होना चाहिए– हम जो भी करें, जिन साधनों से भी करें, वह हमारा सर्वोत्तम प्रदर्शन होना चाहिए। इस सबसे अच्छा कर दिखाने के लिए ज़रूरी है हमारा आज भी सर्वोत्तम करने का प्रयास करना।

सकारात्मक सोच वाले व्यक्ति के लिए तो बुरा अनुभव भी ऐसा मौका होता है, जिसमें वह स्वयं का परीक्षण कर सके और बाद में उससे सबक हासिल कर सके। उसकी बुद्धिमानी होती है, अपनी किसी भी ग़लती को कभी न दोहराना। ग़लती करना तो हमारे जीवन का हिस्सा है, पर आपकी स्थिति वही है कि अपनी किसी ग़लती को दोबारा न करना। जीवन में घटनाएं एक-सी ही तो नहीं होतीं। एक औसत आदमी भी विजयी हो सकता है, यदि वह औसत से ज्यादा प्रयास करता रहे। यह हमारा प्रयास ही है, जो हमें लक्ष्य की प्राप्ति करवाता है, उस मंज़िल तक पहुंचाता है, जो हमारा गतंव्य होती है।

मनुष्य के सारे विकास, प्रगति, उपलब्धियां उसकी कड़ी मेहनत का ही प्रतिफल है, पर यह कड़ी मेहनत की क्षमता आसानी से प्राप्त नहीं होती। वैसे सारा श्रेय योग्यता को दिया जाता है, पर योग्यता क्या है, सिवाय अपनी क्षमता और ज्ञान को इस तरह ढाल लेना कि हम अपना वांछित लक्ष्य प्राप्त करने में सफल रहें। इसमें शामिल है हमारी बुद्धिमत्ता, जो पिछले अनुभव से लाभ उठाकर नई समस्याएं सुलझाती है। जैसे-जैसे हम नई सूचनाएं, अपनी जिज्ञासा, अवलोकन, व्यक्तिगत भागीदारी और अनुभव से प्राप्त करते हैं, हमारी क्षमताओं में इज़ाफा होता जाता है। हम जितने प्रवीण होते जाएंगे, उतना ही हमारा विश्वास मज़बूत होता जाएगा। जब तक हम में करने की चाह नहीं होगी, कोई काम नहीं हो सकता। यदि हमें किसी

वृक्ष से फल चाहिए, तो हमें उस वृक्ष पर चढ़ना ही होगा या पेड़ को हिलाना ही होगा। कभी-कभी हमारी मेहनत वांछित फल नहीं भी दिलवा पाती, पर यह हमारी अगली बार सफलता सुनिश्चित करने की संभावना तो बढ़ा ही देती है।

असफलता वस्तुतः सफलता का एक अंग ही है। यह हम पर निर्भर करता है कि कैसे उस हार को जीत में बदल दें। यह सब तो हमको ही करना होगा, किसी और के पास जाने से कुछ नहीं होगा। अपनी मुक्ति तो हमारे अपने काम से ही मिलेगी। साधारण व्यक्ति और विशिष्ट व्यक्ति में फ़र्क सिर्फ़ 'अतिरिक्त' मेहनत का ही होता है। यह कड़ी मेहनत ही है, जो साधारण को असाधारण बनाती है; उसे धो-चमकाकर विशिष्टता प्रदान करती है।

बिना प्रयास के सफलता की कामना करना, हवा में महल बनाना ही है। वैसे इन हवा-महलों को बनाना ग़लत नहीं है, पर ज़रूरी है इन हवाई महलों को एक सुदृढ़ नीव प्रदान करना, जिससे हम उस पर अपनी उपलब्धियों के कंगूरे स्थापित कर सकें।

योग्यता को विकसित करने का एक ही तरीका है, निरंतर अभ्यास करना। शिखर पर कभी कोई आसमान से टपककर नहीं पहुंचता। प्रयास की ही महत्ता है। हर शिखर क़दम-दर-क़दम चढ़कर ही प्राप्त किया जा सकता है। असल महत्त्व प्रयास का ही है, पर प्रयास के साथ असीमित क्षमता भी होनी चाहिए कष्टों को सहने की। एक पुरानी उक्ति है– सड़क बुहारने वाला सड़क ही बुहारेगा; माईकिल एन्जेलो चित्रकारी करेगा तथा बीथोवन संगीत का सृजन करेगा या शेक्सपियर कविता लिखेगा। सड़क बुहारने वाले को भी सड़क इतनी साफ़ कर देनी चाहिए कि पृथ्वी और स्वर्ग के लोग रुककर प्रशंसा करें– "यहां एक सड़क बुहारने वाला रहता है, जो अपना काम बहुत अच्छी तरह करता है।"

हम जाने जाते हैं मात्र योजनाएं बनाने से नहीं, वरन् उनको चरितार्थ करने से, अपने उत्पादों से और अपनी उपलब्धियों से। चाहे हम कितने भी प्रतिभावान क्यों न हों, हम ऊंचे नहीं उठ सकते, यदि हम में कड़ी मेहनत और लगन नहीं है। हमें यह समझ लेना चाहिए कि कुछ भी सार्थक उपलब्धि प्राप्त करने का कोई आसान रास्ता नहीं होता। यह तो हम पर ही निर्भर है कि हम अपने जीवन को कैसा बनाएं।

इस पुस्तक में कई उम्दा सुझाव और यथोचित उदाहरण शामिल किए गए हैं, जो हर व्यक्ति को अपने इष्ट स्वप्नों को चरितार्थ करने में सहायक सिद्ध होंगे। यदि आप में सपना देखने का साहस है, तो समझ लें कि कोई सपना ऐसा नहीं होता, जो सच न किया जा सके।

–जोगिन्दर सिंह (आई.पी.एस.)
पूर्व निदेशक (सी.बी.आई.)
प्रख्यात लेखक एवं अभिप्रेरक

विषय सूची

1

बड़े सपने देखें

कुछ बड़ा प्राप्त करने के लिए हमें सपने भी बड़े देखने होंगे। यह हमारी कल्पना ही है, जो हमें स्वर्ग या नर्क का 'पासपोर्ट' दिलाती है। यदि आपकी कल्पना समृद्ध है, तो आप किसी वास्तविकता को मात दे सकते हैं। यदि जीवन में वाकई आप प्रसन्नता प्राप्त करना चाहते हैं, तो वही करें, जिसमें आपको विश्वास हो। अंतत: हमारी कल्पना ही वास्तविकता बनती है और काम इसी से निकलता है। हमें स्वयं जीना सीखना चाहिए। दूसरों की करनी को निष्क्रियता से निहारते हुए अपने समय की बर्बादी नहीं करनी चाहिए; जड़ पदार्थों की तरह मात्र अस्तित्व में नहीं रहें, पर खुद भी जिएं। यह हमारी कल्पना की शक्ति ही है, जो हमें सीमित से असीमित बनाती है; हमें नया कुछ करने की प्रेरणा देती है। सत्य तो यह है कि ज्ञान से पहले कल्पना आती है, क्योंकि ज्ञान तो किसी निश्चित समय तक उपलब्ध जानकारी का आधार है। हमारी कल्पना एक ऐसा औजार है, जो हमें नई-नई चीजों को देखने में सक्षम बनाता है, नए आयाम सामने खोलता है और सीमाओं का अतिक्रमण करवाता है; अपनी वांछित उपलब्धि का पूर्व-दिग्दर्शन कराता है। जब कोई मूर्तिकार किसी चट्टान को देखता है, तो उसमें वह उस मूर्ति को देखता है, जो उससे वह निकालना चाहता है। हवाई जहाज का आकाश में उड़ना, फोन / मोबाइल फोन / टेलीविज़न और इंटरनेट का विचार पहले दिमाग में कौंधा होगा और तब उनके अन्वेषकों की कल्पना शक्ति ने इन्हें वास्तविकता में लाने का प्रयास किया होगा। इसलिए जब तक हम सपना नहीं देखेंगे, हम कुछ भी नहीं कर पाएंगे! कल के सपने ही आज की हकीकत होती है। हर नया अन्वेषण एक कल्पना के

दु:साहस के रूप में शुरुआत करता है। पिछले कई दशकों में मानव कल्पना ने अद्‌भुत चमत्कार दिखाए हैं। एक सात वर्ष के बालक के रूप में मुझे सबसे बड़ा ताज्जुब लगता था, जब मैं रेडियो सुनता था– देश विभाजन के पूर्व! मुझे हमेशा यही लगता था कि कोई रेडियो के अंदर बैठा है और उद्‌घोषणाएं करके गाने सुना रहा है! जब गांवों में पहली बार लाउडस्पीकर आया, तो मेरी बिलकुल समझ में नहीं आया कि कैसे कई किलोमीटर दूर बैठे आदमी तक हमारी आवाज़ पहुंचती है और कैसे कोई इतनी दूर से यहां की बातचीत सुन सकता है। यह महान नाटककारों– यथा शेक्सपियर की कल्पना शक्ति ही थी, जिन्होंने हमें उतनी बहुमूल्य साहित्यिक निधियां प्रदान की हैं। कल्पना ही जीवन के पंख हैं। नया करने की चाह और सफलता तक टिके रहने की लगन ही हमारे जीवन को बदल सकती है और सफलता या असफलता का भेद स्पष्ट कर सकती है। सामने आई चुनौतियां हमारी कल्पना को उकसाती हैं, उसे विकसित करती हैं। चाहे उसे आप चेतना शक्ति कहें, दिमाग कहें या एक अद्‌भुत चीज़, पर यह हमारे सुबह सोकर उठते ही लगातार काम करने लगती है और हमारे रात को सोने तक अनवरत रूप से काम करती रहती है। यह भी एक भ्रांत धारणा है कि जो बड़े बुद्धिमान लोग होते हैं, वही सृजनशील होते हैं। एक औसत बुद्धि वाला आदमी भी अद्‌भुत ताकत दिखाने में सक्षम हो सकता है। सृजन शक्ति होने के लिए हमें अपनी उन आदतों से त्राण पाना होगा, जो हमारी संभावित क्षमताओं का ह्रास करती हैं। हमें नए विचार पैदा करने चाहिए, उनकी जांच करना चाहिए कि वे हमारे लक्ष्य को प्राप्त करवाने में हमारे कितने सहायक रहेंगे और फिर उसका मूल्यांकन करना चाहिए कि हमारे काम में वे कितने मददगार रहे। मैं स्वयं को अपराध बोध में ग्रसित पाता हूं, क्योंकि मैं भी एक चीज़ से दूसरे पर छलांग लगाता रहता है; टिककर बैठ नहीं पाता। मुझे एक विचार पर लगातार दृष्टि रखनी चाहिए। पर मैं उसका मूल्यांकन टालता रहता हूं और उसे तुरंत नहीं कर पाता। निरंतर मूल्यांकन आवश्यक है, क्योंकि इसी से मालूम पड़ता है कि हम किसी घिसी-पिटी लकीर पर जा रहे हैं या कोई नई राह खोज रहे हैं। विशेषज्ञ तो हर क्षेत्र के होते हैं। उसको सुनना तो ज़रूर चाहिए, पर आवश्यक नहीं कि उनका अनुसरण भी किया जाए। यदि उनकी सलाह हमारे माफ़िक नहीं आती या हमारे काम नहीं आएगी, तो उसे अपनाना ज़रूरी नहीं।

संसार के ऐसे कई सफल व्यक्ति हैं, जो अपने समय के प्रबंधन गुरुओं द्वारा हतोत्साहित किए गए थे कि उनका रास्ता सही नहीं है, पर उन्होंने उसे सही करके दिखाया। जिसको असंभव या बेकार का बताया गया था, उन्हीं तरीकों से उद्यमियों को सफलता भी मिली, क्योंकि उन्होंने अपना सर्वोत्तम प्रयास किया और सफलता पाई। हमें यह समझना चाहिए कि हम में से हर एक स्वतंत्र है अपना सफलता का मार्ग चुनने को। हम सभी के पास अलग-अलग गुण होते हैं और हम में से हर एक नए सोच में ढला होता है। हर एक का अपना रास्ता होता है सफलता या असफलता

8 *जीत लो ख्वाब को*

का। कोई चुपचाप सफल होता है, कोई चमत्कारी ढंग से असफल। मेरे विचार से अपना-अपना तरीका ही सही रास्ता है।

मैं बिलकुल स्पष्ट जानता हूं कि ऐसी कई चीजें हैं, जो मैं नहीं जानता या नहीं समझना। हम में से कोई भी जीवन के हर क्षेत्र का सर्वज्ञ तो हो ही नहीं सकता।

यह तो कल्पना की उड़ान ही है, जो हमसे कहती है कि जहां हो वहीं रहो या अपनी स्थिति सुधारने का प्रयास करो। जो बड़े उपलब्धि पाने वाले हुए हैं, उन्होंने शुरुआत तो एक बेहद छोटे ढंग से की थी और कुछ ऐसा पाया जिसका हमारी सभ्यता में कभी अनुमान भी नहीं किया गया होगा। कुछ दशकों पूर्व संप्रेषण का एकमात्र ज़रिया था टेलीफोन की लैंडलाइन या 'तार' द्वारा संप्रेषण कायम करना। आज का एक अविश्वसनीय-सा लगने वाला संप्रेषण का ज़रिया, ई-मेल, एक युवा भारतीय का अन्वेषण था। यह कहना बड़ी बात का साधारणीकरण करना होगा कि जीवन में कोई ग़लती नहीं करनी चाहिए। पर ग़लतियों और असफलताएं एक निश्चित साइनपोस्ट की तरह देखे जाने चाहिए कि कैसे किसी चुनौती का सामना नहीं करना चाहिए।

कोई भी सार्थक स्वप्न इस योग्य होता है कि उसके लिए हम अपना पूरा बल और प्रयास लगा दें, उसे सच करने के लिए। याद रखें, सपने से ही शुरुआत होती है किसी भी विश्व-विजय की। जिनमें सपना देखने का हौसला है, उनके सामने जीतने को सारा विश्व पड़ा है। कोई भी महत्त्वाकांक्षा या सपना छोटा या बड़ा नहीं होता। सपने देखने का साहस करो और दुनिया को जीतो!

2

कैसे समृद्धि का भाव हमारे मन में ही रहता है?

हमारे लिए आत्म-विश्लेषण करते रहना आवश्यक है कि हम क्यों अपना लक्ष्य या महत्त्वाकांक्षा हासिल नहीं कर पाए। हमें सदैव यह स्मरण रखना चाहिए, आज कल का भूतकाल है जैसे कि वर्तमान कल का भविष्य अगले दिन हो जाता है। एक चीज़ का हम प्राय: ध्यान नहीं रखते कि हम बज़ाय खुद को देखने के दूसरे को निहारते रहते हैं। दूसरों से बात करने के पूर्व हमें यह सोच लेना चाहिए कि हम उनसे क्या कहना चाहते हैं और उसका प्रयोजन क्या है।

हमें इस प्रकार की भाषा बोलनी चाहिए कि हमारे शब्द सीधे दूसरों के हृदय तक पहुंचें, जिनसे हम संप्रेषण कर रहे हैं। चूंकि हमारे पास पर्याप्त समय नहीं होता, हम ज़्यादा-से-ज़्यादा काम करना चाहते हैं, उस सीमित समय में जो उपलब्ध होता है।

इसलिए बेहद ज़रूरी है कि हम अपनी ऊर्जा को बिखेरें नहीं। इसका एक सीधा-सादा कारण है कि यदि हमारे पास कम ऊर्जा होगी, तो हम कम काम पूरा कर पाएंगे। परिणामस्वरूप, चूंकि आपका ध्यान और शक्ति केंद्रित नहीं होती। आप अपनी और दूसरे की अपेक्षाओं की तुलना में खरे उतर नहीं पाते।

अपनी चेतनता और विचारों से हम अपने जीवन को बदल सकते हैं। अपनी ज़िंदगी की जिम्मेदारी हमारी ही होती है। हम ही हैं, जो अपने जीवन को ज़्यादा धनात्मक एवं उन्नत बना सकते हैं और इस प्रकार जो हमें ऋणात्मक दबाव या आघात लगते हैं, उनकी ऋणात्मकता कम कर सकते हैं। उन ऋणात्मक तत्वों से निपटने के लिए हम अपने तरीके बना सकते हैं, जो मानव रूप में हमें त्रास देते हैं और जो दूसरों को आतंकित और परेशान करते रहते हैं।

यदि हम कहीं टिकेंगे नहीं, तो हम सदा धमकी से ग्रस्त महसूस करेंगे और अपनी पूरी क्षमता से उपलब्धि नहीं पा सकेंगे। आपको ऐसे लोगों को अपने जीवन से काट देना चाहिए या उनके प्रति पूरी विमुखता रखनी चाहिए। ऐसे लोगों से बचना ही ठीक है, जो आपके जीवन और सार्थकता को कुतरना चाहते हों, उनके साथ रहने का कोई मतलब ही नहीं है। यह हमारे हाथों में है कि हम कैसा भविष्य चाहते हैं और जीवन में कैसी खुशी पैदा करें।

चाहें हमारे जीवन से उनका कोई सरोकार या महत्त्व हो न हो, इसमें कोई शक नहीं कि हम अपने चारों तरफ़ के वातावरण से प्रभावित हुए बिना नहीं रह सकते। हमें सावधान रहना चाहिए कि क्या हम अपने दिमाग में घुसने दें, क्योंकि जो हमारे दिमाग में जाता है, वह हमारे व्यवहार एवं दूसरों के साथ बर्ताव को प्रभावित करता ही है। हमें खुद तय करना है कि हम अपना भविष्य कैसा बनाएं।

हम कुछ भी करें, हमारे चारों ओर का प्रभाव– यथा मीडिया, रेडियो, टेलीविज़न या अख़बारों के चर्चे– हमें लगातार यह बताता रहता है कि विश्व में क्या ग़लत है और हमारे जीवन के लिए सर्वोत्तम क्या है। यदि हम इस प्रभाव का अपने दिमाग द्वारा परीक्षण नहीं करेंगे; उसको अपनी बुद्धि की छलनी से छानेंगे नहीं, तो हम इसके प्रभाव से बच नहीं सकते, चाहे वह प्रभाव अच्छा हो या बुरा या उदासीन। हमें फालतू और शंकालु बनाने वाले विचारों से बचना चाहिए और अपने मन में उसको कोई स्थान नहीं देना चाहिए।

यह एक सत्य है कि मैं अपने जीवन में ऋणात्मक प्रभाव देने वाले लोगों से ज़्यादा मिलता हूं, बनिस्बत अच्छे विचार देने वाले लोगों के। यदि दस ऋणात्मक या फालतू के लोगों से मिलता हूं, तो एक ऐसा भी मिलता हो, जो उत्साहवर्द्धक और प्रसन्नता देने वाला होता है। यह शायद सभी के साथ होता है।

एक सत्य यह भी है कि सेवा उद्योगों– यथा डिपार्टमेंटल स्टोर या सरकारी उद्यम– रेलवे या टेलीफोन विभागों में कोई स्वागत कक्ष नहीं होता। यह इसलिए कि सरकारी सेवाओं में नौकरी की सुरक्षा इतनी ज़्यादा होती है कि चाहे आप काम करें या न करें, आपको तनख्वाह और पदोन्नतियां तो नियमित रूप से मिलती ही रहेंगी।

किसी भी बाहरी प्रभाव देने वाले घटक से बचने के लिए हमें अपनी चेतना का स्तर इतना उठा लेना चाहिए कि हम पहचान सकें कि क्या हमारी खुशी को बढ़ाएगा और क्या दूसरों के लिहाज़ में हम पर थोपा जा रहा है– जो केवल हमारे धन, वोट या हमें एक ख़ास राह पर चलने के लिए बाध्य करने के लिए हो रहा है; या हमें एक मूक दर्शक बनाकर आत्म विचारों या विचारधारा को स्वीकार करने के उद्देश्य से किया जा रहा है।

ऐसे तंत्र से बचना आसान नहीं होता, जो लगातार एक सूक्ष्म स्तर पर आपको पट्टी पढ़ाने का प्रयास करता हो। लेकिन यदि हमें लगे कि इसके उद्देश्य हमारे हित

में मेल नहीं खाते तो उससे हटकर मुख्य धारा को छोड़ने में हमें भय नहीं लगना चाहिए। हमें अपने आपको इतना सुदृढ़ करना चाहिए; इतना उन्नत करना चाहिए कि जब लोग हम से ठीक प्रकार से व्यवहार न करें, तो हम विचलित न हों। अपनी सुरक्षा सुनिश्चित करने के लिए हमारी सोच का धनात्मक एवं गतिमान होना ज़रूरी है।

हमें ऐसी आदत डाल लेनी चाहिए, जिससे हम सदा वे ही विचार ग्रहण करें, जो मनसा वाचा कर्मण्या हमारे उर्जान्वित एवं धनात्मक विचारों से भरते रहें और हमारे व्यवहार एवं विचार को सुधारते रहें। हमें सदैव उन्हीं की ओर अपना ध्यान केंद्रित रखना चाहिए जो सही है उसी को स्वीकार करो और अपनाओ, न कि वह जो तुम्हें ज्यादा लोकप्रिय एवं आम स्वीकार्यता प्रदान करता हो।

हमें वही काम करना चाहिए और उसी पर समय खपाना चाहिए, जो हमें अधिकतम लाभ और सुकून दे, क्योंकि ये चीज़ें किसी डिपार्टमेंटल स्टोर में नहीं मिलतीं, न किसी कीमत पर ख़रीदी जा सकती हैं। समय की आपूर्ति सीमित होती है और इसको केवल वर्तमान में ही प्रयुक्त किया जा सकता है। न इसको वापस लाया जा सकता है, न कहीं जमा किया जा सकता है, क्योंकि यह एक अद्वितीय और दुर्लभ चीज़ होती है।

हम जो भी करें, यह समझकर करें कि हम किसी एकांत द्वीप में नहीं रह रहे। दूसरों से संपर्क तो रखना ही पड़ेगा। जब हम किसी से बातचीत करें, तो कभी दूसरों के प्रति तिरस्कार और अपने प्रति घमंडता का भाव न रखें। दूसरों को अपने साथ सहज और सुखद महसूस करने का मौका दें। सदा मुस्कुराकर बात करें और लहज़ा सदैव दोस्ताना रखें। जब तक कोई मज़बूत कारण न हो, दूसरों की बात में व्यवधान न डालें। यदि दूसरा कुछ कह रहा है, तो उसको गौर से सुनें। ऐसा न करना सौजन्यता के खिलाफ़ है।

दूसरों को ऐसे ही एकाग्रता से सुनें, जैसा आप चाहते हैं कि लोग आपको सुनें। आत्म-विश्लेषण की प्रवृत्ति ऐसी रखें कि वह आपके व्यक्तित्व का अंग ही लगे। सदा स्वयं से पूछते रहें कि जो आप कर रहे हैं, वह कितना ज़रूरी है और क्या इसमें आप अपना समय तो ज़ाया नहीं कर रहे; क्या यह आपको आपके गंतव्य या लक्ष्य के निकट ला रहा है, जो आप इस जीवन में पाना चाहते हैं? अपने दिन में सपने देखने की प्रवृत्ति को विराम दें और उस कार्य में लिप्त हो जाएं, जो आपके सपनों को साकार करने में सहायक हों।

3

सकारात्मक सोच किस प्रकार सफलता प्राप्ति में सहायक रहते हैं

जब मैं लोगों से सकारात्मक होने और सर्वोत्तम प्राप्ति की उम्मीद करने को कहता हूं, तो कभी-कभी वे पूछते हैं कि मेरी सकारात्मक सोच के मायने क्या है? साधारण भाषा में कहूं तो, इसका अर्थ है अपने विचारों को उत्साहपूर्ण एवं तकनीकी तौर पर समाधानों या हलों पर केंद्रित रखना, बज़ाय उन समस्याओं पर, जो आपके मार्ग में आती हैं। यह सीधा-सादा सवाल है सर्वोत्तम उम्मीद रखने का।

मेरे स्वर्गीय पिता, महंत करतार सिंह, जन्मजात और प्रकृत: आशावादी थे। वे हमेशा मुझसे कहते थे कि यह हम सब पर ही निर्भर है कि उस अज्ञात को महती अच्छाई के रूप में ही देखें, जो कुछ विश्व में हो रहा है। सकारात्मक सोच का अर्थ है अमूर्त की अनुभूति करना और असंभव को प्राप्त करना।

पाकिस्तान में अपनी सारी भू-संपत्ति खोने के बाद हमें स्थाई रूप से बचने में कुछ समय तो लगा ही था, पर मेरे पिता ने कभी कोई शिकायत नहीं की या बुरा-भला नहीं कहा। वे धैर्य से घास काटते रहे और जानवरों को चराते, उन्हें नहलाते-धुलाते रहे, वहीं पास ही एक नहर में। उन्होंने कभी जीवन में हानि होने का रोना नहीं रोया।

कुछ लोगों में यह सकारात्मकता अपने आप आती है और कुछ को इसे विकसित करना पड़ता है। पर यह सत्य अटल रहता है कि आपको निराशा और व्यर्थ के प्रलापों से स्वयं को बचाना पड़ेगा। जैसे ही यह पहरा हटा कि अवसाद, निराशा आदि के घातक विचार हम पर हावी होने लगते हैं।

मैं सदा से यही मानता रहा हूं कि जीवन को हम जैसा चाहें वैसा बना सकते हैं। हमारी दुनिया हमारे विचार ही हैं। हम अच्छा-बुरा जो सोचते हैं, वही मूलतः हमारी दुनिया बनाते हैं। अपनी सोच और विचारों में सकारात्मकता लाकर हम अपने विभागों का क्रम बदल सकते हैं।

हमारा पूरा प्रयत्न होना चाहिए कि ऋणात्मक विचारों को दिमाग में घुसने ही न दें। उन्हें सदैव प्रतिबंधित रखें। हमें ऋणात्मकता से बचने में महारत वैसे ही हासिल करनी चाहिए, जैसी एक बत्तख के पैरों में होती है, जो पानी को उन पर टिकने ही नहीं देती।

दुनिया और लोगों को देखने के हमारे पास दो नज़रिये होते हैं– एक अपने विश्वास और भरोसे के नज़रिये से देखें और सब कुछ ठीक है और सब कुछ अच्छा ही होगा, क्योंकि हम ऐसा कर देंगे।

दूसरा कि दुनिया में सब कुछ गड़बड़ ही होता है। इसको सुधारने के लिए हमें प्रयास करना और अपनी सोच बदलनी होगी। मैं तो किसी भी स्थिति को ऐसे देखता हूं कि जो कुछ सर्वोत्तम होना संभव था, वही हुआ है।

जब मेरा उच्च गरिमामय पद सी.बी.आई. डायरेक्टर से, एक गुमनाम से पद पर दंड स्वरूप ट्रांसफर इसलिए कर दिया गया कि मैंने एक बड़े आपराधिक मामले में एक बड़े पदासीन रुतबेदार व्यक्ति के अवैध आदेश नहीं माने, तो प्रेस वालों ने मुझसे पूछा कि मैंने इस बदलाव को कैसे लिया! मैंने मुस्कुरा कर कहा– ''बहुत बढ़िया रहा यह बदलाव, वही तनख्वाह पर काम कुछ भी नहीं। इससे बढ़िया क्या होता मेरे लिए?''

मीडिया तब उम्मीद कर रहा था कि मैं थोड़ी छाती पीटूंगा और आंसू बहाऊंगा, पर मेरे प्रतिसाद ने उन्हें निराश कर दिया। यह ठीक है कि हम सब कुछ अपनी मर्ज़ी के मुताबिक नहीं पा सकते। तो सबसे अच्छा तरीका है कि अपनी सोच का ढर्रा ही बदल दो। हमारी ख़ुशी का दारोमदार जीवन के प्रति हमारे व्यवहार पर रहता है, हम किससे मिलते हैं और क्या परिस्थिति हमारे सामने आती है और उनसे हम कैसे निपटते हैं।

हमें अपने विचारों के प्रति सावधान रहना चाहिए और गौर से देखें कि हम क्या और कैसा सोच रहे हैं। इनके प्रति पूरी तरह जागरुक होकर कभी-कभी अपना आत्म अवलोकन भी करना चाहिए। ऋणात्मक विचार ऋणात्मक भाव पैदा करते हैं, जबकि धनात्मक या सकारात्मक विचार धनात्मक जोश दिलाते हैं, पर ऋणात्मक विचारों को दबा देना या उनकी पूरी तरह अनदेखी करना भी उचित नहीं है। यदि आप अपने भावों को समझते रहेंगे, तो आप निश्चित ही उनको सुधार भी सकते हैं।

यह मानना भी ज़रूरी है कि कभी-कभी ऋणात्मकता का ऐसा दौरा पड़ता है कि उससे त्राण पाना आसान नहीं होता। इसका काट इसी तरीके में है कि अपने

वर्तमान में टिके रहो और भरोसा रखो कि संसार की दुरुहतम समस्या का भी समाधान संभव है। अपने आपको याद दिलाते रहें, आप अपने मनोभावों की कृपा पर ही नहीं जी रहे हैं। बेशक ऋणात्मकता का अस्तित्व नकारा नहीं जा सकता, पर प्रयास उसे सकारात्मकता में बदलने का किया जाना चाहिए।

समस्याएं तो सभी को झेलनी पड़ती हैं, पर महत्त्व इसका है कि आप उनके साथ कैसे पेश आते हैं। एक अच्छा तरीका जो मैं प्रायः इस्तेमाल करता हूं, वह यह है कि मन-ही-मन धनात्मक और विश्वास पैदा करने वाले वाक्यों को दोहराते रहो, जिससे कि वह सोच जीवन का एक अटूट हिस्सा बन जाए। इसके लिए मैं अपने आई-पॉड या डिज़िटल रिकॉर्डर का प्रयोग करता हूं, जिसमें मैंने अपनी ही किताबों से आत्म-सुधार के उद्धरण भर दिए हैं। चाहे मैं सुबह घूमने जाऊं या नहाता होऊं, यह मंत्र चलते रहते हैं और मुझे याद दिलाते हैं कि आगे कैसे बढ़ा जाए।

एक अन्य तरीका है सदा धनात्मक रहने का, यानी सदा अपने को धनात्मक विचार वाले लोगों से जोड़े रखो और उन लोगों से बचो, जो आपको नीचे गिराने की फिराक में रहते हैं। एक बार में तो हम एक ही चीज़ सोच सकते हैं। यदि आप जीवन में होने वाला सब वुछ अच्छा-ही-अच्छा देखते हैं, तो ऋणात्मक भाव आपके मन में आ ही नहीं पाएंगे। दिन की शुरुआत में मानसिकता पर बड़ा असर होता है, इसलिए मैं तो सुबह उठकर शास्त्रों को पढ़ता हूं और चाय पीते हुए धनात्मक विचारों का पारायण करता हूं।

मैं अपने दिमाग में कोई-न-कोई सकारात्मक विचार भरने का कोई मौका नहीं चूकता। यदि हमारे विचार धनात्मक, रचनात्मक एवं सृजनात्मक होंगे, तब हमें सफलता की कामना होगी। तब हमें लगेगा कि हम अभिप्रेरित हैं। तब हम असफलता के मध्य भी विचलित या दुःखी नहीं रहेंगे; अभिप्रेरणा हमें बुराई में भी अच्छाई ढूंढने को प्रेरित करेगी और चाहे कितनी भी अड़चनें हों, हम हार नहीं मानेंगे। इस प्रकार की सोच को हमें अपनी आदत बना लेना चाहिए। इस मानसिकता को बनाने के लिए एक और संकेत चिह्न है– क्या आपकी सोच– ''हां, मैं कर सकता हूं!'' वाली है? यदि हम यह व्यवहार और ऐसी सोच रखेंगे तो हम पूरे विश्वास के साथ काम करते रहेंगे तथा आत्मसम्मान से लबरेज रहेंगे। तब हम असफलता में भी आगे बढ़ने का एक मौका ढूंढ सकेंगे।

यदि धनात्मक नज़रिया रहेगा तो चाहे हम किसी भी परेशानी, संघर्ष या तकलीफ से गुज़रें, हम उससे बेहतर ढंग से जूझकर शीघ्र ही छुटकारा भी पा सकते हैं। इनसे हमें फालतू की चिंता और ऋणात्मक संभावनाओं की सोच से त्राण मिलेगा और अंधेरी सुरंग में भी हम रौशनी की लकीर ढूंढने में सफल हो सकते हैं।

व्यवहार कोई मूर्त वस्तु नहीं होती, यह तो नज़रिया का एक ढंग होता है। यह वह मन की स्थिति है, जिसको विकसित किया जाना चाहिए और लगातार पोषण

व खुराक देकर मज़बूत किया जाना चाहिए। यदि आपके पास ऐसी सोच है, तो उससे आपकी ही नहीं, आपके आसपास के सभी लोगों को फायदा मिलेगा और पूरा माहौल सुधरेगा। यदि जीवन को मुस्कुरा के देखोगे तो वह भी आपकी तरफ़ मुस्कुरा के ही निहारेगा।

यह हमारी मर्ज़ी है कि हम जीवन को कैसे देखें और महसूस करें। यही हमारे व्यवहार के पास भी विकल्प होता है, हमारे इस मर्त्य लोक के जीवन में! यह सिर्फ़ हमीं पर निर्भर है कि हम सकारात्मक व्यवहार और बर्ताव विकसित करें और स्वास्थ्य, सफलता और अपना नज़रिया बेहतर करने की संभावनाएं खुली रखें। जीवन की इस रणनीति को अपनाने में शामिल है, धनात्मक एवं यथार्थवादी लक्ष्य रखना। नकारात्मक विचारों को दूर रखना तथा उन समस्याओं या स्थितियों को छांट लेना, जिसमें ऋणात्मक पर नियंत्रण नहीं रखा जा सकता।

अपनी कमज़ोरियों और ताकत का ज्ञान भी बहुत ज़रूरी है तथा अपनी सफलता की परिभाषा में भी थोड़ा लचीलापन रखना आवश्यक है। अपनी ग़लतियों से सबक लेने की योग्यता और उन्हें समझने की सलाहियत भी अपरिहार्य है। इसके साथ आपके मन में दूसरों के प्रति सदाशयता तथा कृतज्ञता का भाव भी होना चाहिए।

जीत लो ख्वाब को

4

कैसे आत्म-विश्लेषण जीवन में हमारी सहायता करते हैं?

हम जो भी करें, उसका हमें एक बार पुर्न-परीक्षण ज़रूर करना चाहिए, चाहे तुरंत या अपनी तय की हुई एक निश्चित अवधि– एक माह या एक वर्ष के बाद। इसका हमें नियमित अभ्यास करना ज़रूरी है, जिससे कि हम एक ही ग़लती बार-बार न दोहराएं। यदि हम सफल रहे हैं, तो भी हमें उस तरीके को बार-बार दोहराना फायदेमंद ही रहेगा, जहां भी संभव हो। यह अभ्यास हमें व्यक्तिगत और व्यावसायिक दोनों तौर पर चालू रखना चाहिए। अपने किए का पुनर्निरीक्षण करना ऐसा ही है, जैसे अपने रिपोर्ट कार्ड को देखना, फ़र्क सिर्फ़ यही है कि यह हमने अपनी करनी पर खुद ही बनाया है, अपने जीवन में क्रियाकलाप के ऊपर! आत्म-विश्लेषण का अर्थ ही होता है अंतर्मुखी होकर अपना विश्लेषण करना और जैसा कि जीवन के किसी क्षेत्र में होता है इस आत्म-विश्लेषण के भी दो पहलू होते हैं– सकारात्मक और नकारात्मक। यह एक पूरी प्रक्रिया होती है, जिसमें हम अपना संपूर्ण विश्लेषण करते हैं, हमने क्या कहा, क्या सोचा, क्या हमारी जिम्मेदारी थी, हमारी आदतें कैसी हैं इत्यादि और फिर उनको बाहरी दुनिया से जोड़कर उनके प्रभाव का आकलन करना।

कभी-कभी अपने अंतर्मन के विचारों और भावनाओं पर मनन करना बहुत ज़रूरी होता है, पर इसकी अति सही नहीं रहती। इसका धनात्मक पहलू है अपने बर्ताव और कर्मों पर मनन, हमें बेहतर व्यक्ति बनने में सहायक होता है, क्योंकि अंतर्मन से उस व्यवहार का सूत्र प्राप्त होता है। नीचे दिए हुए कुछ प्रश्न– बाकी प्रश्नों के मुकाबले, जो आपके मन में उठते रहे हों– आत्म-विश्लेषण करने में बेहद सहायक सिद्ध होते हैं।

- जीवन से आप क्या चाहते हैं?
- आपकी चालू रणनीति क्या है?
- क्या आपके बारे में कोई ऐसी भी बात है, जिसका आप सामना नहीं करना चाहते?
- आप अपने बारे में कैसा महसूस करते हैं? क्यों?
- आप क्या हो गए हैं?
- रोज़मर्रा के जीवन में आपके काम में क्या रहता है?
- आप किसको मूल्यवान समझते हैं?
- क्या आपके कर्म आपकी कद्रों के अनुरूप हैं?
- क्या आप स्वयं अपने रास्ते में आ रहे हैं?
- क्या यह संभव है कि आपको खुद ही मालूम न हो या आप में स्वयं पर ही भरोसा न हो?
- क्या आप जीवन पूरी ईमानदारी और सच्चाई से जी रहे हैं?
- क्या कुछ ऐसा है जिस पर आपको ध्यान देना चाहिए और आप नहीं दे पा रहे हैं?
- आप जीवन को क्या अर्थ देना चाहेंगे!
- आपकी दिशा क्या है?
- आपकी चालू कार्य योजना क्या है?
- क्या आपको (आगे बढ़ने से) रोक रहा है?
- क्या आप कुछ और भी कर सकते हैं?
- आपका लक्ष्य क्या है?
- क्या अपने कर्म के लिए आप स्वयं जिम्मेवार हैं?
- क्या आप परिस्थिति के शिकार हैं?
- आपको क्या संतुष्ट करेगा?
- जीवन में आपके लिए सर्वाधिक महत्त्वपूर्ण क्या है?
- आप क्या अब जो कर रहे हैं, वह आपके लिए महत्त्वपूर्ण नहीं है?
- आप किस ओर जा रहे हैं और किससे बच रहे हैं?
- क्या आप स्वयं अपने लिए रुकावटें पैदा कर रहे हैं?
- आप जीवन संपूर्णता के साथ कैसे बिता सकते हैं?
- आप जहां स्वयं को पाते हैं, उसमें आपको क्या मिलेगा?
- आप रोज़मर्रा के जीवन में कैसे काम करते हैं?
- क्या आप कोई प्रेरणा चाहते हैं और इसकी ज़रूरत महसूस करते हैं?

कोई भी आत्म-पुनर्निरीक्षण आपको यह समझ देता है कि हमने क्या सबक

जीत लो ख्वाब को

सीखे हैं और हमें क्या सीखना चाहिए। यदि हम अपने अनुभवों और सबकों को अपनी बेहतरी के लिए प्रयुक्त नहीं करेंगे, तो हम अपने साथ न्याय नहीं करेंगे! आख़िर ऐसे ही जिए जाने का मकसद क्या है? ऐसा न करना अपने जीवन में सोते हुए बेकार करना ही है।

यह हमारे अनुभव ही हैं, जो हमारे जीवन को बनाते या बिगाड़ते हैं; हमें धनात्मक या ऋणात्मक सोच देते हैं। मैंने तो यह पाया है कि यह हम पर ही निर्भर है कि किसी स्थिति में हम धनात्मक या ऋणात्मक प्रतिक्रिया दें। हम किसी कष्ट या वास्तविकता को नकार नहीं सकते; यह तो हमारे ऊपर है कि इससे कैसे सर्वोत्तम फल प्राप्त करें।

हमें अपनी मानसिकता को बदलकर इसे समस्या नहीं, समाधान केंद्रित बनाना पड़ेगा और वह जीवन तराशना पड़ेगा, जो हम चाहते हैं। एक और बात मैंने पाई है कि हम अपने एक ख़ास नज़रिये से प्राप्त सबक को बिसरा देते हैं। अच्छा हो कि उन्हें हम लिख लें, जिससे कि वक्त-ज़रूरत हम उनका सही इस्तेमाल कर सकें। इसके संग्रह को आप कुछ भी नाम दे सकते हैं, यथा– जीवन-दर्शन या आपके जीवन की कथा। इससे हम जीवन में व्यर्थ का बोझा ढोने से बचेंगे ओर ऋणात्मक हालात में एक ही ग़लती दोहराने से भी निजात पाएंगे।

यह तो हम पर निर्भर है कि हम जीवन में क्या चुनें, जिससे हमें अपनी प्रसन्नता के साथ कोई समझौता न करना पड़े और हम जीवन अपनी मर्ज़ी का प्राप्त कर सकें। हम जो कुछ भी समझें और कद्र करें, उसे हमको अपनी वृद्धि-विकास में लागू करना आना चाहिए। जो हो गया उससे सबक लें तथा एक आदत बना लें कि हम साल-दर-साल क्या हासिल कर पाए और क्या खो गया, इसका हिसाब रखें, जिससे आने वाले वक्त में हम उसका सही उपयोग कर सकें। हम बिना जाने अपना जीवन एक बंधे-बंधाये ढर्रे पर जीते जाते हैं– हम ऐसा बिना सोचे-समझे करते हैं। हमें इससे बचना चाहिए। बुद्धिमानी इसी में है कि हम आकलन करते रहें कि हम अब कहां हैं और कितना रास्ता पार कर चुके हैं अपने लक्ष्य प्राप्ति के लिए। अपना आकलन करते समय अपने को वर्गीकृत करते रहें कि किसमें हमें ए+ या ए, बी, सी, डी और एफ ग्रेड मिली है। इससे हमें मालूम रहेगा कि जीवन में हमारी करनी कैसी रही, किसी ख़ास समय खंड में। शुरुआत एक साल के अंतराल से करें और फिर इस आवृत्ति को बढ़ाते रहें। आपका यह अपना रिपोर्ट कार्ड दूसरों के बज़ाय आपके आकलन और मूल्यांकन से कम कष्टकारी होगा। इससे आपको स्पष्ट समझ में आ जाएगा कि आपने जीवन में क्या किया और इसे कैसे बिताया।

5

किसी इंटरव्यू में कैसे सफल हों?

इंटरव्यू का अर्थ है दो व्यक्तियों की मुलाकात इस उद्देश्य में कि एक-दूसरे को अच्छी तरह समझ सकें। यानी अंतरवीक्षण करना, एक-दूसरे की गहराई नापना। जिस व्यक्ति का इंटरव्यू होता है, उसकी क्षमताओं एवं अर्हताओं का आकलन किसी ख़ास काम के लिए किया जाता है। इंटरव्यू वस्तुतः एक प्रक्रिया है, जिसमें दो व्यक्तियों के मध्य अंतर क्रिया होती है। कभी-कभी इंटरव्यू लेने के लिए एक से ज़्यादा इंटरव्यू लेने वाले व्यक्ति प्रार्थी से विचार-विनियम कर उसकी काबिलियत को मापते हैं कि वह किसी ख़ास काम को कितनी योग्यता से कर पाएगा। नई भर्ती के लिए या किसी संगठन में पदोन्नति इत्यादि के लिए इंटरव्यू लेने का विधान है। इसमें प्रार्थी की व्यक्तिगत एवं पेशेवरी पृष्ठभूमि का अनुमान लगाया जाता है। उसकी शिक्षा-दीक्षा एवं अनुभव परखा जाता है। उसकी किसमें रुचि है और क्या विशेषताएं हैं, इन सबको समझा जाता है। उसके विचार, व्यवहार, ढंग, व्यक्तिगत आदतें सभी देखी जाती हैं। इंटरव्यू में जाने के पूर्व प्रार्थी को पूरी तरह तरोताज़ा होना चाहिए। जिस दिन इंटरव्यू हो, उससे एक दिन पहले न रात को ज़्यादा देर तक जागना चाहिए, न पाटी इत्यादि में भाग लेना चाहिए। इंटरव्यू में जाते समय आपका मूड एकदम अच्छा होना चाहिए। जिस नौकरी के लिए आप जा रहे हैं, उसके बारे में जितना ज्ञान आप पा सकें उतना अच्छा। संगठन और कार्य-प्रणाली का ज्ञानभी अतिरिक्त सहायक होता है।

इंटरव्यू के एक दिन पहले ही आपको अपने इंटरव्यू में पहनने वाली पोशाक को एकदम ठीक कर लेना चाहिए– आयरन (प्रेस) इत्यादि करवाकर एकदम चुस्त-दुरुस्त रखें। पोशाक सुरुचिपूर्ण एवं मौके के हिसाब से एकदम सही होनी

चाहिए। ऐन मौके पर पोशाक में टूटा बटन या धब्बा आपको नर्वस कर सकता है। यदि संभव हो, तो ऐसी परेशानियों को पैदा न होने देने के लिए एक दूसरी पोशाक भी पहले से तैयार करके रखें, यदि संभव हो। यह पोशाक न भौंडी, न आंखों में चुभने वाली होनी चाहिए। एक फोल्डर में इंटरव्यू लैटर, अपने सारे ज़रूरी दस्तावेज़– यथा सर्टिफिकेट, मार्कशीट्स इत्यादि, सहेजकर पहले से रख लें। प्रत्याशी से पूछें ज़्यादातर सवाल उसके अपने प्रार्थना-पत्र में दिए गए विवरणों एवं पूर्व अनुभव के बारे में हो सकते हैं। इंटरव्यू के समय से थोड़ा पहले ही इंटरव्यू की जगह पर पहुंच जाना चाहिए– कम-से-कम 15 मिनट पहले। रास्ते के ट्रैफिक जाम और अन्य उलझनों से बचने के लिए यथोचित समय निकालकर ही घर से इंटरव्यू के लिए निकलें। इंटरव्यू के दिन के कम-से-कम 15 दिन पूर्व प्रत्याशी को प्रमुख अख़बारों को पढ़ने की आदत डाल लेनी चाहिए, जिससे घटने वाली राजनीतिक, आर्थिक एवं अंतर्राष्ट्रीय ख़बरों पर उसकी पकड़ मज़बूत रहे। यदि नौकरी आर्थिक क्षेत्र से संबंधित है, तो ज़्यादा-से-ज़्यादा आर्थिक ख़बर देने वाले अख़बार पढ़ने चाहिए। विश्व और देश में हो रही या हो सकने वाली घटनाओं के बारे में जागरुकता ज़रूरी होती है। इंटरव्यू के लिए प्रतीक्षा करते समय आसपास के माहौल का जायजा लेते रहना चाहिए और अन्य प्रत्याशियों से बातचीत कर ज़रूरी सूचनाएं प्राप्त करने का प्रयास करना चाहिए।

इंटरव्यू में प्रश्नों के उत्तर संक्षिप्त और पूछी गई बात का पूरा उत्तर देने वाले होना चाहिए, यहां लंबे उत्तर नहीं चलेंगे। प्रश्नों का उत्तर संक्षिप्त और सटीक ही होना चाहिए। प्रत्याशी को यह सदा स्मरण रखना चाहिए कि यहां उसके ज्ञान और अनुभव का परीक्षण हो रहा है, उसे अपनी किसी भी क्षेत्र में विद्वता दिखाने की कोई ज़रूरत नहीं है, लेकिन एक शाब्दिक उत्तर– यथा 'हां' या 'ना' कभी नहीं देने चाहिए। इंटरव्यू के दौरान दिमाग ठंडा और शांत रखना चाहिए तथा पूरे चैन से सवालों के ज़वाब देना चाहिए। यदि किसी सवाल का ज़वाब मालूम नहीं हो, तो सीधे-सीधे मना कर दें बज़ाय धूल में लट्ठ मारने का प्रयास करें, क्योंकि अंततः आपका भेद खुल जाएगा और तब स्थिति थोड़ी शर्मनाक लगेगी। ऐसा करने वाले प्रत्याशियों की तो सफल होने की संभावना ही ख़त्म हो जाती है। यह समझ लें कि जहां इंटरव्यू लेने वाले की ज़रूरत सही प्रत्याशी का चुनाव है, वहीं आपकी ज़रूरत यह नौकरी पाने की है। दोनों की अपनी-अपनी ज़रूरतें हैं। उनको भी तो अपने संगठन के लिए सही आदमी का चुनाव करना ज़रूरी है। इस प्रकार दोनों की ज़रूरतें लगभग बराबर हैं, यद्यपि इंटरव्यू लेने वालों की स्थिति कुछ ज़्यादा ऊंची होती है, क्योंकि आप उनके दर पर आते हैं।

इंटरव्यू में हर सवाल का उत्तर विश्वासपूर्वक एवं स्पष्टता से देना चाहिए चाहे सवाल कितना भी दुरुह या उलझाने वाला हो।

पूरे इंटरव्यू में प्रत्याशी को हर तरह से चाक-चौबंद और सतर्क रहना चाहिए। यह कोई कठिन काम नहीं, क्योंकि प्राय: कोई भी इंटरव्यू 30 मिनट से ज़्यादा नहीं चलता। प्रत्याशी की श्रवण शक्ति भी तीव्र होनी चाहिए, जिससे वह पूछे गए प्रश्न का पूरा आशय समझ ले। इंटरव्यू लेने वाले उसकी स्मरण शक्ति या पूरे संज्ञान की परीक्षा नहीं लेना चाहते। पूरी एनसाइक्लोपीडिया ब्रिटेनिका का ज्ञान बघराने की ज़रूरत नहीं। इंटरव्यू तो एक प्रक्रिया है जिसके ज़रिये मानव व्यवहार की बारीकियां उजागर की जाती हैं।

इंटरव्यू के बारे में चुनाव और सूचना प्राय: संबद्ध संगठन की अपनी ज़रूरत पर निर्भर करती है। चुनाव निर्भर करता है संगठन किन प्राचकों (पैरामीटर्स) के ज़रिये अपने क्षेत्र की मांगों की पूर्ति करना चाहता है। जब यह मांग आती है, तो चुनाव की प्रक्रिया शुरू होती है और इंटरव्यू के लिए सूचना दी जाती है। उस मांग या रिक्त स्थान की पूर्ति के अनुरूप प्रत्याशी की व्यक्तिगत, व्यावसायिक, शैक्षणिक पृष्ठभूमि की ज़रूरत तय की जाती है और उसका मनोवैज्ञानिक विकास या तरीका विश्लेषित किया जाता है। प्रत्याशी को इंटरव्यू पूरे धनात्मक मूड में देना चाहिए, जिससे इंटरव्यू लेने वालों पर भी उसके व्यक्तित्व की छाया धनात्मक ही पड़े। प्राय: इंटरव्यू की शुरुआत में इंटरव्यू देने वाले प्रत्याशी से उसकी अभिरुचियां, शिक्षा, व्यावसायिक ज्ञान तथा साधारण जागरुकता परखने के हिसाब से ही प्रश्न पूछे जाते हैं। इंटरव्यू बोर्ड के सदस्य तथा सदस्यों द्वारा प्रत्याशी के परिवार इत्यादि के बारे में पूछा जा सकता है। इंटरव्यू देने वाले प्रत्याशी को पहले से सोच लेना चाहिए कि ऐसी व्यक्तिगत सूचनाएं वह किस हद तक उनसे साझा करना चाहता है। ज़वाब संक्षिप्त एवं उसी का ज़वाब होना चाहिए, जो पूछा गया है। पर प्रश्न का उत्तर इस प्रकार दिया जाना चाहिए कि उसमें से एक सकारात्मकता झलकती हो। यदि परिवार के बारे में प्रश्न पूछा जाए तो पूरा वंश-वृक्ष दिखाने की कोई जरूरत नहीं।

यदि इंटरव्यू के कक्ष में बुलाया जाए, तो अंदर घुसने के पूर्व सामने बैठे इंटरव्यू लेने वालों से अनुमति ज़रूर लेनी चाहिए और जब तक कहा न जाए बैठने की कोशिश नहीं करनी चाहिए। प्रत्याशी को न ज़्यादा तेज़ी से बोलना चाहिए और न अस्पष्ट रूप से उच्चारण करते हुए, बल्कि सहज भाव से बिना मुद्रा में कोई कृत्रिमता लाए बोलना चाहिए। यदि इंटरव्यू लेने वाले आपस में बात कर रहे हों, तो कभी बीच में नहीं टोकना चाहिए। सवाल का ज़वाब पूरा सवाल सुनकर ही दें। बीच में न बोलें, चाहे आपको कितना भी उस प्रश्न के बारे में ज्ञान हो। इंटरव्यू में सीधे और मुस्तैद होकर बैठना चाहिए, न तो उठंग होकर न लुढ़कती हुई मुद्रा में। हाथों को ज़्यादा नचाए नहीं, चाहे आप कितने भी जोश में आ जाएं, पर सदैव अपने मिजाज पर नियंत्रण रखें। यह याद रखें कि यदि इंटरव्यू के दौरान आप कोई बात स्पष्ट रूप से कह चुके हैं, तो आगे भी उसी पर टिकना लाजिमी है। उसे खंडित

न करें। यदि किसी इंटरव्यू लेने वाले की प्रशंसा करने का वाकई कोई मौका आता है, तो ज़रूर उसकी तारीफ करें, पूरे सलीके के साथ, वह खुशामद न लगे। इंटरव्यू के पश्चात् जब तक इंटरव्यू करने वाले अपना हाथ मिलाने को न बढ़ाएं, प्रत्याशी को यह पहल नहीं करनी चाहिए। बाहर जाते समय पूरे सलीके से दरवाज़े को बंद करके जाएं, जब तक कि इस बारे में कोई अन्य निर्देश न हो।

यदि इंटरव्यू किसी ख़ास व्यावसायिक पद के लिए लिया जा रहा है, तो उस विषय से संबंधित अपने किसी काम या अनुभव का हवाला दें। यदि अनुभव न हो, तो उस विषय से संबंधित किसी परियोजना में आपने हिस्सा लिया हो, तो उसका ज़िक्र अवश्य करें, चाहे स्कूल-कॉलेज स्तर पर ही आपने ऐसा किया हो। उस व्यावसायिक पद के लिए आपका कोई ज्ञान या अनुभव लाभकारी होगा, यह साबित करना आपकी जिम्मेदारी है। आपको यह सिद्ध करना ज़रूरी है कि उस पद के लिए आप क्यों एक योग्य प्रत्याशी हैं। इस बहाने इंटरव्यू करने वाले, जो आपकी विश्लेषणात्मक क्षमता और ज्ञान को लागू करने की अक्ल की तलाश में रहते हैं, को भी एक मौका मिलेगा आपकी तर्क शक्ति और ज्ञान की उपादेयता परखने का। प्रत्याशी के व्यक्तित्व और व्यवहार का इंटरव्यू में सफलता के लिए बड़ा योगदान रहता है। उसकी चेष्टा, मुद्रा, भाव-भंगिमा, हाथ-पैरों का संचालन, चाल-ढाल, मिजाज़ और आत्म-विश्वास– इन सभी की परख इंटरव्यू के ज़रिये की जाती है। एक अनुभवी इंटरव्यूअर प्रत्याशियों का व्यवहार– ऋणात्मक या धनात्मक समग्रता, निष्ठा, सृजनात्मक क्षमता, आपसी व्यवहार का तरीका, सभी कुछ इस इंटरव्यू के समय में ही परखता है। यदि कोई प्रत्याशी स्वयं को आत्म-विश्वास, सतर्क, चाक-चौबंद एक तार्किक रूप से प्रभावशाली दिखाने में सक्षम है, तो निश्चित ही उसका इंटरव्यू बढ़िया होगा और वह विजयी होकर इंटरव्यू से निकलेगा।

6

आत्म-विश्वास बढ़ाएं

अपरिहार्य लगन और भयाक्रांत संशय के मध्य का फ़र्क आत्म-विश्वास से ही पनपता है। आप अपने बारे में क्या सोचते हैं, इसका प्रभाव दूसरों की आपके बारे में सोच और धारणा पर भी पड़ता है। आपका अपने बारे में आकलन एक हकीकत है। जितना आत्म-विश्वास आपमें होगा, उतना ही आप दूसरों पर प्रभाव डालेंगे और अपने कार्य क्षेत्र में आपको सफलता तभी मिल सकेगी।

हम कितना अपने पर विश्वास करते हैं, यह बहुत कुछ आपके मां-बाप का बचपन में आप पर पड़े व्यवहार पर निर्भर करता है। यदि आपके मां-बाप आपको बहुत दबा-छिपाकर रखना चाहते थे या आपसे बहुत ज़्यादा अपेक्षाएं करते थे तो ऐसे बच्चों में स्वतंत्र महसूस करने की चाह में कमी आ जाती है।

वैसे आत्म-विश्वास में कमी का कारण सदैव योग्यता में कमी नहीं होता; ऐसा अवास्तविक अपेक्षाओं पर ग़लत ध्यान एकाग्र करने का प्रतिफल भी होता है, जिसका कारण आपको दूसरों के, जिसमें आपके मां-बाप, रिश्तेदार एवं समाज भी शामिल है, द्वारा तय किए मानकों के अनुरूप स्वयं को विकसित करने की प्रक्रिया होती है।

आपके अंदर आत्म-विश्वास होने का शुभ भाव कभी दूसरों की अनुमति पर आधारित नहीं होना चाहिए। यदि ऐसा हुआ तो हम अपने आत्म-विश्वास को दूसरों की राय का मोहताज कर देंगे। अर्थात् दूसरों की राय या आकलन से ही हम अपना आत्म-विश्वास तय कर पाएंगे! हमें अपना आत्म-विश्वास सतत रूप से बनाते रहना चाहिए। इस प्रक्रिया में निम्नलिखित सुधार मददगार सिद्ध हो सकते हैं। हालांकि कपड़ों से इंसान की पहचान नहीं बनती, पर उनका पहनने का तरीका, उनके चुनाव

इत्यादि का प्रभाव तो पड़ता ही है। पोशाक से आपकी एक आत्म-छवि बनती है। किसी और के बज़ाय हम स्वयं ही अपनी छवि के बारे में बेहद सचेत और सावधान रहते हैं।

जब आप स्वयं को अच्छा या सुदर्शन महसूस नहीं करते, तो इसका आभास दूसरों को भी हो जाता है, इसलिए आपको अपनी पोशाक और दूसरों तक संप्रेषित अपनी छवि के बारे में सदैव सावधान रहना चाहिए।

इसके लिए कपड़ों पर कोई खज़ाना लुटाने की ज़रूरत नहीं है, पर आप जो भी पोशाक धारण करें, उसमें आप अलग छंटे हुए और मौके के अनुसार बिलकुल अनुरूप लगने चाहिए। कपड़ों के बारे में स्वर्णिम नियम है– "खर्चों दुगना (संख्या में) पर ख़रीदो आधा!" यानी सस्ते कपड़े ज़्यादा ख़रीदने से कहीं बेहतर है, कीमती कपड़े कम संख्या में ख़रीदना।

मैंने स्वयं भी देखा है कि नहा-धोकर साफ़-सुथरे कपड़े धारण कर, मैं स्वयं को बहुत अच्छा महसूस करता हूं। कोशिश सदा सर्वोत्तम पोशाक धारण करने की करें। पोशाक से आप किसी भी स्टेशन पर टिकट चैकर्स, टिकट कलैक्टर्स या कुलियों को दूर से ही पहचान सकते हैं। पुलिसमैन और पोस्टमैन भी अपनी पोशाक से तुरंत पहचान में आ जाते हैं। आपको वैसी पोशाक धारण करनी चाहिए, जैसी छवि आप चाहते हैं कि दूसरे आपकी देखें। शेक्सपियर की प्रसिद्ध उक्ति है– "पोशाक प्राय: आदमी की पहचान बताती है!"

किसी व्यक्ति की चाल-ढाल से उसका काफ़ी कुछ मूल्यांकन हो जाता है। एक ऊर्जापूर्ण और उद्देश्यपूर्ण व्यक्ति की चाल-ढाल स्पष्ट और आत्म-विश्वास पूर्ण होगी। अपनी चाल-ढाल पर ध्यान दें और सदैव उद्देश्यपूर्ण, थोड़ा व्यग्र एवं महत्त्वपूर्ण दिखने की कोशिश करें।

ऐसा आप अपनी चाल में 20 से 25 प्रतिशत इजाफ़ा लाकर भी कर सकते हैं। आदमी की चाल उसकी प्रकृति बताती है। सही चाल-ढाल से आप स्वयं को थोड़ा ज़्यादा महत्त्वपूर्ण एवं विश्वस्त समझने लगेंगे। अच्छी चाल का अर्थ है सीधे बैठना या चलना, गर्दन सीधी रखना और दूसरों की आंख में देखना। आप किसी की चाल-ढाल से किसी व्यक्ति के बारे में काफी कुछ अनुमान लगा सकते हैं– धीमी, थकी-हारी चाल या चपल एवं ऊर्जास्वित चाल! जो आत्म-विश्वास से लबरेज़ लोग होते हैं, वे प्राय: थोड़ी ज़ल्दी और व्यग्रता के साथ चलते हैं। उनको देखकर लगता है कि इन्हें बड़ा काम है या कहीं ख़ास जगह शीघ्र पहुंचना है। अपने आत्म-विश्वास को बढ़ाने में धनात्मक प्रवृत्ति का अपनी प्रकृति में समावेश करें, यानी सही व धनात्मक रूप से कहे गए वक्त का जिससे आपके सोच का ढर्रा भी तब्दील हो सके और आप नए ढंग से सोच सकें। आत्म-विश्वास बढ़ाने के लिए यह तरीका बड़ा कारगर है– सकारात्मक सोच का अपने मन में प्रवेश कराना। यद्यपि यह लगता तो

आसान है और शुरू-शुरू में थोड़ी असहजता भी देगा, पर आप समझ लें कि इसके द्वारा आप अपने दिमाग में एक नई ज़मीन फोड़ रहे हैं।

इसमें आप अपने बारे में धनात्मक वाक्य चाहे ज़ोर-ज़ोर से या चुपचाप दोहराते रहें। जब आप ऐसा कोई वाक्य मन में दोहराएं, तो उसे महसूस कीजिए, उस पर विश्वास कर अपने संज्ञान में उसे जकड़ लें। आत्म-विश्वास मज़बूत करने का एक सबसे अच्छा तरीका यह है कि कोई अभिप्रेरित करने वाला भाषण बार-बार पढ़ें या सुनें। यदि इसके लिए आपके पास समय न हो, तो आप अपने विचारों पर आधारित ऐसे टेप अपने आप बनाएं और उनको सुना करें।

मैंने भी अपने सुधार, आत्म-विश्वास बढ़ाने के लिए कुछ अभिप्रेरित करने वाले टेप बनाए हैं। उनको मैंने अपने डिज़िटल रिकॉर्डर में भर लिया है, जो करीब $1x\frac{1}{2}$ इंच के आकार है। जब मैं सुबह सैर के लिए जाता हूं या नहाने जाता हूं, तब मैं उसको सुनता रहता हूं। इन टेपों का आधार अच्छे विचारों पर केंद्रित रहता है, जो मेरे व्यक्तिगत शुभ गुण एवं धनात्मक प्रवृत्तियों को उभारने वाले एक विज्ञापन की तरह काम करता है।

जब मैं अपनी किसी मांग की तरफ़ अपना दिमाग केंद्रित करता हूं, तो इसका अवचेतन भाग स्वत: ऐसा माहौल या स्थितियां पैदा करने लगता है, जिससे मैं उनकी पूर्ति कर सकूं। यदि आपको कभी भी कोई असफलता मिले, तो विगत में मिली सफलताओं, उपलब्धियों एवं अपनी अद्वितीय क्षमताओं को याद करें। अपने बारे में कभी ऋणात्मक होकर न सोचें।

यदि आप किसी प्रकार की ऋणात्मकता का शिकार हो चुके हैं, तो अपना पूरा प्रयास कर इससे बाहर निकलने की कोशिश करते रहें। दूसरों के बारे में भी भला सोचें। पीठ पीछे की बुराई और किसी को हानि पहुंचाने वाली गप्पों से बचें। अपने आसपास के लोगों की तारीफ़ करने का कोई मौका न छोड़ें। इस प्रक्रिया द्वारा न सिर्फ़ आप अपना आत्म-विश्वास बढ़ाएंगे, वरन् दूसरों को भी अपने प्रति काफ़ी आश्वस्त कर सकेंगे। जब आप दूसरों के गुण और उनकी भलाई को पहचान कर उनकी प्रशंसा करते हैं, तो अपरोक्ष रूप से आप अपने सर्वोत्तम गुणों को भी रेखांकित करने लगते हैं। प्राय: स्कूलों, दफ्तरों, सार्वजनिक सभाओं में कुछ लोग सदैव पीछे की पंक्तियों में बैठना ही पसंद करते हैं। इसका कारण है कि वे नहीं चाहते कि उनका 'नोटिस' किया जाए। यह भावना आत्म-विश्वास की कमी के कारण ही मन में पैदा होती है, पर यदि आप प्रथम पंक्ति में बैठने का निर्णय लेते हैं, तो आप इस अतार्किक एवं निराधार भय से छुटकारा पा सकते हैं और अपना आत्म-विश्वास भी बढ़ा सकते हैं। जब आप ज़्यादा और साफ़ दिखाई पड़ने लगते हैं, तो महत्त्वपूर्ण लोगों की दृष्टि में भी आने लगते हैं। इसी प्रकार मीटिंगों, सेमिनारों या संसद में भी कुछ लोग ऐसे होते हैं, जो बोलते ही नहीं हैं। उनको लगता है कि

वे यदि बोलेंगे तो दूसरे उनको कमज़ोर समझेंगे या खिल्ली उड़ाएंगे। यह एक बेतुका भय है। प्राय: आम लोग उससे ज़्यादा स्वीकार्यता का भाव रखते हैं, जो हम समझते हैं कि उनमें है। अपनी बात सदा खुलकर कहने का मौका कभी न गंवाएं!

एकाध बार ग्रुप-डिस्कशन इत्यादि में बोलने से आपकी हिम्मत खुल जाएगी और आप एक अच्छे सार्वजनिक भाषणकर्ता बन सकते हैं। आपके बड़े लोग आप में नेतृत्व का गुण पहचानेंगे, आप में अपने विचार सलीके से रखने का हुनर भी आने लगेगा। हमारी फिल्म इंडस्ट्री, उसके उत्तम अभिनेता/अभिनेत्री गुणों के शारीरिक सौष्ठव, गरिमा एवं संवाद करने की प्रभाविष्णुता पर ही टिकी है और चल रही है। शीर्ष के अभिनेता/अभिनेत्रियां काफ़ी समय अपनी छवि को सुधारने में और अच्छे लगने में बिताते हैं। वे सही पोशाक धारण करते हैं, प्रभावशाली चाल-ढाल अपनाते हैं। अपने संवाद बोलने में महारत हासिल करते हैं और निर्देशक की संतुष्टि तक कई तरह से अपने संवाद कहते हैं और यथोचित भाव-भंगिमा प्रदर्शित करते हैं। वे अपनी पोशाक, भाव-भंगिमा, संवाद कहने के तरीके से उस पात्र को जीवंत करते हैं, जिसकी भूमिका वे निभा रहे होते हैं। इस काबिलियत का हमारे साधारण जीवन में भी बहुत महत्त्व है। अपना आत्म-विश्वास अर्जित करने के लिए हमें पूरी तरह चुस्त-दुरुस्त होना चाहिए तथा 'स्मार्ट' लगना चाहिए। इसके अलावा सबसे बड़ी ज़रूरत होती है, पूरी लगन से अपना काम करने की, जब तक कि हम अपना ध्येय पूरी तरह न प्राप्त कर लें। कभी काम अधूरे मन से न करे। यदि आप बेहतरीन काम अंज़ाम देंगे तो आप बेहतरीन नतीज़े भी पाएंगे। आत्म-विश्वास सफलता देता है और सफलता के लिए कोई 'पतली गली' नहीं होती। अपने क्षेत्र में अपना उत्कृष्ट काम कर दिखाना ही सफलता की एकमात्र अपरिहार्य क़दम है।

कभी इस ग़लतफहमी में न रहें कि जो लोग आत्म-विश्वास से भरे-पूरे लगते हैं, उन्होंने कभी बुरा वक्त नहीं देखा या कभी असफल नहीं हुए। वे सब भी हमारी ही तरह इंसान हैं। फ़र्क सिर्फ़ इतना है कि कुछ लोग अपनी समस्याओं में इतने डूबे रहते हैं कि आंख उठाकर कुछ और देखते ही नहीं। आत्म-विश्वास बढ़ाने या पुष्ट करने की ज़रूरत सभी को समय-समय पर पड़ती रहती है। इसके लिए पहला क़दम है स्वयं को हीन न समझना, अपना आत्म-सम्मान पाना– जिसका अर्थ है अपने बारे में अच्छा सोचना; अपनी कमज़ोरी या ग़लती पर ही रोते-विलपते न रहना, वरन् उनसे बाहर निकलकर आगे की सोचना। जितनी ज़ल्दी हम अपने बारे में घटते आत्म-विश्वास की प्रक्रिया रोककर उसे बढ़ाएंगे, उतना ही हम जीवन में अपने काम और व्यवसाय में ज़्यादा सफल होते जाएंगे। नहीं तो यह एक छोटी-सी कमी आपको आपके काम और जीवन को अधोगति में डालकर आपकी ज़िंदगी बर्बाद भी कर सकती है।

7

आक्रामक न हों, सीधे अपनी बात कहें

जीवन में हम चाहे जहां भी और जैसे भी हों, नई समस्याओं और चुनौतियों का सामना तो हम सभी को करना पड़ता है। यदि हम उनसे त्रस्त न होना चाहें और उन्हें हावी न होने देना चाहें तो इसके लिए हमें स्वयं सदा प्रयासरत रहने के लिए प्रतिबद्ध रहना ज़रूरी है। हमारा लक्ष्य सदैव आत्म-सुधार होना चाहिए, जो आसानी से संभव नहीं होता। आपको अपने गुणों से पूरी तरह अवगत होना चाहिए। यह देखना चाहिए कि कहीं आप दूसरों को खुद से लाभ लेने की छूट तो नहीं देते या खुद को नीचा दिखाकर दूसरों के मज़ाक का साधन बनते तो नहीं रहते। ऐसे कई मौके आते हैं, जब लोग इसलिए चुप रहते हैं कि कहीं ऐसा न हो कि लोग उन्हें अपनी बात पर ज़ोर देने वाला आक्रामक व्यक्ति समझ लें, इसलिए वे अपनी बात की शुरुआत भी ऐसे करते हैं कि 'शायद मैं ग़लत समझा जाऊं!'

ऐसे लोग भी हैं, जो हर कीमत पर शांति चाहते हैं और जब 'न' कहना हो, तब भी वे 'हां' कहकर बात ख़त्म करना चाहते हैं। कुछ लोग तो 'न' कहने में एक अपराध बोध महसूस करते हैं और फालतू में ऐसे वादे कर जाते हैं, जो वे पूरा नहीं कर सकते और बाद में पछताते हैं। ऐसे भी कई लोग होते हैं, जो भावना के आवेग में अपना प्रतिसाद देते हैं; बिना शब्दों के सही चुनाव के कुछ भी कह देते हैं या अपने साथ हो रही ज़्यादती को भी चुपचाप बर्दाश्त करते रहते हैं या दूसरों से कहते हैं कि वे उनके लिए बोलें। ऐसे भी लोग होते हैं, जो चुपचाप अनुचित आलोचना को या बेइज्जती को बर्दाश्त करते रहते हैं तथा अपनी उपलब्धि का श्रेय लेने में भी उनको शर्म लगती है; वे दूसरों के ग़लत आदेश और असुविधाजनक आग्रह भी चुपचाप स्वीकार कर लेते हैं।

आप स्वयं कैसे व्यक्ति हैं, इसका सबसे अच्छा आकलन आप स्वयं ही कर सकते हैं और तय कर सकते हैं कि उपरोक्त श्रेणियों में आप किसमें सही बैठते हैं। इससे आपको स्पष्ट हो जाएगा कि आप अपनी बात कहने में सक्षम हैं या दूसरों का कथन चुपचाप स्वीकार कर लेते हैं। अपनी बात स्पष्ट कहने का अर्थ है दूसरों की ताबेदारी न करना और जब 'हां' नहीं कहना है, तो 'हां' नहीं ही कहना। इसका मतलब है अपनी बात स्पष्ट कहने का साहस रखना तथा अपने विचारों को सहज रूप से अनाक्रामक हुए संप्रेषण करने की ताकत रखना। मेरे एक निकट संबंधी बेहद सीधे-सादे और सौम्य थे, फलस्वरूप कोई उन्हें गंभीरता से लेता ही नहीं था। उनकी सौम्यता और सदाशयता को उनकी कमज़ोरी समझा जाता था।

अपनी बात स्पष्ट कहने की ताकत आपको आश्वस्त करती है कि आप में यह योग्यता है तथा यह आपकी अन्य क्षमताओं को खुलकर उजागर करने का माद्दा रखती है। इससे आपका व्यवहार संतुलित रहता है और आत्म-विश्वास बढ़ता है, लेकिन अपनी बात स्पष्ट कहने का मतलब ज़ोर से चिल्लाकर बोलना, अपने दृष्टिकोण पर हठधर्मी दिखाना या दूसरों को बोलने नहीं देना नहीं होता। अपनी बात भी कहिए, पर दूसरों की भी सुनिए।

कुछ लोगों को ज़्यादा चीख़-पुकार कर अपनी बात कहने की ऐसी आदत पड़ जाती है कि लोग प्रायः उनसे बचते हैं। चाहे आपके दोस्त हों या सहकर्मी या रिश्तेदार— सभी से आप क़ायदे से संपर्क में आएं और अपनी बात कहकर उनका आदर भी पाने का प्रयत्न करें। इससे आपको स्वयं भी बेहतर महसूस होगा और आपकी सारी योग्यताएं भी प्रकाश में आएंगी।

अपनी बात स्पष्ट कहने की क्षमता का अर्थ होता है वह बात खुलकर कहना, जिसके बारे में आप पूरी तरह आश्वस्त हैं तथा अपने काम की पूरी जिम्मेदारी लेने का आप में साहस भी हो। यदि आप में यह योग्यता है, तो दूसरे भी समझ जाएंगे कि वे आपसे किस हद तक छूट ले सकते हैं और आपके साथ किस तरह व्यवहार किया जा सकता है। अपने बारे में दूसरों के मन में कोई संशय न छोड़ें और बता दें कि आपके साथ व्यवहार की क्या सीमाएं हैं।

अपने बारे में कोई हीन भाव या कमज़ोरी न रखें और किसी भी टकराव को सही प्रकार संभालने की योग्यता रखें। यदि ज़रूरी समझें और उसके बगैर काम न चल रहा हो, तो स्पष्ट 'न' कहने की कुव्वत भी रखें। यदि आप समझते हैं कि कुछ ठीक नहीं है, तो उसे वहीं स्पष्ट कहने का साहस भी आप में होना चाहिए।

यदि कभी आपको कोई नकारात्मक विचार भी संप्रेषित करना हो, तो उसे भी पूरी तरह स्पष्ट करके कहें। अपनी बात स्पष्ट कहने की क्षमता और अच्छी संप्रेषणियता में चोली-दामन का साथ होता है। बात स्पष्ट कहने की क्षमता यह प्रकट करती है कि किसी भी स्थिति का सामना करने के लिए हम काफ़ी सशक्त

हैं। अंततः यह क्षमता यही प्रकट करती है कि हम अपनी राय को स्पष्ट रूप में 'हां' या 'ना' में व्यक्त कर सकते हैं।

पर एक बात का ध्यान रखना चाहिए। अपनी बात स्पष्ट कहने की क्षमता सदैव आपको मनचाहा रास्ता प्रदान नहीं कर सकती। इसका मतलब यह नहीं कि दूसरों को हराकर, तितर-बितर कर अपनी राह निकाली जाए। इसका मतलब है कि बाहरी आडम्बर त्यागकर अपनी असलियत सबके सामने स्पष्ट करने का साहस। दूसरों को त्रस्त कर अपनी बात मनवाना, यह गुण प्रकट नहीं करता है। ऐसा व्यक्ति सदा यह मानता है कि यदि आप अपनी राय खुलकर व्यक्त कर सकते हैं, तो दूसरे को भी यह अधिकार प्राप्त है। चीख़-चिल्लाकर दूसरों की बात की धज्जियां उड़ाना तो गंवारपन होता है; यह तो दूसरों पर ज़बरदस्ती हावी होने का तरीका है, अपनी बात स्पष्ट कहना नहीं।

इसके द्वारा एक स्वस्थ, सार्थक तथा ज़्यादा उत्पादनशील संबंध कायम किए जाते हैं, जिससे हमारा भी मानवर्द्धन होता है और हम दूसरों से भी आदर प्राप्त करते हैं। कभी-कभी दूसरों की प्रत्याशा हमसे अपनी बात स्पष्ट एवं मौलिक तरीके से कहने की क्षमता को विरल कर देती है। ये प्रत्याशाएं प्रायः हमारी योग्यताओं को कुंठित करती हैं, हमारी ईमानदार अभिव्यक्ति के आड़े आती हैं तथा हमारे मौलिक विचारों में व्यवधान बनकर उभरती हैं, जो हम किसी व्यक्ति या विषय के बारे में सच्चाई से सोचते हैं। इससे हमारे दूसरों के साथ व्यवहार एवं संबंध पर भी दबाव पड़ता है और हमको कुछ जोड़-मिलाने पर बाध्य होना पड़ता है। बात स्पष्ट कहने की योग्यता हमें कभी आक्रामक या दर्पी नहीं बनाती, न हमारे व्यवहार में, न हमारे शब्द चयन में। आक्रामक होने और बात स्पष्ट कहने में फ़र्क हमारे शब्द चयन एवं हाव-भाव से स्पष्ट प्रकट होता है। आक्रामक का मतलब है तीखे शब्द एवं हठीली मुद्रा को अपनाना, जबकि स्पष्ट बात कहने वाला अपनी बात सौम्य शब्दों में दृढ़ता एवं सहज मुद्रा में कह सकता है। विनम्रता और स्पष्टता के साथ अपनी बात दृढ़ता से कहना और हाथ-पैर पटककर आकाश गुंजाते हुए अपने तीख़े शब्द उड़ेलने में बहुत फ़र्क होता है।

पर यह स्पष्ट समझ लें कि स्पष्ट बात कहने का अर्थ यह नहीं कि आप जो कह रहे हैं, वह तथ्यात्मक या सत्य ही है। यह तो अपनी बात दूसरे तक स्पष्टता से पहुंचाने का एक तरीका मात्र है। स्पष्ट वक्ता अपनी बात साफ़ कहता ही नहीं, वह दूसरे की बात भी पूरे ध्यान से सुनता है तथा तर्क का ज़वाब तर्क से और भाव का ज़वाब भाव से देता है। वह कोई बात संशयात्मक स्थिति में नहीं छोड़ता; पूरी बात समझकर अपना स्पष्ट प्रतिसाद देना ही इस गुण की विशेषता है।

8

परेशानियों से बचें

जब हम किसी से कुछ कहते हैं, जो उसको बुरा लगता है, तो हमें उसे अपनी ग़लती समझकर, उससे माफ़ी मांग लेना चाहिए। यह एक तरीका है व्यर्थ के दबाव से बचने का, क्योंकि जब ग़लती महसूस हो और माफ़ी न मांगी जाए तो मन पर दबाव पड़ता ही है।

हमें अपनी ग़लती से सबक सीखकर, इस दबाव से बाहर निकलना चाहिए। इस तरह हम अपनी जिम्मेदारी समझते हुए कर्म और जीवन के हर क्षेत्र में आगे बढ़ते रहते हैं, पर समस्या पैदा करता है हमारा अहम्, जो हमें अपनी ग़लती के अहसास को स्वीकारने नहीं देता। ग़लतियां तो सभी से होती हैं। अपने को सदा सही समझना और सोचना कि हम ग़लती कर ही नहीं सकते, भ्रम में रहना है।

अपनी ग़लती मांगने के सही मौके को गंवा देना और फिर उस पर 'स्यापा' करते रहना तो मूर्खता है। अपनी ग़लतियों और ग़लत कामों का हमें हर समय आकलन कर उसे सुधारने का प्रयत्न करना चाहिए, जिससे भविष्य में हम ऐसी ग़लती न करें।

इसके लिए उन संभावित मौकों– जितना पर आप समझते हैं कि आप ग़लती कर सकते हैं, का एक ख़ाका अपने मन में तैयार कर, उनसे पार पाने का पहले से ही प्रयास कर लेना चाहिए। मान लीजिए, कोई आपको हड़का रहा है, तो सोचिए कि यदि उसके सामने आप तनकर खड़े हो जाएं तो ज़्यादा-से-ज़्यादा क्या हो सकता है– या तो वह हड़काने वाला पीछे हटेगा या आपकी उससे भिड़ंत हो सकती है।

इसकी संभावना कम ही है कि वह हड़काऊ व्यक्ति झगड़ा मोल लेना चाहेगा, क्योंकि ज़्यादातर ऐसे लोग अपना काम हड़काकर ही निकालना चाहते हैं।

यदि आपका बॉस ऐसा ही है और आप उससे पदोन्नति या कुछ लाभ की बात करते हैं, तो ज़्यादा-से-ज़्यादा वह आपको हटा ही सकता है। आपको इसका भय तो होगा, पर ऐसा होगा नहीं। यह कभी-कभी करना इसलिए भी ज़रूरी है कि जब तक दूसरे को यह न मालूम हो कि आप चाहते क्या हैं, तो उन्हें आपके मन की बात कैसे मालूम होगी?

ज़्यादा हताश करने वाली है वह स्थिति, जब आपको किसी बात का भय सताता रहे, पर आप उसको स्पष्ट कर ख़त्म न कर सकें। बेहतर है जो करना चाहते हैं, कर ही डालें। पिछले ऊहापोह त्यागकर, जो करना है उसे करें। भय को दूर करने का पहला क़दम है उसकी पहचान करना कि किस कारण से आपको भय हो रहा है। फिर उससे सीधे मुकाबला करें। इससे बचने का प्रयास न करें और इसको एक बार में दूर ही करने का प्रयास करें।

भय से त्राण पाने का दूसरा तरीका है, जिससे आपको भय लगता है, उसका बार-बार सामना करना। हमें बचपन से यह सिखाया गया है कि किसी से सहायता लेना कमज़ोरी की निशानी है। ऐसा कुछ नहीं होता। सबको ही कभी-न-कभी सहायता की आवश्यकता पड़ती है, पर इस तरह की शिक्षा हमारे व्यस्क होने तक हमारे साथ रहती है। यदि किसी बारे में आपको संशय हो और सहायता मांगनी हो, तो इसमें कुछ भी ग़लत नहीं है। आप स्वयं से पूछिए कि क्या यह सहायता अपरिहार्य है। आप जब समस्या की तह तक जाएंगे तो आपकी ज़रूरत भी ज़्यादा स्पष्ट हो जाएगी और उसका समाधान भी, पर यह याद रखें कि यदि दूसरों से सहायता स्वीकार करेंगे तो आपको भी यह सहायता देनी पड़ेगी, जब दूसरे की दरकार हो। सहायता देना और लेना तो चलता ही रहता है। यदि ज़रूरी हो तो स्वीकार भी करें और स्वयं दें भी। जीवन का असली उद्देश्य अपने ध्येय का प्राप्त कर लेना होता है। हमारा संकल्प होना चाहिए न सिर्फ़ प्रयास करना, वरन् विजय प्राप्त करना। जीवन में बीच का कोई मार्ग नहीं होता या तो आप सफल होते हैं या असफल! चाहे कोई कुछ भी कहे, असली सत्य यही है।

कभी प्रयास करके ही संतुष्ट न हों। 'मैंने भी प्रयास किया था' एक हारी मानसिकता का द्योतक है। कुछ भी काम करें तो उसे पूरा करके ही दम लें। 'प्रयास' से नहीं 'विजय' से ही संतुष्टि होती है। प्रयास पूरा करें, पर ध्येय पाकर ही उसे रोकें। अपना ध्येय निर्धारित करें और उसको प्राप्त करें।

जीवन में रुकावटें और दीवारें तो आपके रास्ते में आया ही करती हैं। दीवारों से सिर फोड़ना तो मूर्खता होगी, अपना तरीका तलाश करें और इनके पार जाकर अपना ध्येय प्राप्त करें।

जीवन में कोई बहाना नहीं चलता। आपको खुद मालूम रहता है कि आप क्या कर सकते हैं और क्या नहीं कर पाए। सफलता पाना ही उद्देश्य होना चाहिए– बहाने

से आप किसको बहलाएंगे? आपको यह सब ख़ुद ही करना पड़ता है– कोई चमत्कार नहीं होता। या यूं समझें कि आप अपनी सफलता के लिए ख़ुद ही चमत्कार बनकर उभरते हैं। हताशा के साथ कोई काम न करें। प्रयास करना नहीं, जीतना ही आपका चरम लक्ष्य होना चाहिए।

जीवन में मनवांछित स्थितियां किसी को नहीं मिलतीं– किसी भी क्षेत्र में। यदि आपको कोई काम दिया गया है, तो कैसी भी स्थिति हो, पूरी ईमानदारी से प्रयत्न करें। पहले से ही यह सोचकर न बैठ जाएं कि हम कुछ नहीं कर सकते।

अपनी जिम्मेदारी को कभी बोझ न समझें। यह तो एक मौका होता है, आपको अपनी योग्यता दिखाने का। सोच सदा धनात्मक रखें। इससे नकारात्मक विचारों और हताशा से तो बचाव होता ही रहेगा– भले ही कोई सकारात्मक उपलब्धि न हो। पहले से निर्णयात्मक रुख न अख्तियार करें कि "यह तो मुझसे होगा ही नहीं!" प्रयत्न पूरी ईमानदारी से करें और सारे विकल्प आजमा कर देखें। यदि कोई असफलता मिलती है, तो उसे भी सफलता की ओर ले जाने वाला एक क़दम ही समझें। अपने को निरंतर योग्य बनाने का प्रयत्न करें। प्रतिस्पर्धा आपकी अपने से ही होनी चाहिए, किसी और से नहीं। कोशिश करें कि आपका प्रदर्शन लगातार सुधरता जाए। अपने काम को इतनी सुचारुता से करें कि आप अपने संगठन के लिए अपरिहार्य हो जाएं। सदा आशावान रहें, यदि आशान्वित रहेंगे तो कोई भी लक्ष्य आपके लिए असंभव नहीं हो सकता।

9

आत्म चिंतन करें

एक समय था, जब मैं समझता था कि मैं कई काम एक साथ कर सकता हूं। इस विचार के पीछे ज़्यादा-से-ज़्यादा प्राप्त करने की कामना नहीं थी। इसका कारण था कि जब भी मैं कोई काम करने बैठता, तो कई ऐसे काम याद आ जाते थे, जो मैं नहीं कर पाया था और जो अधूरे रह गए थे, पर जिन्हें पहले पूरा किया जाना चाहिए था। फलस्वरूप, हाथ में लिया काम भी अधूरा छूट जाता था, उन पहले से अधूरे छूटे कामों के कारण। इसी कारण मैं शाम होने तक बहुत थका-थका और निराश महसूस करता था। मन उखड़ा-उखड़ा रहता था और इस चक्कर में कई ज़रूरी काम भी बिना किए रह जाते थे।

अब यदि कोई चीज़ याद आती है, जो करनी है, तो मैं उसे एक डायरी में लिख लेता हूं या कम्प्यूटर के 'आउटलुक' टास्क कॉलम में डाल देता हूं। कभी-कभी मैं इन गैज़ेट्स से उतारकर टेलीफोन के 'नोट्स एप्लीकेशन' में भी डाल लेता हूं, जिससे समय-समय पर याद आती रहे। असल में, हमारे दिमाग की सोचने की गति हमारे काम करने की गति से ज़्यादा है, इसलिए हमें लगता रहता है कि कितना कुछ करना बाकी है... 'लेकिन समय ही नहीं है'। हम सभी चाहते हैं कि दिमाग में आए सब काम तुरंत कर डालें, पर ऐसा हो कहां पाता है।

पर अपने चालू काम में यह विचार बहकाव पैदा करते हैं, जिसका प्रभाव नकारात्मक एवं निराशाजनक ही होता है। इसके कारण आप हाथ में लिए काम के प्रति पूरी तन्मयता नहीं दिखा पाते। तन्मयता से काम तभी हो पाता है, जब आप बिना हड़बड़ी के पूरी तरह ध्यान केंद्रित करते हुए काम करते हैं, जैसे प्रकृति करती है। प्रकृति एक क्रम में काम करती है। कुछ लोग तो अपने इस ढर्रे से सदा परेशान रहते

हैं– जो कुछ सोचा है वह कर ही नहीं पाते, क्योंकि मन में बहकाने वाले दूसरे अधूरे कामों की चिंता उठती रहती है। बज़ाय अपना क्रम ठीक करने के झल्लाने इत्यादि से कुछ हासिल नहीं होने वाला। जीवन की हर घटना एक निश्चित क्रम से अद्भुत रूप से घटित होती रहती है। विज्ञान की प्रगति ने ऐसे कई 'चमत्कार' दिए हैं। कुछ समय पूर्व, दिसंबर-2012 में मैं थाईलैंड गया। 3100 किलोमीटर की दूरी मात्र चार घंटे की उड़ान में पूरी हो गई। एकाध शताब्दी पूर्व तो इस दूरी को घोड़े पर बैठकर भी पूरी करने में वर्षों लग जाते थे और आज हवाई जहाज में बिना परेशानी के बैठे रहते हैं, एक बूंद भी गिलास से नहीं छलकती है।

वस्तुत: हमारे जीवन के चारों ओर ऐसे करिश्मे होते ही रहते हैं, बशर्ते हम गौर से देखें। आप अपने आपको जानने के लिए किसी की अनुमति तो नहीं लेते। हम स्वयं को या विश्व को अपने आप ही जान सकते हैं। दुनिया तो जैसी है, वैसी ही रहेगी– हम इसे बदल नहीं सकते। हमारा काम है इससे अपना जीवन वैसा निकाल सकें, जैसा हम चाहते हैं कि यह हो।

पर हर एक का अपना अलग नज़रिया होता है। एक परिवार के लोग भी कभी एक-सा नहीं सोचते। पर यही सोच का फ़र्क हमें नए-नए आविष्कार देता है, जिससे हमारी ज़िंदगी ज़्यादा आरामदेह हो जाती है। वस्तुत: यह हमारे नज़रिये पर ही निर्भर है। जो हमें अपराजेय लगता है, वह वास्तव में वैसा होता नहीं है। यह हमारा दृष्टिकोण है, जो उसे ऐसा दिखाता है।

दुबई की अपनी पिछली यात्रा में मैंने वहां संसार की सबसे ऊंची इमारत देखी, जिसमें 147 मंज़िलें हैं। कुछ दशक पूर्व क्या कोई सोच सकता था कि उस देश में, जहां सिर्फ़ रेत के भंडार थे, विश्व की सर्वाधिक ऊंची इमारत बन सकती है! पर वहां के लोगों ने विश्व के कुछ मेधावी व्यक्तियों को बुलाकर उन्हें किराये पर रखकर, उनसे कैसा यह चमत्कार करवाया है। असल में बात सोचने के ढंग की है; नज़रिये की है।

यह भी याद रखें कि असफलता पूरी तरह काली नहीं होती। इसमें भी कुछ धनात्मक चमकदार बिन्दु छिपे रहते हैं। चाहे कितनी भी कालिमा हो, नज़रिये का फ़र्क उसमें भी रौशनी की किरण पैदा कर सकता है।

जीवन-समुद्र में तूफान तो उठते ही रहते हैं– यह तो आपको देखना है कि कैसे अपने जहाज को बचाए रखें। अपने विचार स्पष्ट रखें और कर्म करने के लिए निरन्तर तत्पर रहें क्योंकि हम वही होते जाते हैं जो हम सोचते हैं।

यदि आपके हृदय में किसी चीज को प्राप्त करने की कामना जगी है, तो प्रयत्न करने से पूर्व ही हार मानकर न बैठ जाएं। पूरी लगन और ध्यान से चेष्टा करें अपना प्राप्य पाने को। विश्वास रखें आप जो चाहें वह 'कर सकते हैं!'

इसी प्रकार हर बात का ज़वाब 'हां' में देने से भी गुरेज़ करें। बात को सुनकर

पूरा सोच-विचार कीजिए और तब अपनी राय दें। अपनी सोच को जड़ न बनाएं, उसे लचीला रखें। प्राय: मैं हवाई जहाज में 'बिज़नेस क्लास' में ही सफ़र करता हूं, पर यदि जाना ज़रूरी हो और इस क्लास में सीट उपलब्ध न हो, तो मैं 'इकोनॉमी क्लास' में जाने से भी नहीं कतराता। ध्येय की प्राप्ति के लिए माध्यम का जड़ होना कोई ज़रूरी नहीं। वैसे मैं सामिष भोजन खाता हूं, पर यदि व्यंजन पर तेल तैर रहा हो और खाना हाईजैनिक रूप से बना न लगे, तो मैं उसको खाने के बदले फलाहार कर लेता हूं।

यहां हमें सदा विश्वास करना चाहिए कि विश्व में आपकी सुख-सुविधा के लिए बहुत कुछ उपलब्ध है। यह तो हमारा विश्व को देखने का नज़रिया है, जो उसे सुखद या दुखद बना सकता है। दिसंबर 2012 में जब मैं दुबई गया तो वापसी में मेरा प्लेन दिल्ली रात के दस बजे के बज़ाय दूसरे दिन सुबह चार बजे पहुंच पाया। अपने फ्लैट पर आकर मैं तुरंत सो गया और अपने नियम के अनुसार उठकर सुबह घूमने निकल गया। यह बात अलग है कि उस दिन सुबह के 10 बजे मैं घूमने गया था। फिर आकर मैंने अपने व्यायाम इत्यादि किए, पर मुझे ताज्जुब हुआ कि मेरी तरह कुछ और सज्जन भी सुबह 10 बजे अपने 'भोर-भ्रमण' पर आए हुए थे। सर्दियों में धूप में घूमने का मज़ा ही कुछ और आता है– इसमें भी मुझे आनंद की अनुभूति हुई।

अपने काम को ऐसे करना सीखिए कि काम में ही मज़ा आने लगे। हर काम को मज़ा लेकर कीजिए, जीवन की शाम में आपको अपनी ज़िंदगी की फिल्म काफ़ी मज़ेदार लगेगी।

जीत लो ख्वाब को

10

अपनी कुशलताओं को पहचानें?

अपने विशिष्ट गुणों की पहचान करना बहुत ज़रूरी है। यदि इनकी पहचान हो सके तो हम इनको और मांजकर अपनी दक्षताओं में और सुधार ला सकते हैं।

हमें दोनों प्रकार के गुणों की पहचान करनी है– शुभ गुणों की और अवगुणों की भी। यदि हमें इसकी समझ आ जाए तो इनका सही प्रयोग या इनसे बचाव कर, हम अपने कार्य-क्षेत्र में बड़ी सफलता प्राप्त कर सकते हैं। सफलता प्राय: उन्हीं के पग चूमती है, जो अपने गुणों को निखारते हैं और अवगुणों से बचना या उनको दबाना जानते हैं। यही रहस्य है विभिन्न क्षेत्रों में शीर्षस्थ स्थान प्राप्त करने का, चाहे वह खेलकूद का मैदान हो, फिल्मों का हो या लेखन का भी हो। हम सभी सफलता तो चाहते हैं, पर यह नहीं समझते कि कैसे अपनी प्रकृति प्रदत्त सहज गुणों का पूरा-पूरा लाभ उठाएं, कैसे वह क्षेत्र पहचानें, जिसमें हमारी जन्मजात योग्यता है, यानी वह महारत जो हमें सहजता से प्राप्त है।

इसके लिए आप स्वयं से पूछते रहें कि क्या करने में हमें सहज रूप से आनंद मिलता है। अपने विगत के अनुभव से इतना इशारा स्पष्ट मिलता है। यदि किसी क्षेत्र में काम करने में आपका मन लगता है, निष्ठा रहती है और उत्साह बढ़ता है, तो वही क्षेत्र या काम है, जो आपको सर्वाधिक प्रिय है। मेरे माता-पिता चाहते थे कि मैं डॉक्टर बनूं, इसलिए कॉलेज में उसी क्षेत्र से संबद्ध विषय दिलवाए गए, पर मुझे जीव-विज्ञान, वनस्पति-विज्ञान, भौतिकी या रसायन शास्त्र में कोई दिलचस्पी नहीं थी। मुझे मेढ़क चीरना बर्दाश्त नहीं होता था। फलस्वरूप मैं इन विषयों में बड़ी मुश्किल से कम-से-कम अंक पाकर पास हो पाया। चूंकि इस विज्ञान के क्षेत्र में मेरे बेहद कम नंबर आए, अत: किसी मेडिकल कॉलेज में तो मेरा दाखिला होने की

संभावना ही नहीं थी। मेरे पिताजी स्वर्गीय महंत करतार सिंह को कोई एतराज़ नहीं था, यदि मैं विज्ञान छोड़कर कला क्षेत्र में अध्ययन करने लगूं। मुझे लगा कि अंग्रेजी साहित्य, इतिहास एवं राजनीति शास्त्र मेरी पसंद के विषय हैं। उसके बाद मुझे वापस पीछे मुड़कर देखने की ज़रूरत ही नहीं पड़ी। एक के बाद दूसरी सफलता मिलती गई। यानी यह सिर्फ़ आप ही हैं, जो पहचान सकते हैं कि क्या आपकी रुचि का क्षेत्र है। यह ठीक है कि मन के विषय में भी सफलता मेहनत मांगती है, पर यह मेहनत उतनी खलती नहीं, तभी आप उत्कर्ष प्राप्त कर सकते हैं।

वैसे हमारे परिवार के लोग और मित्रगण हमारी विशेष योग्यता की पहचान कर सकते हैं, क्योंकि वे हमें शुरू से देखते रहते हैं। बड़े-बड़े संस्थान के उच्च पदस्थ लोग भी दूसरे की क्षमता पहचानने में माहिर होते हैं। निजी क्षेत्र में तो आपको वेतनादि का भुगतान आपकी योग्यता के अनुसार ही होता है। वहां तो अयोग्यता कतई बर्दाश्त नहीं की जाती। यदि आपको अपनी योग्यता के अनुरूप काम नहीं मिला तो आपकी मेहनत भी अच्छे परिणाम नहीं देगी और हताशा एवं थकावट आपको त्रस्त करती रहेगी। यदि मनचाहा काम मिल जाए तो मेहनत में भी आनंद आने लगता है। हर एक की अपनी विशिष्ट योग्यता तो होती ही है। इसकी पहचान आपकी सोच को धनात्मक एवं विकासोन्मुख रखती है। अभ्यास से ही यह योग्यता और निखरती जाती है, इसलिए हमें लगातार प्रयत्नशील रहना पड़ता है। यदि कभी असफलता आए तो स्वयं को निराशा में मत डुबाइए। अपने को सदा प्रोत्साहित करते रहें। अपनी विगत की उपलब्धियों से प्रेरणा पाकर आगे काम करते रहें। यह बुद्धिमान लोग ही हैं, जो अपने जीवन में अपनी प्रतिभा का अधिकतम इस्तेमाल करने में सक्षम रहते हैं। अपनी प्रतिस्पर्धा आप स्वयं से ही रखिए और जो आज पाया है उससे दोगुना बेहतर पाने का प्रयत्न करें। आपकी होड़ सिर्फ़ अपने से ही है। यदि हम स्वयं को सुधारना चाहें तो संसार की कोई शक्ति हमें रोक नहीं सकती। चाहे काम कम ही करें, पर जो करें वह सर्वोत्तम होना चाहिए। ऐसे ही लोग सदैव प्रगति पाते हैं और उन्हें ही हर तरह की मान्यता, इनाम-सम्मान प्राप्त होते हैं। अपनी क्षमता या योग्यता को कभी कम करके मत आंकिए और इसका अधिकतम इस्तेमाल करते रहिए।

ऐसा नहीं कि सफल लोग कभी असफल नहीं हुए, पर उन्होंने कभी असफलता को अंतिम परिणिति नहीं माना। वे जूझते रहे, लड़ते रहे जब तक कि उन्हें अपना वांछित लक्ष्य प्राप्त न हो गया।

सफल होने की आदत बना लें। हमेशा अपने लक्ष्य से ज़्यादा पाने का प्रयत्न करें। यह ठीक है कि कोई भी हर किसी को संतुष्ट या प्रसन्न नहीं रख सकता। पर यदि वह पूरे जोश से काम करेगा तो कम-से-कम स्वयं को तो संतुष्ट रख सकेगा। वस्तुत: हम लोग एक ही व्यवधान से त्रस्त हो जाते हैं और अपनी पूरी क्षमता को

जीत लो ख्वाब को

प्रकाश में नहीं ला पाते। हमें अपना नज़रिया ही ऐसा रखना चाहिए कि सर्वोत्तम से कम कुछ भी स्वीकार्य नहीं। 'किन्तु-परंतु' से स्वयं को बहलाने का प्रयत्न न करें, क्योंकि कार्य क्षेत्र में यह सोच घातक रहती है। अपनी पिछली असुरक्षा भावना से त्राण पाइए और समझिए कि हर दिन एक नया दिन है। यदि विगत का कोई कटु अनुभव है, तो उसको अपने दिमाग पर लादे हुए न घूमें, उसे उतार फेंकें। आज आपको जो असंभव लगता है, कल वही संभव हो जाएगा और परसों आपकी वही एक उपलब्धि बनकर चमकेगा। अपने विचारों को संकीर्ण मत रखिए। विगत अनुभव से सीख लें, उनका रोना न रोएं। यदि आपको किसी क्षेत्र में चमकना है, तो उसी क्षेत्र में जाएं, जिसके लिए आप में हुनर है, पर अध्ययन तो उसमें भी करना ही पड़ेगा। बिना चिकित्सा शास्त्र पढ़े तो आप एक निष्णात् डॉक्टर नहीं बन सकते, चाहे आप में कितनी भी चिकित्सकीय क्षमता हो। हमें अपना हुनर पहचानना ज़रूरी है। ज़्यादातर लोग जो अपने जीवन में कुछ भी नहीं पाते, वे ही होते हैं, जिन्होंने अपने हुनर को न पहचानकर ग़लत क्षेत्र में प्रवेश ले लिया। जब भी आपको इस ग़लती का भान हो, अपना क्षेत्र बदलें। इस तरह सफल या असफल होने की कुंजी आपके पास ही है। अपने सहज हुनर को पहचानें और संसार को अपनी योग्यता का करिश्मा दिखाएं।

11

अपने को बेहतर बनाएं

हमारा जो भी काम या धंधा हो, हमें पूरे मन से करना चाहिए। हमें सिर्फ़ अपने आदर्श-व्यक्तियों को देखना ही नहीं चाहिए, वरन् उनके काम करने के ढंग को भी देखना चाहिए तथा यह भी समझना चाहिए कि वे क्या गुण थे, जिन्होंने उनको अपने क्षेत्र में शिखर तक पहुंचाया। कोई भी जन्म से सफल होने की गारंटी लेकर पैदा नहीं होता, वह सब सीखते हैं कि कैसे अपने काम को बेहतरीन ढंग से करें।

पर हर काम को करने की कीमत चुकानी पड़ती है। वे लोग वही काम करने में उत्सुकता दिखाते हैं, जिससे और लोग असफलता के भय के कारण बचते हैं। पर यह सफल होने वाले लोग जानते हैं कि यदि कोई काम करना ही है, तो वे उसे करेंगे, चाहे वह कितना उबाऊ या बोरिंग लगे। कोई भी काम करने में परेशानियां तो सहज रूप से आती ही हैं, उससे परेशान नहीं होना चाहिए और पूरी लगन से काम करते रहना चाहिए, जब तक कि ध्येय प्राप्त न हो जाए। समस्या तो हमेशा आती ही हैं, उनके कारण कोई काम बंद नहीं होना चाहिए।

सबसे ग़लत तो आप तब करते हैं, जब प्रारंभिक असफलता से हताश होकर वह काम ही छोड़ देते हैं। हमें अपने गुणों का पूरा उपयोग करना चाहिए। हमारे जीवन का एकमात्र लक्ष्य होना चाहिए, सदैव अपना सर्वोत्तम प्रदर्शन करना और अपने उपलब्ध संसाधनों का सर्वोत्तम उपयोग करना। कल के लिए सबसे अच्छी तैयारी है आज का काम सर्वोत्तम ढंग से करना। वस्तुत: हर क्षेत्र में शीर्षस्थ लोगों को ज़्यादा स्पर्धा नहीं करनी पड़ती, क्योंकि ज़्यादातर लोग तो जहां हैं, वहीं रहना चाहते हैं और ऊंचे उठने की चाह भी नहीं करते, क्योंकि चाह करने के साथ प्रयास भी लाज़िमी हैं।

याद रखें, ये शीर्षस्थ लोग ही सारे पुरस्कारों और इनामों के हकदार होते हैं। सदा अपने से पूछते रहें कि क्या मैं अपना सर्वोत्तम प्रदर्शन कर रहा हूं। यह सिद्धांत हर जगह लागू होता है– चाहे हॉलीवुड हो, बॉलीवुड हो, उद्योग जगत हो या व्यापारिक क्षेत्र हो। आप कहीं भी हों, शीर्षस्थ होने के लिए आपको अपना सर्वोत्तम प्रदर्शन सदैव करना ही पड़ेगा।

यदि आपकी सोच धनात्मक हो, तो असफलता भी आपकी प्रगति की सीढ़ी बनकर सामने आती है। इससे आपकी परीक्षा भी होती है और सीख भी मिलती है। यदि हम ग़लती से गर्म लोहे को छू लें तो हमें सीख मिलती है कि यदि अनज़ाने में गर्म लोहे को छुएंगे तो हाथ जल जाएगा। यह सीख हमें आगे काम आती है और हमारी अक्ल की परीक्षा भी होती है।

असली बुद्धिमत्ता है अपनी ग़लती को न दोहराना। ग़लतियां तो होती रहेंगी, पर उनको दोहराना मूर्खता ही निशानी है। एक बार मैं मुंबई जाते हुए दिल्ली के ट्रैफिक जाम में ऐसा फंसा कि मेरी फ्लाइट ही छूट गई।

इसलिए अब जब मैं कहीं फ्लाइट से बाहर जाता हूं, तो घर से कम-से-कम दो घंटे की गुंजाइश लेकर ही निकलता हूं इसके पहले मैं एयरलाइन से फोन करके फ्लाइट के सही टाइम की भी पूछताछ कर लेता हूं और उन्हें अपना मोबाइल फोन नंबर भी दे देता हूं, जिससे यदि प्लेन की रवानगी के समय में कुछ फेरबदल हो तो मुझे पूर्व सूचना प्राप्त हो सके। इससे मुझे घर से अपने जाने के समय को निर्धारित करने में सहूलियत रहती है।

जीवन में प्राय: एक-सी घटनाएं नहीं होतीं– कुछ फेरबदल होता ही रहता है, पर एक साधारण आदमी भी औसत दर्जे का प्रयास कर उन पर पार पा सकता है। मैं अपने हाई स्कूल से एम.ए. की किसी परीक्षा में कभी टॉपर (प्रथम स्थान पाने वाला) नहीं रहा, पर मैं लगनशील रहा और अपने प्रयास में डटा रहा। यह मेरी लगन ही थी, जिससे मैं अपने जीवन में वह सब कुछ हासिल कर पाया, जो मैं चाहता था। यह लगन और निरंतर प्रयास ही है, जो हमें मंज़िल तक पहुंचाता है।

लगनशीलता में मेरे स्वर्गीय पिता महंत करतार सिंह मेरे आदर्श रहे हैं। वे अपनी लगन और मेहनत से सदा अपने वांछित परिणाम पाते रहे। वे हमें हमेशा बताते थे कि प्रयास की दृढ़ता का परिणाम की प्राप्ति पर सीधा असर पड़ता है।

मनुष्यता ने आज तक जो भी प्रगति, विकास या उपलब्धि प्राप्त की है, वह कड़ी मेहनत का ही प्रतिफल है। मेहनत में भी बड़ी मशक्कत की दरकार होती है, पर सफलता का श्रेय ज़्यादातर योग्यता को ही दिया जाता है। मेरी सोसायटी में वकील नाम का एक बिजली वाला है, जब ज़रूरत होती है मैं उसी को बुलाता हूं, क्योंकि वह अपना काम जानता है और मेहनती है।

लेकिन संसार में सेर को सवा सेर मिल ही जाता है। आप कितने भी योग्य हों, कोई-न-कोई ज़्यादा योग्य मिलता ही है। पर यह याद रखें कि ग़लतियां

बुद्धिमानों से भी होती हैं और चाहे कोई कितना भी ताकतवर हो, उसकी भी कुछ कमज़ोरियां रहती हैं।

योग्यता का मतलब है किसी काम में दक्षता रखना और इतनी समझ होना कि अपने उस विशिष्ट गुण को अपना लक्ष्य पाने के लिए पूरी तरह प्रयोग में लाने की क्षमता रखना। इसमें शामिल है वह विगत अनुभव, जिसके द्वारा हम नई समस्याएं भी सुलझा सकते हैं। अपने काम के बारे में जितनी सूचना रहेगी, उतना ही आप काम ज़ल्दी और सही प्रकार से कर पाएंगे। इसके लिए सदा अपनी आंखें व दिमाग खुले रखना चाहिए तथा अपने अनुभव और ज्ञान का पूरा इस्तेमाल करना चाहिए। जितनी हमारी योग्यता बढ़ेगी, उतना ही हम ज़्यादा आत्म-विश्वास प्राप्त करेंगे। पलायन करने या हार मानने से तो हम कुछ भी प्राप्त नहीं कर सकते। अपने काम में मगन रहना और लगन से काम करना ही हमें सफल बनाता है।

यह मानकर चलें कि यदि ईश्वर ने कोई समस्या पैदा की है, तो उसका समाधान भी उसने दिया होगा। असली बात है हमारी लगन एवं निष्ठा की कि हम उसका समाधान खोजते रहें। कभी-कभी कड़ी मेहनत भी मनचाहा फल नहीं दे पाती, पर अगली बार ज़्यादा अच्छा प्रदर्शन करने की हमारी संभावना को प्रबल करती है।

मेरे कई ऐसे जानकार और मित्र हैं, जो राष्ट्रीय स्तर की सेवाओं (आई.ए.एस. व आई.पी.एस. इत्यादि) में तीसरे या चौथे प्रयास में सफल हो पाए। असफलता तो सफलता का ही एक हिस्सा होता है। हमारी योग्यता इसी में है कि कैसे हम असफलता को सफलता में बदल दें। यह तो हमें स्वयं ही करना होगा, कोई इसमें सहायता नहीं दे सकता। हर काम का दारोमदार तो आप पर ही रहता है। अपनी मुक्ति का मार्ग हमें ही खोजना पड़ता है। देखिए, साधारण और असाधारण में फ़र्क सिर्फ़ एक अक्षर 'अ' का है, पर सब कुछ इसी अक्षर पर निर्भर करता है। कड़ी मेहनत, लगन, ज्ञान-अनुभव, आगे बढ़ने की चाह और काम ढंग से करना— सब मिलकर साधारण को असाधारण बना देते हैं।

12

विपरीत परिस्थितियों में भी खुश रहें

कोई भी जीवन-क्रम किसी के लिए भी आरामदायक नहीं होता, क्योंकि हर एक की अपने आसपास के माहौल या लोगों से अपनी-अपनी अपेक्षाएं होती हैं– चाहे परिवार वाले हों, दोस्त हों, बच्चे हों या मां-बाप का ही साथ हो, हर एक की अपनी रुचियां होती हैं; अपना ढंग होता है, चाहे वरिष्ठजन हों या मातहत, बड़े हों या बच्चे। भगवान ने सभी को ऐसा बनाया है कि जो अपने को अद्वितीय एवं अतुलनीय समझता है। लेकिन इस सारे विरोधी माहौल के बावज़ूद दूसरों के साथ हंसी-खुशी निर्वाह तो करना ही पड़ता है। वस्तुतः प्रतिकूलता का यह भाव भी घरों में ही पैदा होता है। कभी-कभी आपके सीधे-सादे वाक्य किसी को आहत कर सकते हैं, एक सादा उक्ति भी दूसरे के कलेजे में फांस-सी चुभ सकती है। आपका सहज हास्य-विनोद किसी को नीचा दिखाने की एक तरकीब लग सकता है। हमें खुद भी सोचना चाहिए कि किसी की कोई टिप्पणी किस मंतव्य से कही गई है– हो सकता है उसकी वह मंशा न हो, जो हम समझ रहे हों। हमें अपनी अति संवेदनशीलता पर भी अंकुश लगाना चाहिए। अपनी बात कहने में दूसरों का भी ख़्याल रखना चाहिए। आख़िरकार हम सभी अपने माहौल और परिस्थितियों के द्वारा अपना सृजन करते हैं। हमारी पढ़ाई-लिखाई का स्तर दूसरों से काफ़ी भिन्न हो सकता है, जिनसे हम अंतर-क्रिया करते हैं उनका वातावरण एवं परिस्थितियां हमसे काफ़ी भिन्न हो सकती हैं। हर एक की अपनी-अपनी प्रतिक्रिया होती है, अपना ढंग या ढर्रा होता है। हमें अपने माहौल और परिवेश में झगड़े के नहीं, वरन् समन्वय के सूत्र तलाशने चाहिए।

बेशक, हम लोगों को तो बदल नहीं सकते, पर जीवन के क्रम को अपने अंदाज़ में विश्लेषित कर सकते हैं। जीवन में न कोई दूध का धुला होता है, न कोई बिलकुल काला। हमें संघर्षपूर्ण परिस्थितियों से समन्वय के आयाम ढूंढने चाहिए। झगड़ालू माहौल

के बजाय सह अस्तित्व के साथ रहना चाहिए। मेरे जीवन में भी मेरा ऐसे कई लोगों के साथ वास्ता पड़ता रहा है, जिनकी आदत होती है संघर्ष या झगड़े को उकसाना। मैं तो उनसे हर कीमत पर बचना चाहता हूं। मुझे उनसे डर तो नहीं लगता, पर मैं सोचता हूं कि झगड़ा बढ़ाने या स्वयं को सही व उनको ग़लत सिद्ध करने से क्या हासिल होगा? मैं तो सोचता हूं कि अपनी मानसिक शांति कायम रखने के लिए इनसे बचे रहना ही श्रेयस्कर है। फालतू के झगड़ों से मन के अंदर ऋणात्मकता ही और परवान चढ़ती है।

ऐसे लोग प्राय: बढ़ा-चढ़ाकर, ख़ूब नमक-मिर्च लगाकर सदा बुरी चीज़ों को बहुत ज़्यादा बढ़ाकर दिखाते हैं। मैं प्राय: या तो इन लोगों से कन्नी काटता हूं या कभी-कभी पूरी विमुखता से 'हां-हूं' कहकर उनसे पिंड छुड़ाता हूं। जब मैं घूमने जाता हूं तो प्राय: ऐसे लोग मुझे घेर लेते हैं, पर मैं अपने हैडफोन पर अभिप्रेरित करने वाले गीत या पुस्तकों के अंश सुनता रहता हूं। ऐसे शिकायती टट्टुओं के लिए अपना समय या मूड ख़राब करने की कोई ज़रूरत नहीं होती। यदि आपका कभी ऐसे लोगों से वास्ता पड़े तो कोशिश कीजिए कि ऐसे विषय पर बात हो, जो किसी प्रकार विवादास्पद न हो सके, जैसे मौसम, धार्मिक या सामाजिक मुद्दे, चालू हालात इत्यादि। ऐसे विषय चुनें, जिनको दूसरा ऋणात्मक दिशा में ले ही न जा सके। हर स्थिति को अपने अनुरूप ढाल सकना ही बुद्धिमत्ता की पहचान है।

यद्यपि हम कितने भी भले हों, अक्लमंद हों, पर कभी-कभी तो कुछ घोटाला हो ही जाता है। इनमें मैं भी शामिल हूं, पर यह सब होता हमारी वज़ह से ही है, हम इससे बच नहीं सकते, पर प्रयत्न होना चाहिए कि इनका ज़ल्द से ज़ल्द निबटारा हो जाए।

अपनी ओर से हर दिन सही रूप में बिताने का प्रयत्न करते रहें। यद्यपि कोई गारंटी तो नहीं कि कुछ गड़बड़ नहीं होगी, पर आप इस बारे में सचेत तो रह ही सकते हैं।

परिस्थितियां तो हर एक को अलग मिलती ही हैं। ज़रूरी नहीं कि दूसरे की समस्या का समाधान आप पर भी लागू हो। हर एक को अपनी मंज़िल ख़ुद ही तलाशनी होती है। हमें किसी भी परिस्थिति में आशा नहीं छोड़नी चाहिए, सदा यही सोचना चाहिए कि यदि 'आज अपना नहीं तो कल तो हमारा होगा ही'। कल की उम्मीद आज की तकलीफ़ को भी सहनीय बना सकती है।

सदा ऐसे लोगों का साथ ढूंढें, जो धनात्मक रुचि रखते हों। अंग्रेजी की पुरानी कहावत– "आदमी अपनी सन्मति में पहचाना जाता है" एक सत्य उद्घाटित करती है, जो आज ज़्यादा ही सच है। ऐसे लोगों के साथ से तो एकांत भला। ऐसे लोगों का साथ लेकर कभी अपनी मूल प्रकृति के साथ समझौता न करें, क्योंकि ऐसों का साथ आप में ऋणात्मकता ही भरेगा। फिर ऐसी विकृति का ख़तरा मोल ही क्यों लिया जाए? आप स्वतंत्र हैं ऐसे लोगों से बचने को। यदि ऐसों का साथ पूरी तरह दूर न हो पाए, तो उसे कम-से-कम करने का प्रयत्न कीजिए। बेकार में सामाजिक होने का श्रेय लेने का मतलब यह तो नहीं कि आप स्वयं अपना नुकसान करें। इनसे बचिए और पूरी आज़ादी से अपना जीवन जिएं।

44 जीत लो ख्वाब को

13

आत्मविश्वास बढ़ाएं, लक्ष्य हासिल करें

वांछित रूप से प्रगति न कर पाने और अपने लक्ष्य को प्राप्त न करने का एक कारण होता है, उस लक्ष्य को पाने में हमारे आत्म-विश्वास में कमी। हम खेल शुरू होने के पूर्व ही अपनी हार मानकर बैठ जाते हैं क्योंकि हम ऐसे व्यवधानों की कल्पना कर लेते हैं, जो वास्तव में होते ही नहीं हैं। बिना स्पष्ट उद्देश्य और लगन के साथ किसी लक्ष्य को पाने की कल्पना आकाश कुसुम देखने के समान है, यानी व्यर्थ का प्रयास! ऐसे प्रयास तो असफलता देंगे ही।

जब भी मैं काम करने बैठता हूं, तो कई काम याद आते हैं, जो करने हैं। इसके साथ ही कई और व्यवधान पैदा होते रहते हैं– टेलीफोन कॉल्स, आने वाले लोग और वे भी जो किसी की बुराई करने को आतुर रहते हैं! पर चूंकि मेरा मंतव्य स्पष्ट है; प्राथमिकता साफ़ है, इसलिए जब तक मैं अपना ज़रूरी काम निबटा न लूं, इन व्यवधानों से स्वयं को बचाता ही रहता हूं।

कुछ समय पूर्व, 20 सितंबर, 2011 को हमारे ऑल इंडिया एवं दूसरी केंद्रीय सेवा के 'बैच-मेटो' का समागम मसूरी में हुआ था। वहां मेरे एक साथी ने कहा– "यह तो बहुत देर में हुआ है, यदि सन् 1970 में हुआ होता तो ज़्यादा लाभप्रद रहता!" इस पर मैंने कहा कि शुभ काम जब शुरू हो, तब अच्छा। जब भी समझ में आ जाए कि हम क्या होना चाहते हैं, तभी सवेरा मानना चाहिए और अपने हुनर को पहचानकर उसके पूरे इस्तेमाल का प्रयत्न करना चाहिए। एक भली शुरुआत तो हमेशा श्रेयस्कर होती है।

असली समस्या की जड़ हमारे अंदर ही होती है। हम किसी लक्ष्य को हासिल करने के प्रयास के पूर्व ही अपने विश्वास को कमज़ोर करने लगते हैं। हमारी जो

भी उम्र हो, हम में अपना सपना सच करने का साहस और विश्वास होना ही चाहिए। न सिर्फ अपने लक्ष्य प्राप्त करने की कल्पना करें, बल्कि उसे अपने सामने देखने का प्रयास भी पूरी निष्ठा से करना चाहिए।

कई शताब्दियों से मानव कल्पना थी कि विश्व की सर्वाधिक ऊंची चोटी एवरेस्ट पर विजय पाई जाए। एक दृढ़ प्रतिज्ञ पर्वतारोही समूह ने 20वीं शताब्दी में यह काम आख़िरकार करके दिखा ही दिया। यदि हमें यह महसूस हो कि कोई काम हम कर सकते हैं, तो फिर उसे करने में विलंब नहीं करना चाहिए। पुरानी कहावत है कि भगवान उनकी सहायता करते हैं, जो स्वयं अपनी सहायता करते हैं। भगवान सहायता के लिए स्वयं नहीं आते, वरन् हमें ऐसे विचार और तरकीब सुझाते हैं कि वह काम हम स्वयं ही कर सकते हैं। कभी-कभी ईश्वर अज्ञात सहायकों को भी भेज देता है। मानव प्रकृति ऐसी है कि चुनौती की विशालता या दुरुहता के अनुरूप ही हमारा साहस और विश्वास बढ़ता है।

कुछ पाने के लिए कुछ करना तो पड़ेगा ही। जितनी हमारी इच्छा में तीव्रता होगी, हम उतने ही साहस और विश्वास के साथ काम करेंगे। सिर्फ़ ख्वाब देखने और कुछ न करने से, सिवाय अवसाद के और हम क्या पाने की सोच सकते हैं? ग़लतियां और त्रुटियां तो सब ही करते हैं, पर हिम्मत जुटाकर दोबारा प्रयत्न करना चाहिए। हर दिन को एक नया दिन समझकर पूरी निष्ठा से हर असफल चेष्टा को एक सफल उपलब्धि में बदलने का प्रयास करना चाहिए।

यदि महान वैज्ञानिक और अन्वेषक अपनी ग़लतियों से हार मानकर बैठ गए होते तो आज भी दुनिया में 'पाषण युग' ही चल रहा होता। कोशिश यही रखें कि आपके सहकर्मी आपसे ईर्ष्या करें; उन्हें आप पर तरस खाने का मौका न दें। अपने विरोधी को हराना आपका चरम लक्ष्य होना चाहिए, चाहे कोई भी क्षेत्र हो, तब ही आप उपलब्धिवान बन पाएंगे।

सफलता का पथ कांटों भरा होता है। तिरस्कार, असम्मान, हताशा, कुंठा आपको हर मोड़ पर मिलेगी। पर आपको इनसे पार पाने का अपना रास्ता ढूंढना पड़ेगा। जब मैं विद्यार्थी था तो मेरा मज़ाक इसलिए बनाया जाता था कि मैं एक स्थानीय भाषा के माध्यम से पढ़ाने वाले स्कूल का पढ़ा हुआ था; किसी पब्लिक स्कूल का नहीं। कॉलेज में शिक्षकगण भी मुझ पर एक तरसभरी दृष्टि डालते थे और 'दयापूर्ण' व्यवहार दिखाते थे, पर मैंने उनके इन हताशाप्रदायी तेवरों की परवाह नहीं की और अपनी मेहनत से आगे बढ़ता गया।

जब मैं राष्ट्रीय प्रतिस्पर्धा में सफल हुआ, तो इन सब लोगों को बड़ा ताज्जुब हुआ। बाद में मेरे कॉलेज के अंतिम दिनों में उन्होंने मेरे प्रति सम्मानजनक एवं सहज व्यवहार दिखाकर अपने पहले के व्यवहार की भरपाई करने का काफ़ी प्रयत्न किया था।

मैं कोई 'जीनियस' हूं, मेरा ऐसा दावा कतई नहीं है, पर पूर्ण उत्कर्ष पाने की चाह में मैं अपना कोई लक्ष्य असंभव कहकर छोड़ दूं– ऐसा मैंने कतई नहीं किया।

46 *जीत लो ख्वाब को*

मेरे पास जो भी संसाधन हैं, उनका मैंने भरपूर इस्तेमाल किया और पूरी निष्ठा व एकाग्रता से अपने काम में लगा रहा। मैंने जीवन से एक पाठ सीखा है कि इसमें बिना कीमत चुकाए कुछ नहीं मिलता। मेरे मित्र ने मुझे एक कथा सुनाई थी— एक आदमी ईश्वर के दर्शन करना चाहता था। वह निरंतर ध्यान करता, पूजा-पाठ करता। अंततः उसकी तपस्या से प्रसन्न होकर ईश्वर उसके सामने प्रकट हुए तो उसने अथाह संपत्ति का वर मांगा, जिससे वह विश्व का सर्वाधिक धनी व्यक्ति हो सके। तब भगवान ने उससे कहा— ''जीवन में तुम जो चाहो वह निश्चित रूप से पा सकते हो, पर हर चीज़ की एक कीमत होती है, यदि मेहनत और लगन द्वारा उसका भुगतान कर सको तो संसार की कोई भी वसुधा किसी के लिए अलभ्य नहीं है।''

महान मेधावियों का भी यही मानना है कि मेधा में 99 प्रतिशत मेहनत और 1 प्रतिशत प्रेरणा के तत्व होते हैं। वस्तुत: मेधा प्रच्छन्न रूप से लगन और कर्मठता का ही एक ढका-छिपा रूप है। सफलता उनको ही मिलती है, जो बाकी सब लोगों के हारकर बैठ जाने के बाद भी अपना प्रयत्न नहीं छोड़ते। यदि आप में लगन का गुण है, तो आप अपना लक्ष्य प्राप्त करेंगे ही। फिर चाहे कितने भी लालच के फंदे आपके सामने आएं, आप उनसे बंधेंगे नहीं। इस समय मैं इस लेख को लिख रहा हूं— अपने ड्राइंगरूम में बैठकर— टी.वी. और डी.वी.डी. के फंदे सामने हैं, जो मेरे मनचाहे कार्यक्रमों से भरे हैं तथा उनका प्रदर्शन भी हो रहा है, पर मैं अपनी लगन से इस लेख को पूरा कर रहा हूं, काम करने और सफल होने का यही तरीका है। पहले अपना ज़रूरी काम पूरा करो, फिर अन्य आकर्षणों की ओर मुड़ो, तभी आप भी उपलब्धिवान हो सकते हैं।

14

कुछ नया कर दिखायें

हर क्षेत्र में नई-नई चुनौतियां उपलब्ध हैं, जो हमें उकसाती हैं कि कैसे कुछ बेहतर कर, सबसे बेहतरीन काम कर दिखाएं। नया कुछ करके दिखाने का पहला राज़ है, कुछ हटकर सोचें; एक नया दृष्टिकोण रखें और होड़ छोड़कर कुछ करने का प्रयास करें। जो सुना-पढ़ा या समझा है, उसको उसी तरह स्वीकार न करें। जो समस्या है उसको हर पहलू से सोचें और तय करें कि इसको हल करने का सबसे आसान एवं विश्वसनीय तरीका क्या हो सकता है, भले ही वह प्रचलित मान्यता के खिलाफ हो। अपने चारों ओर चौकन्नी दृष्टि से निहारें और वह सूत्र पाने का प्रयत्न करें, जो सबको स्पष्ट नहीं होता।

भारत के विभाजन के पश्चात्, मेरे मां-बाप को आश्रय पाने के लिए जगह-जगह भटकना पड़ा था। कई रिश्तेदारों के यहां आसरा ढूंढा और अंततः तब के फिरोजपुर जिले और आज के फाजिल्का जिले के जलालाबाद में आकर बसे। यद्यपि अपना हज़ारों एकड़ ज़मीं का इलाका वे पाकिस्तान में छोड़कर आए थे, उसके एवज़ में उन्हें यहां थोड़ी-सी ज़मीन ज़रूर प्राप्त हुई, पर उसको जोतने-बोने का कोई साधन उनके पास नहीं था। इसके लिए बैलों की जोड़ी, हल इत्यादि प्राप्त करना तो ज़रूरी था। फिर ज़्यादातर मध्यवर्ग के लोगों की भांति, जो खेती-बाड़ी नौकरों या साझीदारों के भरोसे करते हैं, उनके पास भी कोई व्यक्तिगत अनुभव नहीं था। फिर उनकी उम्र भी काफ़ी हो चली थी, यह सब शुरू से सीखने के लिए!

मेरे स्वर्गीय पिताजी ने तब हमारे रिश्तेदारों को राय दी कि क्यों न वे लोग मिलकर एक ट्रैक्टर ख़रीद लें, जो तब लगभग 7 हज़ार रुपये का आता था। सात घनिष्ट रिश्तेदारों ने अपनी जमा-पूंजी मिलाकर इस इलाके का पहला ट्रैक्टर ख़रीदा।

इस ट्रैक्टर को इस्तेमाल करने के समय को बांटने का जब सवाल आया तो मेरे स्वर्गीय पिताजी ने राय दी कि हर साझीदार इस ट्रैक्टर को हफ्ते में एक दिन इस्तेमाल करे। इससे उसके इस्तेमाल के साझीदारों की समस्या का समाधान हो गया। यह भी तय हुआ कि आपस में बात कर हर साझीदार हफ्ते में कौन से दिन ट्रैक्टर का इस्तेमाल करेगा। इस व्यवस्था से उन कड़े वक्तों में उन लोगों ने सुख के दिन निकाले और साल का अंत आते-आते उस ट्रैक्टर की कीमत भी चुका दी।

कुछ दिनों बाद ट्रैक्टर के पुर्जे टूटने-फूटने लगे, क्योंकि उनका लगातार प्रयोग होता रहता था। साल का अंत होते-होते उन लोगों ने उसे बेच दिया और जो पैसा मिला, वह आपस में बांट लिया।

इस प्रकार लीक से हटकर मेरे स्वर्गीय पिताजी की विचार प्रक्रिया ने कड़े वक्तों में निर्वाह कर सारे साझीदारों को भी चैन दिया और स्वयं भी चैन पाया। सोच-विचार करना बहुत अच्छा समाधान पाने का ज़रिया हो सकता है। सोचने में तो कोई पैसा भी नहीं लगता।

नई सोच वाले को सफलता केवल सोच में ही नहीं, परंतु नया सोच लागू करने के बाद ही मिल पाती है। यह बात सही है कि किसी काम का सबसे कठिन हिस्सा है सही सोच पाना और उसका सही इस्तेमाल!

मेरे सामने जब भी कोई समस्या आती है, तो सबसे पहले मैं यह देखता हूं कि यह मेरे द्वारा हल की जा सकती है? या मैं क्या करूं कि इसका हल हो जाए? ख़ासतौर पर रोज़मर्रा की समस्याओं में तो थोड़ा रुककर सोच-विचार करना बहुत अच्छा रहता है। वस्तुत: हर बड़ी खोज— यथा कार, ट्रेन, कम्प्यूटर, बिजली, टेलीविज़न, मोबाइल फोन, हवाई जहाज इत्यादि या जीवनरक्षक दवाइयों की ईजाद के पीछे यही नया कुछ पाने की साधना रहती रही है। नया कुछ करने के पीछे आपकी वह क्षमता कार्यरत रहती है, जो वह सोच पाती है, जो और नहीं सोच पाए। पर अकेला सोचना ही नहीं, इस सोच या कल्पना को वास्तविकता बनाने के लिए प्रयास भी उतना ही ज़रूरी है।

यानी ऐसा करने के पीछे आप में कुव्वत होनी चाहिए अनथक मेहनत करने की और लगन होनी चाहिए जुटे रहने की— चाहे प्रतिकूलता कितनी भी विकट क्यों न हो। सृजनशीलता, लगन, मेहनत और लीक से हटकर सोचना ही आपको ऐसी उपलब्धि दे सकता है। यह हमारे ऊपर है कि कैसे हम एक युगांतर उपस्थिति करने वाले बनें।

लगभग हम सभी में कुछ-न-कुछ विशिष्ट गुण या मेधाविता होती ही है। यह हमारे ऊपर ही निर्भर है कि कैसे अपने इस गुण को पहचानें, उसे बाहर लाएं और थोड़ा हटकर सोचें। चाहे आप कितने भी नव प्रवर्तक बुद्धि वाले हों, सृजनशील हों, पर जब तक आप में लगन नहीं होगी, आप अपना लक्ष्य प्राप्त नहीं कर सकते।

कम-से-कम मेहनत करने का मार्ग अपनाना तो बेहद आसान है, पर कुछ सार्थक, लीक से हटकर प्राप्त करने में न सिर्फ़ मेहनत, वरन् बेइंतहा लगन और

कर्मठता की दरकार होती है। आपको भेड़चाल से हटकर चलना आना चाहिए। यदि आप दूसरों से कुछ हटकर करना चाहते हैं, तो दूसरों के साथ अपने कार्य का भी लगातार विश्लेषण और मूल्यांकन करना पड़ेगा। देखें कि दूसरों ने क्या प्राप्त किया और आप किस प्रकार उनसे अलग हैं और कितना आगे बढ़ रहे हैं।

मेधावी लोगों में यह ख़ूबी होती है कि वह यह पहचान सकें कि क्या मूल्यवान है और क्या फालतू है। ऐसे लोग सदा एकाग्र होकर उस काम पर केंद्रित रहते हैं, जो उनका अंतशः उद्देश्य प्राप्त कर सकता है। वस्तुतः वही उनके जीवन का उद्देश्य होता है। वह अपनी सारी ऊर्जा, क्षमता और योग्यता लगाकर अपना लक्ष्य प्राप्त करता है। उसकी आंख सदा लक्ष्य पर ही रहती है। फिर तो चाहे कितना भी मज़ेदार टी.वी. प्रोग्राम आ रहा हो या कोई आनंददायक मनोरंजन उपलब्ध हो, वह तो अपने काम में ही लगा रहता है। उसे काम से ज़्यादा किसी अन्य चीज़ में आनंद ही नहीं आता। वही उसकी साधना बन जाती है। वह अपना समय किसी बहकावे वाली गतिविधि में बर्बाद भी नहीं करता।

किसी भी साधारण जन की भांति मुझे भी बाज़ार में घूमकर 'विंडो शॉपिंग' करने और चीज़ें देखने में आनंद आता है, चाहे मुझे वाकई में कुछ ख़रीदना भी न हो, किन्तु एक जीनियस अपने जीवन का एक क्षण भी ऐसी व्यर्थ की गतिविधियों में बर्बाद नहीं करता। उसका तो हर क्षण बेहद मूल्यवान होता है। उसकी अदम्य चाह होती है बेहतर कर अपनी करनी का निरंतर सुधार करना।

मैं भी यह प्रयत्न करता हूं कि पढ़ने के लिए कुछ ऐसी सामग्री ही खरीदूं, जो मुझे ज्ञान दे या एक बेहतर इंसान बनने में मदद दे। मैं भी निरंतर प्रयासरत रहता हूं, अपने आत्म-विश्वास को दृढ़तर बनाने के लिए, जिससे कि मैं जो कर सकता हूं, उसे बेहतर ढंग से अंज़ाम दे सकूं।

मेरा यह सोचना मुझे विश्वास दिलाता है कि अपनी तरह से मैं भी किसी जीनियस से कम नहीं हूं। मैं तो हर एक व्यक्ति से कुछ-न-कुछ सीखता रहता हूं तथा अपनी योग्यता को सदैव एक से दस के क्रम में अंक देता रहता हूं। मैं यह भी विवेचन करता रहता हूं कि मैंने कितने समय में कैसा काम किया है। कितने समय की बर्बादी की है? क्या मैं अपना सर्वोत्तम दे सका? इत्यादि। मैं अपनी ताकत और कमज़ोरियों को भी निरंतर देखता रहता हूं। स्वयं को अभिप्रेरित रखना, जिज्ञासु रहना, यथास्थिति को चुनौती देना, थोड़ा जोखिम उठाने का माद्दा रखना, अपनी बात स्पष्ट कहना, लगन और प्रतिबद्ध होकर काम करना– कुछ ऐसे गुण हैं, जो कुछ नया करने वाले में होने ही चाहिए। इसमें कोई तुक्का नहीं चलता। 'नवप्रवर्तक' कभी तुक्के से नहीं बनता। उसमें अदम्य इच्छा, एकाग्रता, अपने काम में डूबने की शक्ति और नया कुछ करने की महती कामना होनी ही चाहिए, तभी आप कुछ नया सृजन कर सकते हैं।

15

प्रशंसा से आत्मविश्वास बढ़ता है

चाहे घर हो या बाहर काम का क्षेत्र, प्रोत्साहन या तारीफ एक ऐसा नुस्खा है, जो अच्छे प्रतिफल देता है। इस प्रकार सही समय पर की गई तारीफ न सिर्फ़ आपको प्रसन्न रखती है, वरन् उनको भी प्रमुदित करती है जो आपके संपर्क में आते हैं। अपने से छोटों– युवाओं के लिए तो यह आत्म-विश्वासवर्द्धक का काम करती है। मुझे अभी भी याद आती है अपने एक प्रोफेसर की, जो सदा कहते थे कि मुझमें कुछ ऐसे गुण हैं जो औरों में नहीं मिल सकते। इसलिए मैं कहीं अपने आपको कभी कम करके न आंकू। मैंने अपना पूरा प्रयास किया कि अध्ययन में उनकी अपेक्षाओं पर खरा उतरूं।

मेरे स्वर्गीय दादाजी महंत नाथ सिंह तो मेरी हर बात पर तारीफ करते थे। मैंने भी कुछ तारीफ करने के गुर सीखे हैं, जिससे मैं दूसरों को खुश करता रहता हूं। मैं अपने पोते-पोतियों को तरह-तरह के नाम से बुलाकर उनको आनंदित करता हूं– यथा 'ए हैप्पी चाइल्ड', 'बेस्ट चाइल्ड' और शिशुओं को 'गुड चाइल्ड' इत्यादि। मेरी एक पोती मन्नत ने गल्फ देशों में अध्ययन के क्षेत्र में (स्कूलों में) सर्वोत्तम होने का पुरस्कार प्राप्त किया है। वह चूंकि मस्कट में अपने माता-पिता के साथ रहती है, मैं उसे 'बेस्ट चाइल्ड ऑफ मस्कट' कहकर बुलाता हूं। उसकी छोटी बहन अमृता ने भी जूनियर क्लासेज़ में इतना ही अच्छा प्रदर्शन किया था, इसलिए मैं उसे 'ओमन' की 'बेस्ट चाइल्ड' कहता हूं। वह ओमन की राजधानी में रहती है।

मेरी सबसे छोटी बेटी हरवीन की कनिष्ठतम कन्या मेकैली को मैं 'गुड चाइल्ड' कहता हूं और उसकी बड़ी बहन रुहानी का नाम रखा है 'बेस्ट चाइल्ड', क्योंकि स्कूल में उसका प्रदर्शन सर्वोत्तम रहा था। मैं अपने पोते दानिश से सदा

कहता रहता हूं कि उसके सुंदर शरीर और मुंह पर मोहक मुस्कान उसकी ख़ूबसूरती बढ़ाती रहती है। इन सब संबोधनों से मेरे पोते-पोती न सिर्फ़ ख़ुश रहते हैं, वरन् सातवें आसमान पर पहुंच जाते हैं। एक अच्छा नेता होने के लिए ज़रूरी है कि हम जिससे भी मिलें, उसको ख़ुशी बांटें। जैसा मौका हो, उसी के अनुसार तारीफ करें। इसका नतीज़ा सिर्फ़ घर में ही नहीं, बाहर के क्षेत्रों में भी बहुत अच्छा मिलता है।

यदि आप लोगों का हौसला बढ़ाते रहेंगे, तो उनका विश्वास दृढ़तर होता जाएगा। तारीफ तो सभी को अच्छी लगती है। सभी इसे लपककर स्वीकार करते हैं। दूसरों की तारीफ से आपकी चिंता का स्तर घटता है और माहौल ख़ुशगवार हो जाता है, क्योंकि प्रशंसा असंतोष एवं नाराज़गी की दुश्मन होती है।

इस प्रकार तारीफ करके हम दूसरों का मनोबल ऊंचा रखते हैं, जिससे वे पूरे उत्साह से अपना सर्वोत्तम करते हुए सफलता की सीढ़ियां चढ़ते जाएं। वैसे यह कहना सही नहीं होगा कि अपने-अपने क्षेत्र के महारथियों में कुछ कमज़ोरियां नहीं होतीं, पर वे जो भी काम करते हैं, वह पूरे मन से करते हैं। बेशक वे भी ग़लतियां करते हैं, पर तुरंत ही सही क़दम उठाकर अपने मन से असफलता एवं हताशा का भय निकाल देते हैं। अपनी मेहनत और लगन के दम पर वे किसी भी रुकावट को पार कर लेते हैं। हमें अपनी दूरदृष्टि और सतर्कता से हर चीज़ की जांच गहराई से करनी चाहिए, तभी हम अपना प्रदर्शन उत्कृष्ट रख सकते हैं।

भरोसा पैदा करने का एक ही रास्ता है, अपने वचन को सदा निभाना। वस्तुतः भरोसा ही हमारे किसी भी संबंध की नींव होता है, चाहे व्यक्तिगत संबंध हों या पेशेवर। चाहे आपके बच्चे हों या अपने मित्र और सहकर्मी, अपने वचन तो सबके साथ पूरे करने चाहिए।

हमारी तारीफ दूसरों को हमारी तरफ़ खींचती है। वे भी हमें चाहने लगते हैं। मां-बाप भी उन्हीं बच्चों के प्रति ज़्यादा स्नेहशील होते हैं, जो उनकी अपेक्षाओं पर खरे उतरते हैं। तारीफ दूसरों को हम से जोड़ती है और फिर वे हमारी सराहना की चाह में धीरे-धीरे वैसे ही काम करने लगते हैं, जैसा हम चाहते हैं।

हर व्यक्ति अपने हुनर या उपलब्धि की सराहना चाहता है। यदि किसी की तारीफ करने का उसमें कोई गुण न भी दिखे, तो कम-से-कम उसके अवगुणों की बुराई करने से बचें। स्वयं को सबका आचरण सुधारने का ठेकेदार न समझें। यदि किसी की तारीफ करना ज़रूरी है, तो स्पष्ट रूप से कहें, यदि नहीं तो चुप रहें-बुराई न करें। किसी की सही समय पर तारीफ न करना और मन-ही-मन सराहना ऐसा है, जैसे किसी के लिए एक भेंट तैयार करना, पर उसे न देना! एक अध्ययन ने यह सिद्ध किया है कि धन और यौनानंद से ज़्यादा की चाह लोगों में उनके हुनर को मान्यता दिए जाने और तारीफ की होती है। ज़रा-सी तारीफ बहुत दूरगामी फल दे सकती है, जैसे एक छोटी मोमबत्ती की रौशनी बहुत दूर तक प्रकाश बिखेरती है।

हमें भी एक मोमबत्ती की तरह दूसरों को प्रकाश देने और सही मार्गदर्शन देने में सक्षम होना चाहिए।

एक हल्की-सी सराहना किसी का दिन बना सकती है। तारीफ यदि बोलकर न कर सकें, तो लिखकर करें, पर सही मौके पर तारीफ करनी ज़रूर चाहिए। जब हम कोई काम किसी के लिए करें या कोई भेंट दें और वह व्यक्ति मुड़कर हमें धन्यवाद भी न दे, तो हमें बुरा ज़रूर लगता है। हम तय कर लें कि अगली बार ऐसा कुछ नहीं करेंगे। तारीफ न करना भी यही प्रभाव देता है। सही मौके पर तारीफ आपको ऐसा संबंध दे सकता है, जो मज़बूत रहे। तारीफ करने में कुछ लगता भी नहीं, पर उस व्यक्ति की समझ में यह आ जाता है कि आप उसके लिए एक सहृदय व्यक्ति हैं। ये छोटी-छोटी बातें होती हैं, जो बड़े-से-बड़े संबंधों को बना या बिगाड़ सकती हैं। तारीफ सच्ची होनी चाहिए, उसमें कोई ख़ुशामद की बू नहीं आनी चाहिए। आप चाहे कितना भी शब्दों का जाल बनाएं, वह व्यक्ति यह समझ जाएगा कि कौन-सी तारीफ असली है और कौन-सी ख़ुशामद के लिए की गई है।

16

नेतृत्व-गुणों को विकसित करें?

प्राय: इस बात पर चर्चा होती रहती है कि नेता जन्मजात होता है या बनाया जाता है। यह सवाल सदियों से मानव मस्तिष्क को मथता रहा है। यह तर्क कि 'नेता पैदा होता है, बनाया नहीं जाता' केवल आंशिक रूप से ही सत्य है। असल में एक नेता की भी कई परिभाषाएं हैं। मैं तो समझता हूं कि अच्छा नेता वह होता है, जो अपने साथ लोगों को लेकर अपने या अपने संगठन के लक्ष्यों को हासिल करवा सकता है। उसमें अभिप्रेरित, प्रभावित और मार्गदर्शन करने का माद्दा होना चाहिए।

नेताओं का एक अन्य गुण है– अपनी या अपने दल की करनी की पूरी जिम्मेदारी लेने का साहस। कोई भी नेता प्रभावी तब ही होगा, जब वह बज़ाय किसी काम के सिर्फ़ करने को कहने के, खुद उस काम को करने की व्यक्तिगत योग्यता रखता हो। उसका चरित्र मज़बूत और आत्म-विश्वास बढ़ा-चढ़ा होना चाहिए। उसमें न सिर्फ़ लोगों से काम करवाने की क्षमता होनी चाहिए, वरन् दूसरों का काम खुद करने का उत्तरदायित्व लेने का साहस भी होना चाहिए।

ज़्यादातर लोगों को तो यह गुण विकसित करने पड़ते हैं, यद्यपि कुछ नेताओं, राजाओं या राजनीतिक परिवार में जन्मे लोग नेतृत्व के इन गुणों के साथ ही पैदा होते हैं या अपने माहौल में इन्हें प्राप्त कर लेते हैं। लेकिन नेताओं के वंश में जन्मे लोगों को भी बाहर वाले लोगों से उनकी राय पूछने को बाध्य होना पड़ता है और परिस्थितियों के अनुसार स्वयं को ढालना पड़ता है।

लेकिन ज़्यादातर वे लोग, जो नेता स्वप्रयास से बनते हैं – चाहे व्यापार में, नौकरशाही में, सरकार में या जीवन के अन्य क्षेत्रों में– उन्हें तो यह योग्यता और क्षमता अपनी मेहनत, लगन और सूझबूझ से प्राप्त करनी पड़ती है। नेतृत्व गुण और

जीत लो ख्वाब को

सुचारू प्रबंधन में कोई ज़्यादा फ़र्क नहीं है। एक प्रभावी नेता या प्रबंधक जानता है कि उसको क्या चाहिए!

पिछले चार दशकों तक मैं सरकारी सेवा (इंडियन पुलिस सर्विस) में रह चुका हूं। इस दौरान हर दिन मैंने अपने अनुभव से कुछ-न-कुछ सीखा ही था। मैंने यह तय कर रखा था कि पुलिस सेवा के सबसे नीचे काम करने वाले से मैं सीधा संपर्क रखूंगा। और वे एक तरह से मेरे गुरु रहे, जिन्होंने मुझे कई बातें सिखाईं। ख़ुद ग़लती करके सीखने से बेहतर है दूसरों के अनुभव से लाभ उठाना।

किताबी ज्ञान रखना एक बात है और किसी ख़ास परेशानी में अपना हल निकालना बिलकुल दूसरा काम होता है। ऐसे मौके प्राय: जीवन में आया ही करते हैं।

एक बार सन् 1966 में मैं बिडर जिले का पुलिस प्रमुख था, जब मुझे एक आंदोलन का सामना करना पड़ा। एक तयशुदा निर्णय को बदलवाने के लिए लोग अपना रोष सड़क रोककर दिखा रहे थे। यातायात को रोकने के लिए वे सड़कों पर लेट गए। मेरे मातहत पुलिसकर्मी चाह रहे थे कि बलपूर्वक उनको सड़कों से हटाकर यातायात बहाल किया जाए, पर मैंने उनसे कहा– ''कुछ मत करो!'' वह सड़क तारकोल की थी और सूर्य पूरी गर्मी से चमक रहा था। सड़क धीरे-धीरे गर्म हो रही थी। मैंने सूरज की गर्मी का सहारा लिया और पुलिस से कुछ न करने को कहा।

लगभग आधे घंटे के बाद सड़क पर लेटना मुश्किल हो गया। उन प्रतिरोधकर्ताओं के एक नेता ने मुझसे कहा– ''कृपया हमें गिरफ्तार तो करवाइए, जिससे हम यह कह सकें कि हमने पूरा-पूरा प्रतिरोध किया है!'' मैं सिर्फ़ मुस्कुराया और उसकी बात को अनसुना कर दिया। कुछ देर बाद वे सब स्वयं ही सड़क छोड़कर उठ खड़े हो गए और हाथ जोड़कर हमसे उन्हें पुलिस स्टेशन ले जाने का अनुरोध करने लगे। वे चाहते थे कि उन्हें पास के थाने (हुमनाबाद) ले जाया जाए, जिससे उनकी थोड़ी तो इज्जत रह जाए!

मैंने अंतत: उनकी बात मान ली। आख़िर पुलिस को भी तो जनता का सहयोग चाहिए! वे लोग ख़ुशी-ख़ुशी वहां से चले गए। हमने उन्हें आगाह किया कि वे अब शांति भंग करने का प्रयास न करें। इस प्रकार बिना किसी बल प्रयोग के पुलिस ने उस भीड़ को वहां से हटा दिया।

पर वे लोग यह भी चाहते थे कि अपना प्रदर्शन कुछ सार्थक करें और प्रतिरोध जताएं। उनमें से एक ने पत्थर उठाकर मुझ पर फेंका, जिससे मेरे चेहरे पर हल्की-सी चोट आ गई। जब मेरे मातहत पुलिस वाले बल प्रयोग करने की (गोली चलाने की) ज़िद करने लगे, तो मैंने उन्हें यह कहकर रोका कि यदि पुलिस प्रमुख के थोड़ी चोट लग गई तो कोई बात नहीं, नहीं तो बल प्रयोग में एक दर्जन पुलिस वाले आहत हो सकते हैं!

दूसरे शब्दों में कहें कि नेताओं को आगे की सोचना चाहिए और अपने मातहतों को यह बताना चाहिए कि किसी काम को करने में भावना का इस्तेमाल

न करें, नहीं तो बात बिगड़ सकती है। नेता को स्वयं अपना उदाहरण पेश कर अपने अनुयायियों का नेतृत्व करना चाहिए।

यदि आप कोई काम करने से झिझकते हैं, तो आप अपने सहयोगियों या अनुयायियों से वह काम करने को नहीं कह सकते। नेता को अपना उद्देश्य स्पष्ट मालूम होना चाहिए। यदि लक्ष्य ही स्पष्ट न हो, तो नेता अपने दल को कहां ले जाएगा?

यह सब तकनीकें किसी प्रबंधन स्कूल में नहीं पढ़ाई जातीं। ये रास्ते तो आपको खुद ही खोज़ने पड़ते हैं, ख़ासतौर पर तब जब मार्ग और गंतव्य बिलकुल नया हो। एक नेता को लगातार सीखते रहना चाहिए, जिससे वह अपनी क्षमता, योग्यता एवं ज्ञान को समय की ज़रूरतों के अनुसार तरोताज़ा रख सके। उसे यह भी आकलन करते रहना ज़रूरी होता है कि किस मुहिम में वह किस वज़ह से असफल या सफल रहा। उसे अपना 'होमवर्क' करते रहना चाहिए और अपने लोगों को प्रोत्साहित करते रहना चाहिए कि वे भी मौलिक रूप से कुछ नया सोचते रहें।

यदि नेता चाहता है कि उसके अनुयायी पूरी मेहनत और लगन से काम करें, तो उसे ऐसा पूरी तरह करके स्वयं दिखाना चाहिए। चाहे नेता कितना भी अनुभवी, उपलब्धिवान एवं सफल रहा हो, उसे सदैव निस्पृह, विनम्र, ईमानदार, सत्यवादी तथा भरोसेमंद दिखना ज़रूरी है। वह कभी बेईमानी नहीं कर सकता, न अपने सिद्धांतों से समझौता कर सकता है। यह ठीक है उसे जड़ सोच वाला नहीं होना चाहिए, पर कुछ सीमाएं उसके लिए भी अलंघ्य होती हैं। मेरे स्वर्गीय पिताजी महंत करतार सिंह, शायद सबसे अच्छे नेतृत्व गुणों वाले थे, जिन्हें मैंने देखा है। उनका नेतृत्व आदर्श था और मेरे लिए वह स्वयं एक मिसाल थे। 23 जनवरी 1996 को उनका निधन हो गया, लेकिन वह मुझे एक समृद्ध वसीयत दे गए हैं कि कैसे बिना आक्रामक हुए नेतृत्व किया जा सकता है। वैसे तो अच्छे और बुरे नेताओं के कई उदाहरण मौजूद हैं। हमें अच्छे नेताओं के गुण छांटकर अपने में समाहित करना चाहिए और बुरे नेताओं के आक्रामक रवैये और बर्ताव से बचना चाहिए।

17

निंदक नियरे राखिये

विरोधी या दुश्मन तो सबके होते हैं। सच कहूं तो दूसरों की सफलता से न जलने वाले बहुत कम लोग होते हैं, इसलिए विरोधी तो सबको ही झेलने पड़ते हैं। हमें यह योग्यता विकसित करनी चाहिए कि कैसे हम अपने विरोधियों की पहचान करें और कैसे उनसे सही ढंग से निपटें। इस प्रक्रिया में हमारा नज़रिया स्पष्ट होना चाहिए कि कौन हमारे विरोधी हैं और कौन सिर्फ़ हमें तंग करते हैं। सारे कड़े व्यवहार वाले लोग विरोधी नहीं होते, उनमें से कुछ तो सिर्फ़ हमें तंग कर सकते हैं, वे हमारे दुश्मन नहीं होते।

हम कहीं भी या कोई भी काम करें, ऐसे लोग तो मिल ही जाएंगे, जिनका तरीका या आदतें हमसे मेल नहीं खाती हैं और जो हमारी अपेक्षा पर खरे न उतर पाते हैं। उनके साथ काम करना काफ़ी परेशानी भरा हो सकता है। साथ-ही-साथ वह अनुभव हमारे आत्मानुशासन एवं ऐसे लोगों के साथ निर्वाह करने की योग्यता की एक परीक्षा भी हो सकती है। असली योग्यता होती है फालतू के उलझाव और संघर्ष से बचना; उन टकरावों से बच निकलना, जिनको शह दी जा सकती है। मैं यह नहीं कहता कि ऐसे लोगों के सामने समर्पण कर दें या जो वह चाहें वही हो जाने दिया जाए, जो भी परिस्थिति बनें, उसमें भावनात्मक रूप से आप लिप्त न हों, न उनको अपने छली व्यवहार द्वारा आपको बहकाने की अनुमति दें।

विरोधी का मंतव्य – विरोधी का प्राय: मंतव्य यही रहता है कि आपको अपना लक्ष्य प्राप्त न करने दिया जाए। जब तक कि वह शारीरिक रूप से आपको नहीं रोक रहा, तब तक तो आप परिस्थितियों के अनुसार अपनी कोई भी रणनीति

बना सकते हैं, जो आपको सही लगती हों। विरोधियों की मंशा तो यह भी रहती है कि आपको हतोत्साहित कर अपने खिलाफ फालतू अफवाहें उड़ाई जाएं और आपको निराश किया जाए। विरोधी भी कई आकार-प्रकार के हो सकते हैं। उन सभी का एकमात्र उद्देश्य होता है– आपके हितों के विरुद्ध जाना। लेकिन अपने विरोधी की चालों का ज़वाब देने के पूर्व आपको सोच-विचार करना पड़ेगा कि आख़िर ये चाहते क्या हैं? विरोध तो वह आपका हर क्षेत्र में करेगा, चाहे आप कुछ भी करें। हो सकता है वह आपकी जीवन में स्थिति से जल रहा हो और आपको जलील कर अपना महत्त्व बढ़ाना चाह रहा हो।

तो उसकी चालों का प्रतिसाद देने का निर्णय आपको सोच-विचार कर ही करना होगा। एक तरीका है कि आप अपने संबंध सुधार कर अपने विरोधी को अपना दोस्त बना लें या सामने आकर खुलकर उससे दो-दो हाथ करें। इसका निर्णय तो आपके विरोधी की अपनी प्रकृति पर भी निर्भर करेगा। यह भी सोचना पड़ेगा कि इस फालतू झगड़े में अपना वक्त ज़ाया करना कहां की अक्लमंदी है? क्या आपकी प्राथमिकताओं में इस विरोधी को सबक सिखाना ज़रूरी है?

यह तो सत्य है कि चाहे आप कुछ भी सोचें, यह अनुभव अच्छा तो नहीं होगा। ऐसे लोग तो हर क्षेत्र में और हर समय मिलते ही रहते हैं। हर एक के मन में एक अहम् का भाव होता है, जो इसे दूसरों से श्रेष्ठ दिखाने को बाध्य करता है। मुझे भी ऐसे कई सहकर्मी, बॉस या अज्ञात लोग भी मिले हैं, जिन्हें बर्दाश्त नहीं होता था कि मुझे कोई श्रेय मिले। वे हर तरह से मुझे जलील कर नीचा दिखाने के लिए आतुर रहते थे।

ऐसी घटनाओं को भूलकर आगे बढ़ते रहना ही सर्वोत्तम रहता है। ऐसे लोगों से कम-से-कम संपर्क रखें या उनसे पूरी तरह विमुख रहें। ज़रा होशियारी से इनसे बचने का रास्ता मिल सकता है। उन जगहों पर जाना बंद कर दें, जहां ऐसे लोगों के मिलने की आशंका हो। यदि दुर्भाग्य से ऐसे लोगों में से कोई आपका सहकर्मी या बॉस हो या मातहत हो, तब तो बचना मुश्किल ही रहेगा। ऐसी परिस्थिति में ऐसों से संपर्क जितना कम रखें, उतना अच्छा। यदि अपरिहार्य हो तथा भिड़ंत होनी ही हो, तो यह ख़ूब सोच-विचार लें कि क्या बचना संभव है। सूली की चोट कांटे पर उतर जाए, इसका हरसंभव प्रयत्न करना लाज़िमी होगा।

वैसे ऐसे लोगों के साथ काम करते हुए अपनी खाल थोड़ी मोटी ही रखें। यह भूल जाएं कि इनसे अपनी बात मनवाने से आपको कोई सुकून मिलेगा। यदि थोड़ा अपमान या परेशानी भी मिलती हो, तो उसे बड़े झगड़े या परेशानी से बचने को स्वीकार कर लें। अपने अपमान का ख़तरा उठाकर भी शांति 'ख़रीदना' अंततः कोई घाटे का सौदा साबित नहीं होगा। ऐसे लोगों से मतभेद हो, तो एक कड़वा घूंट पीते हुए उनको ही 'विजयी' होने दें। यह तरकीबें न सिर्फ़ दफ्तर में कारगर रहती हैं, वरन् घर में भी इनसे आप अपनी शांति ज़्यादा देर तक कायम रख सकते हैं।

मिकैबिली का कथन है– "आदमियों को या दुलारों का पत्ता साफ़ करो! आदमी हमेशा छोटे घावों का बदला लेना चाहता है; बड़े घावों के लिए ऐसा करना संभव नहीं होता, इसलिए मनुष्य को सिर्फ़ ऐसी चोट पहुंचानी चाहिए कि उसकी बदला लेने के भय की संभावना हमें बेचैन न करे!"

हो सकता है मिकैबिली का यह कथन उसके समय में सही होता हो, लेकिन आज के एक जनतांत्रिक देश में ऐसा काम मनमर्जी से तो हो ही नहीं सकता। यहां तो कई कानून हैं, दूसरे का पत्ता साफ़ इस प्रकार तो किया नहीं जा सकता। अपने विरोधी या शत्रु को सहजता से तो नरक में ढकेला नहीं जा सकता। यदि आप शत्रु को उसी के दांव द्वारा मारना चाहते हैं, तो आपको अपनी योजना बनानी पड़ेगी, पर कानून के बाहर जाकर नहीं!

पहला क़दम तो यही होना चाहिए कि पूरा प्रयत्न करें, जिससे आपका कोई विरोधी न हो। ज़्यादातर विरोधी हम तब पैदा करते हैं, जब किसी सार्वजनिक स्थल पर किसी का अपमान करें या कोई तीखी बात कह दें। इसका सदैव ख़्याल रखें। लेकिन यदि भिड़ंत होती ही है, तो अपनी पूरी योजना बनाकर उससे भिड़ें, पर अपनी योजना की किसी को भी हवा न लगने दें, यानी आंखें तो खुली रखें, लेकिन मुंह बंद रखें।

यदि भिड़ंत के लिए रुकना पड़े तो रुकें। सदा ऐसा माहौल और मैदान तैयार करें, जिसमें पहल आपके हाथों में रहे। ऐसा प्लान बनाएं कि आगे भी इस तरह की घटनाओं के होने की संभावना ही ख़त्म हो जाए, लेकिन अपना दांव तभी लगाएं जब एक बार में सब कुछ ठीक हो सके। कभी-कभी ऐसा मौका नहीं भी मिलता हो, तो धैर्य से इंतज़ार करें इस दौरान अपने विरोधी से संबंध बेहतर करने का प्रयास करना भी ठीक रहता है। झगड़ा कोई भौतिक संपदा का तो होता नहीं, सिर्फ़ शब्दों का ही होता है। हो सकता है सुलह के प्रयत्न से ही वह ईगो (अहम्) की समस्या सुलझ जाए। प्रायः छोटी-छोटी बातें ही बड़े झगड़े की सूत्रधार होती हैं। शांति से उनको निपटाने का प्रयास करते रहना चाहिए। शांति सिर्फ़ एक मार्ग ही नहीं, गंतव्य भी है। दूसरों की बात भी ध्यान से सुनें। हो सकता है पूरे झगड़े की जड़ आपकी ही ग़लत समझ हो? अपने हिसाब से स्वयं को निरंतर सुधारते रहें और जीवन को सहज रूप में ही जीने का प्रयास करें।

18

एक साथ अनेक काम न करें

आज की तीव्रगामी दुनिया में एक साथ कई काम करना समय बचाने और जीवन को सुप्रबंधित करने के लिए ज़रूरी है, ऐसा कई लोगों का मानना है। यानी एक साथ ही अपना होमवर्क करना, ई-मेल के ज़वाब भेजना, एस. एम.एस. भेजना और टी.वी. देखना एक साथ चलता रहता है।

पहले मैं भी ऐसा ही करता था– कई काम एक साथ– अपने कम्प्यूटर के सामने बैठा हुआ अपनी मेल कई बार चेक करता, अख़बार पढ़ता; या जब कार ड्राइव कर रहा होता, तब मोबाइल फोन पर बात भी करता या खाते हुए भी वार्तालाप चालू रखता था।

पर जब मैंने गहराई से इस स्थिति का विश्लेषण किया, तो मुझे लगा कि ऐसे तो मैं सही प्रकार से कुछ नहीं कर पाऊंगा। एक साथ कई काम करने में सबसे बड़ी दिक्कत है– आप किसी भी चीज़ में एकाग्र नहीं हो पाते। इस कारण किसी भी काम में अपना सर्वोत्तम प्रदर्शन दिखाने से वंचित रह जाते हैं। अंततः तो आपके पास समय की भी बचत नहीं हो पाती, क्योंकि जो आप सही तरह से एक घंटे में कर लेते, वह ऐसे काम करने में डेढ़ घंटा मांगेगा और चूंकि काम बेहतरीन नहीं होगा – एकाग्रता न रहने के कारण – तो आपको उसे दोहराना भी पड़ सकता है। इस प्रकार जिस समय की बचत आप करना चाहते हैं, वह एक साथ कई काम करने से, संभव नहीं होती– उल्टे ज़्यादा ही समय लग जाता है। यह याद रखें कि सफल लोग वही होते हैं, जो अपना हर काम पूरे मनोयोग से ही करते हैं। आधी एकाग्रता के साथ वे कुछ नहीं करते।

60 *जीत लो ख्वाब को*

वैसे भी एक साथ कई काम करना कभी-कभी लज्जा का कारण भी बन जाता है। कोई आपसे मिलने आया और आप उसके सामने मोबाइल फोन पर लगे हुए हैं, यह एक तरह से उसकी बेइज्जती करना ही है। यदि आप भी उसकी स्थिति में हो, तो आपको भी बेइज्जती लगेगी। जो आप स्वयं अपने लिए चाहते हैं, वही व्यवहार आपको दूसरों को भी देना पड़ेगा। मैं तो जब किसी को मिलने का समय देता हूं, तो उस दौरान और किसी काम में लिप्त नहीं रहता। इस बीच मैं अपने सचिव से कह देता हूं कि मोबाइल कॉलें सुनते रहना।

कभी-कभी कोई ख़ास काम करते वक्त व्यवधान उपस्थित हो जाता है। ऐसी स्थितियों से निपटने के दो रास्ते हैं, या तो उस व्यवधान की पूरी अनदेखी करें या फिर एक साथ ही दोनों काम करें। जब कभी मैं बेहद ज़रूरी कामों में उलझा रहता हूं, तो मैं अपने फोन को 'स्वत: ज़वाब देने वाली मशीन' से जोड़ देता हूं। यह सदैव याद रखिए कि हमारा दिमाग एक समय में एक ही लक्ष्य पर केंद्रित रह सकता है। यह ठीक है कि कामों को ऐसे बांटकर किया जा सकता है कि ऊब भी दूर हो और स्वास्थ्य भी ठीक रहे, इसलिए कम्प्यूटर पर काम करते-करते मैं बीच में खड़ा होकर चहलक़दमी कर लेता हूं, इससे एकरसता भी टूटती है और शरीर में स्फूर्ति भी आती रहती है।

जब आप अपने दिन की शुरुआत करें, तो पहला घंटा उन कामों को दें, जो बेहद ज़रूरी हैं और टाले कतई नहीं जा सकते। अच्छा हो कि ऐसे कामों की सूची आप पिछली रात ही बना लें और उनको महत्त्व के क्रम में लगाकर लिख लें।

हर एक का दिन में एक ख़ास समय होता है, जो सर्वाधिक उत्पादक होता है। अत: बेहद ज़रूरी काम उसी अवधि में करना चाहिए। इस समय की पहचान आप अपनी सहज सतर्कता और तरोताज़ा होने से कर सकते हैं। कुछ लोगों के लिए यह अवधि प्रात:काल होती है, तो कुछ के लिए अपराह्न 3 बजे के बाद। अत: अपना समय निर्धारित कर लें और सर्वाधिक आवश्यक काम इसी काल में करें।

एक पुरानी कहावत है कि जो नहीं जानता वह कहां जा रहा है, तो हर मार्ग उसे वहीं ले जाएगा। ज़्यादा काम एक साथ करते समय यह तथ्य पूरी तरह लागू होता है। चाहे आप कितने भी जागरूक रहें, एक साथ कई काम करने में आपकी एकाग्रता तो पूरी नहीं रह सकती।

फलस्वरूप आपका ध्यान कई दिशाओं में बंटा रहेगा। बंटे ध्यान से आप अपना सर्वोत्तम प्रदर्शन कभी नहीं कर सकते। इसलिए बढ़िया काम तभी होता है, जब आप पूरे मनोयोग से एक ही काम एक बार में करते हैं। मैं यह काफ़ी बड़ी कीमत चुकाकर समझ पाया हूं। यदि आप कई लोगों से एक साथ मिलकर

काम करते हैं, तो उनके सही परिणाम नहीं आते। ऐसा करने में आपकी काम के प्रति उत्पादकता का ह्रास तो होता ही है, ग़लतियों की भी संभावना बढ़ जाती है।

इसके अलावा एक साथ कई काम करने में आप अपने ऊपर दबाव भी बहुत रखते हैं। फिर आपकी अपनी अभिरुचि की समस्या भी रहती है। किसी में आपको रुचि होती है, किसी में नहीं। इसका परिणाम यह होता है कि बगैर रुचि का काम तो बिगड़ता ही है, रुचि वाला काम भी सर्वोत्तम नहीं हो पाता, यह तो स्नायु संस्थान के विशेषज्ञ भी मानते हैं कि आपका मस्तिष्क एक साथ दो काम अपनी सर्वाधिक योग्यता से नहीं कर सकता। अंतत: आपको लगता है कि दोनों के चक्कर में एक काम भी अच्छा नहीं हो पाया, इसलिए एक काम ही एक बार में करना सबसे श्रेयस्कर और सुभिते भरा तरीका है।

19

सफल जीवन के लिए अनुशासन जरूरी

हम सभी चाहते हैं कि जीवन में अपने मुश्किल लक्ष्य पूरी कुशलता से व कम-से-कम समय में प्राप्त कर लें, पर कटु सत्य यही है कि हम में से ज़्यादातर सिर्फ़ ऐसी कामना करते हैं, इस विषय में करते कुछ नहीं हैं। हम सब तुरंत ऐसा कुछ नहीं करते कि जिससे हमें कुछ चैन मिले। इस लेख को लिखते समय मैं आराम से अपने टी.वी. पर एक फिल्म देख रहा हूं। ऐसा मैं प्रायः करता हूं, परंतु मैं ठीक 9 बजे रात को टी.वी. बंद कर रिमोट कंट्रोल को अलग छुपा देता हूं, जिससे कि बाद में आने वाले टी.वी. प्रोग्रामों को देखने के लालच में मैं पुनः टी. वी. न खोल सकूं।

रात का समय ही ऐसा समय है, जब मैं अपना बेहद गंभीर काम निपटाता हूं, क्योंकि दिन में टेलीफोन कॉलों और आगंतुकों के व्यवधान के कारण मैं एकजुट होकर काम नहीं कर पाता। रात को मैं अपने मोबाइल फोन को बंद कर देता हूं और लैंडलाइन को स्वतः ज़वाब देने वाली मशीन के साथ जोड़ देता हूं, जो चार घंटी के बाद कार्यरत हो जाती है। यही नहीं कि मैं जीवन में आनंद नहीं लेना चाहता, पर मैंने फोन कॉलों के ज़वाब देने का भी एक समय निश्चित कर दिया है।

वस्तुतः मैंने अपने जीवन को इस प्रकार व्यवस्थित किया है कि हर काम के लिए एक निश्चित समय है, जिससे मैं जीवन में वह सब पा सकूं, जो मैं चाहता हूं। इससे जीवन में आसानी रहती है और कभी बाकी काम का बोझ नहीं बनता। मैं मानता हूं कि कभी-कभी मुझे भी समझौता करना पड़ता है, जब परिस्थिति की ज़बरदस्त मांग ऐसी होती है कि मुझे पूरा ध्यान उस पर ही देना पड़े। जीवन में तो यह अपरिहार्य है। जब तक जिएंगे ऐसे मौके तो आते ही रहेंगे।

अपने जीवन में लघु या दीर्घ-आयामी लक्ष्य प्राप्त करने के लिए, एक दिन या पूरे जीवन काल में मैं स्वयं को कड़े अनुशासन में बांधकर रखता हूं। मैं समझता हूं कि आपको जीवन में मान्यता अपने काम के लिए मिलती है, फालतू गप्पों में संलिप्त रहने के लिए नहीं। हम जितने ज़्यादा कार्यशील रहेंगे, उतना ही ज़्यादा काम करेंगे तथा हताशा और अवसादों से बचे रहेंगे। बेशक, हमने कितना और कैसा काम किया, इसके असली निर्णायक भी हम ही होते हैं। एक गाने वाले के लिए गायन में संपूर्णता लगातार अभ्यास से आती है; एक कृषक के लिए अधिकतम काम का मतलब सही प्रकार से खेत बोना-जोतना और उर्वरक का सही मात्रा में इस्तेमाल करना होता है।

कभी-कभी मुझे एक समस्या का सामना करना पड़ता है कि काम कहां से शुरू करूं! और तब मैं स्वयं को याद दिलाता हूं कि चाहे हज़ारों की यात्रा हो, उसकी शुरुआत तो पहले क़दम से ही होती है। वस्तुतः हमारा संतोष, स्वास्थ्य, खुशी इत्यादि का दारोमदार तो हमारे लक्ष्य पर ही होता है। लेकिन सबसे बड़ी विजय वह होती है, जो हम स्वयं में प्राप्त करते हैं और इस प्रकार हम अपनी नियति को भी निर्धारित कर सकते हैं। यदि हमें जीवन में आगे बढ़ना है और ऊपर उठना है, तो हम में अपने अंदर यह योग्यता पैदा करनी पड़ेगी कि हमें क्या और कैसे करना चाहिए, भले ही वह हमें रुचे या न रुचे।

अपने सपनों को हक़ीकत में बदलने के लिए हमारे अंदर दृढ़ता, समर्पण, आत्मानुशासन और संघर्ष करने की क्षमता का होना बहुत ज़रूरी है। सफलता के लिए कभी कोई 'पतली गली' नहीं होती। मुझे एक पुरानी सूक्ति याद है– "अपने पर हुकूमत करो तो तुम संसार पर हुकूमत कर सकते हो।" यदि प्रथम प्रयास में सफलता नहीं मिलती, तब भी हमें अपने आपको निरादर से नहीं देखना चाहिए। मैंने स्वयं जीवन में अनुभव किया है कि चाहे मनवांछित परिणाम नहीं भी मिलें, पर यदि ऋणात्मकता से बचते हुए स्वयं को प्रोत्साहित करता रहूं तो चाहे कितनी भी कठिनाइयां हों, मेरा उत्साह और जोश कभी कम नहीं होता। बेशक, आपके पास प्रतिभा और हुनर प्रचुर मात्रा में हो, लेकिन यदि आप स्वयं को अनुशासित नहीं कर सके तो आप अपना प्राप्य लक्ष्य नहीं पा सकते।

एक बड़ी समस्या है, लोगों की सहायता करने के बहाने हमारा अपना समय बर्बाद करने की आदत! जब मैं यह लेख लिख रहा था तो किसी की सहायता के लिए मुझसे अनुरोध किया गया– एक जगह चोरी हो गई थी और वह आदमी चाहता था कि मैं उसके दफ्तर में पहुंच जाऊं। मैंने साफ़ कह दिया कि मैं कहीं नहीं जाता और यदि किसी को मुझसे मिलना है, तो उसे ही मेरे पास आना पड़ेगा। बेशक, इस ज़वाब से वह व्यक्ति नाखुश हो गया होगा, पर मेरा समय भी मूल्यवान है। ठीक है कि वह मेरी जान-पहचान का आदमी था, पर उसके पास इस समय जाना न मेरी प्राथमिकता

थी, न ज़रूरत। मेरा तो किसी काम को आज़माने की एक ही कसौटी है– क्या उस काम को करने से मेरा जीवन और प्राथमिकताएं अधिक सुप्रबंधित हो सकेंगी?

सच कहूं तो समय प्रबंधन भी अपनी जीवन की प्राथमिकताओं के संदर्भ में आत्म-प्रबंधन ही है। हमें अपने और उपलब्ध समय के सुप्रबंधन द्वारा अपने तरीकों में निरंतर सुधार करना ही चाहिए।

मुझे कार से काफ़ी यात्रा करनी पड़ती है, दिल्ली में ही कहीं-से-कहीं जाने में एक से दो घंटा लगना एक आम बात है। इस समय का सही इस्तेमाल करने के लिए मैं पहले से तय कर लेता हूं कि इस समय में मैं क्या बाकी काम निपटा सकता हूं। ऐसी प्रतीक्षा की घड़ियों को मैं एक वरदान के रूप में लेता हूं, जिससे अचानक मेरी काम करने की उत्पादकता में इजाफ़ा होता है।

ज़्यादातर लोग ऐसे अस्पष्ट विचारों या विषयों पर गप्पें करते रहते हैं, जिनका उनके जीवन से कोई लेना-देना नहीं होता। मैं तो ऐसा करने से अच्छा अकेले घूमना पसंद करता हूं। इससे कम-से-कम दूसरे के दिमाग का कचरा तो मेरा दिमाग दूषित नहीं कर पाता। भीड़ के साथ चहलक़दमी करने से अच्छा मैं अकेला घूमना ही पसंद करता हूं। समय तो निश्चित है, यदि कहीं बर्बाद हो रहा है, तो परिवार या किसी ज़रूरी काम के हिस्से से जाएगा। यदि हम थोड़ा भी प्रबंधन सही रूप से कर सकें तो हम इस व्यस्तता में भी थोड़ा अतिरिक्त समय निकाल सकते हैं।

हमें लगातार आत्म-निरीक्षण कर अपने समय का निरंतर सुप्रबंधन करते रहना चाहिए। बिना कोशिश किए तो हर काम असंभव लगता है। आपको उद्यम करना ही पड़ेगा। आलसी और कमज़ोर व्यक्ति के लिए तो हर चीज़ असंभव लगती है। अपने ग़लत प्रबंधन को नियति का आक्षेप बनाकर स्वयं को ग़लतफहमी में न रखें, इसलिए कहा जाता है कि "अपनी नियति अपने हाथों में होती है!"

20

सफलता का नज़रिया कायम रखें?

चाहे कहीं भी जाएं– सर्वाधिक विकसित देश में या सर्वाधिक अविकसित देश में। एक शिकायती संस्कृति की झलक हर जगह मिल जाती है। यद्यपि उनकी शिकायत के विषय काफ़ी अलग होते हैं। शिकायत करना तो एक प्रतिक्रिया है, जब आपके प्लान के अनुसार काम नहीं हो पाता। यह शिकायतें मित्रों, परिवार, सत्ताधारियों, उपभोक्ता स्टोर्स या सेवा से जुड़े लोगों की हो सकती हैं और रोज़मर्रा के वार्तालाप में व्यक्त होती रहती हैं। महंगाई, ट्रैफिक जाम, कार पार्क करने की जगह का टोटा, अप्रत्याशित मौसमी बदलाव, ट्रेन-हवाई जहाजों में भीड़ तथा उनके विलंब से चलने आदि चर्चित विषय रहते हैं।

चाहे हर समस्या का समाधान हो जाए, कुछ लोगों को तो शिकायत तब भी रहेगी ही। बेशक, उनमें से कुछ सही भी हो सकती हैं। कुछ महीने पूर्व मैं मुंबई गया था, एक बोर्ड मीटिंग अटैंड करने। मुझे शाम सात बजे की फ्लाइट से वापस आना था, जो मुझे दिल्ली रात नौ बजे तक पहुंचाती। चूंकि वह मीटिंग ज़ल्दी ख़त्म हो गई, मैंने सोचा कि अपना एक घंटा बचा लूं और शाम 6 बजे की उड़ान से वापस आने का प्लान बनाया। एयरपोर्ट पहुंचने पर मुझे बताया गया कि फ्लाइट तो पूरी भरी है, जबकि एयर इंडिया की इंक्वायरी सेवा ने कहा था कि सीटें उपलब्ध हैं और मैं जा सकता हूं। वहां के एक्जीक्यूटिव क्लास के प्रतीक्षा स्थल पर कॉफी पीते समय कुछ कॉफी मेरे कप से छलककर नीचे गिर गई थी। एक घंटे तक वहां कोई सफ़ाई करने नहीं आया। जब मैं वहां से चलने वाला था, तब ही एक सफ़ाई कर्मचारी आता हुआ दिखाई पड़ा।

ऐसा नहीं कि एयर इंडिया के पास सफ़ाई कर्मचारियों की कमी है, पर बहुत योग्य व्यक्ति भी लापरवाह तब हो जाते हैं, जब उनको मालूम होता है कि उनकी लापरवाही का उन्हें कोई दंड नहीं मिलने वाला। मैंने भी उस समय शिकायत नहीं की, यह सोचकर कि ऐसा करना ठीक नहीं होगा। मुझे मालूम था कि जिसके बारे में शिकायत की जाएगी, वह आराम से कह देगा कि उससे किसी ने कहा नहीं या कोई और बहाना गढ़ देगा।

ये कुछ व्यक्तिगत मसलें हैं, जो हम स्वयं ही निपटा सकते हैं, पर जब ऐसे मसले हों, जो सार्वजनिक हों और जन-साधारण को प्रभावित करते हों, तब तो सत्ताधारियों, नौकरशाहों को या अन्य संबंधित अधिकारियों को कुछ करना ही पड़ेगा। किसी भी सार्वजनिक स्थल पर सफ़ाई इत्यादि की अवधारणा व्यक्तियों की अलग हो सकती है और सरकार की अलग।

इस संदर्भ में एक ज्वलंत मामला है, जब प्रेस के लोगों ने उन बेड्स पर कुत्तों को सोते दिखाया, जिस पर 2010 के कॉमनवेल्थ खेलों में आए खिलाड़ियों को सोना था। जब शीर्षस्थ अधिकारी के सामने यह मामला गया तो उन्होंने यह कहकर अपना पल्ला झाड़ लिया कि हर देश में साफ़-सफ़ाई के मानदंड अलग-अलग होते हैं, बज़ाय यह मानने के कि किसी देश में देश-विदेश से आए खिलाड़ियों की जगह उनके बिस्तर पर कुत्तों को नहीं सुलाया जा सकता तथा यह ग़लत था। वे तो यह भी बोले कि कुछ लोग तो बड़े लाड़ से अपने बिस्तरों पर अपने कुत्तों को सुलाते भी हैं। पर ऐसे लोग गिनती के ही होंगे।

खैर! कोई भी स्थिति हो हमें यह देखना चाहिए कि कहीं हमारी हताशा तो ज़ल्दी नहीं बढ़ रही या हम कहीं ख़ुद ही शिकायती टट्टू तो नहीं होते जा रहे। छोटी-मोटी शिकायतों की हमें अनदेखी भी करनी चाहिए। यह भी सत्य है कि कुछ मामलों में कुछ किया भी नहीं जा सकता। हमें इनकी तरह देने या भुलाने का तरीका भी सीखना चाहिए। इससे भी आप ऋणात्मकता से बचे रहेंगे।

यदि सदा ज़लालत या डांट-प्रतिरोध मिलने की संभावनाओं पर अटके रहेंगे, तो वास्तव में आपको वही मिलेंगी। यदि बीज ऐसा होगा, तो पौधा भी उसी तरह का पनपेगा! हमारा नज़रिया होना चाहिए, हर बुराई में अच्छाई खोज़ना; हर धनात्मकता को ऋणात्मकता से ढूंढ निकालना। यदि ख़ुश रहना चाहते हैं, तो बुराई की जड़ ढूंढकर उसे अच्छाई में बदलने का प्रयत्न करते रहें।

यह समझ लें कि समस्या से भागने या पलायन करने से समस्या कभी ख़त्म नहीं होती।

आपके पास ऐसी स्थिति में दो विकल्प रहते हैं– या तो उनसे सीधे-सीधे टकराएं या उन्हें फिलहाल टालकर उस समस्या को दूर करने का सही विकल्प प्राप्त कर उससे सर्वोत्तम विधि से निपटें। कुछ लोग यह समझते हैं कि कभी-कभी

समस्या को टालने से भी समस्या खुद-ब-खुद सुलझ जाती है। कभी कोई ऐसा तुक्का भले ही लग जाए, पर अमूमन ऐसा होता नहीं।

हमें समस्याओं का समाधान एक साथ ढूंढने की ग़लती नहीं करनी चाहिए। इनके समाधान की अपनी ज़रूरत के अनुसार प्राथमिकता तय कर लें और एक-एक कर उन्हें सुलझाते चलें। किसी भी समस्या के समाधान में ग़लती से भी अपने पूर्व अनुमानों के अनुसार काम न करें। कभी-कभी बड़ा धोखा हो सकता है।

विकट समस्याएं कड़े निर्णय मांगती हैं। समस्या को सुलझाते समय यह सोचें कि यदि यह नहीं सुलझती तो ज़्यादा-से-ज़्यादा क्या हो सकता है। फिर इसी विचार को ध्यान में रखते हुए काम करें। प्रयत्नों को निरंतर सुधारते रहें।

हमारे सबके पास अपनी-अपनी विशिष्ट योग्यताएं होती हैं, यह हम पर निर्भर है कि उनका सही इस्तेमाल करें या न करें। यदि हम पूरी तैयारी से काम करें तो ऐसा कोई द्वंद्व नहीं, जिससे हमारी विजय न हो। हमें अपनी पूरी योग्यता से काम करते रहना चाहिए, बिना इसकी परवाह किए कि लोग क्या कहेंगे या क्या सोचेंगे।

सदा सर्वोत्तम फल की कामना करें, पर सबसे ख़राब संभावना के लिए भी तैयार रहें। उन बातों या घटनाओं के बारे में पहले से सोच-सोच कर परेशान न हों, जो अभी घटी ही नहीं हैं। प्राय: 90 प्रतिशत मामलों में हम उन बातों की चिंता करते हैं, जो न हुई हैं और शायद कभी होंगी भी नहीं।

यदि आप गौर से देखें तो हमारी चिंताओं का अधिकतम प्रतिशत एक काल्पनिक संभावना पर निर्भर होता है। असल में जो जीवन में घटित होता है, वह हमारे जीवनक्रम और अपेक्षा के विरुद्ध नहीं होगा। यदि हम इस भरोसे के साथ काम करेंगे, तो हम अपनी अधिकतर समस्याओं पर विजय प्राप्त कर लेंगे। अपनी ग़लतियों से सीखो और पूरी मेहनत से काम करो। अच्छा हो कि इस स्थिति से बचने के लिए दूसरों के अनुभव से फायदा उठाएं और ग़लती करें ही नहीं, क्योंकि ग़लतियों से पाठ सीखना एक कष्टकारी मार्ग होता है।

21

सुधार स्वाभाविक प्रवृत्ति है

हम चाहे कुछ भी करें और कैसे भी करें, सुधार की गुंजाइश तो हमेशा रहती है। मूलतः यह स्वयं को सुधारने की एक धनात्मक प्रवृत्ति होती है। आपको किसी से होड़ करने के लिए स्वयं को सुधारने की ज़रूरत नहीं होती, यह आपके अंदर की एक स्वाभाविक प्रवृत्ति होती है। यदि आप अपनी इस आंतरिक पुकार को सुनते रहेंगे, तो अपने अंदर निश्चित ही एक परिवर्तन आता महसूस करेंगे और भीड़ में अलग छंटते दिखाई पड़ेंगे।

आत्म-सुधार का अर्थ यही नहीं कि दबावों से सही प्रकार निपटें या अपने समय का सही प्रबंधन करें, वरन् इसमें शामिल है – कैसे आप जो भी करें, उसमें उत्कृष्टता प्राप्त करते रहें।

आत्म-सुधार का अर्थ है आपको अपने हर काम में उत्कृष्टता प्राप्त करने के लिए प्रेरित करना। कोई काम ज़ल्दी से अच्छी तरह करना ही नहीं, कम-से-कम समय में ज़्यादा-से-ज़्यादा उपलब्धियां प्राप्त करना और धनात्मक दृष्टि से आगे बढ़ते रहना। इससे आपकी आदतें सुधरती हैं और आत्म-विश्वास में इजाफ़ा होता रहता है; आपको खुशी मिलती है कि आप एक महत्त्वपूर्ण लक्ष्य प्राप्ति को अग्रसर हैं। आत्म-सुधार तो एक नियमित चलने वाली अनंत प्रक्रिया है; इसमें आप अपनी क्षमताओं का विकास करते हैं, नए सोच से अनुप्राणित होकर जीवन में युगांतर उपस्थित करते हैं।

सदा आत्म-विश्वास से भरे दिखें– हमें सदा विश्वास से पूर्ण दिखना चाहिए। चेहरे पर स्मिति सदैव आपके आत्म-विश्वस्त होने की द्योतक होती है। मुस्कुराने में मांसपेशियां सक्रिय होती हैं, बनिस्बत भौंहें चढ़ाने के। भौंहें चढ़ाकर आप लोगों में एक प्रकार का डर पैदा करते हैं, चाहे अपने बॉस से मिलें या गुरुजनों,

मित्र या पड़ोसियों से। अपने दोस्ताना संबंधों की स्पष्ट झलक मुस्कराहट से मिलती है, जो आपके व्यक्तित्व को सर्वोत्तम पहचान देती है। मुस्कुराने में कुछ लगता नहीं और यह ख़ुशी ही बिखेरती है। एक प्रसिद्ध अभिनेत्री से एक बार पूछा गया कि उसने अपने पति को कैसे 'मोहित' किया, तो उसका ज़वाब था– ''मैंने उसकी तरफ़ मुस्कुरा कर देखा और वह फंस गया!''

सदैव सिद्धांतवादी रहें– आपको कुछ अपने सिद्धांत निर्धारित कर लेने चाहिए तथा उनका पालन अपने हर व्यवहार में करना चाहिए; अपने काम में या अन्य लोगों से व्यवहार में भी। अपनी सीमाएं तय कर लेना चाहिए, जिनका अतिक्रमण आप कभी नहीं करेंगे। इसे आप कोई नाम दे सकते हैं– मूल धारणा, आदर्श व्यवहार संहिता या कुछ और, पर इनका पालन हर परिस्थिति में करना चाहिए। लेकिन उन्हें व्यावहारिक और वास्तविक रखें, काल्पनिक नहीं। इन्हें स्पष्ट रखें और सबको मालूम रहे कि आप क्या कर सकते हैं और क्या किसी भी कीमत पर नहीं करेंगे।

कुछ लोग स्वभावत: 'छिद्रान्वेषी' होते हैं और हर चीज़ तथा हर व्यक्ति में दोष ही ढूंढते रहते हैं। ये लोग ऐसे होते हैं कि यदि कोई स्वर्णिम मौका इनके दर पर दस्तक देता है, तो ये उसके 'शोर करने' की भी शिकायत कर सकते हैं! याद रखें– शिकायत तो कोई मूर्ख भी कर सकता है, व्यवस्था के सुधार में बुद्धिमत्ता की दरकार होती है। बज़ाय दोष निकालने के हमारा उद्देश्य होना चाहिए उस समस्या का समाधान कैसे पाया जाए।

अपने आदर्श व्यक्ति को छांटकर उनका अनुसरण करें– अपने जीवन में सुधार हम तभी कर सकते हैं, जब हमारे सामने कोई आदर्श उपस्थित हो, जिसका हम पूरी निष्ठा से अनुसरण कर सकें। अपने आदर्श व्यक्तियों की जीवन कथा पढ़ने से हमें कई संभावित ग़लतियों से बचने का मौका मिल सकता है। यदि जीवित हों तो उनके पास जाकर उनसे संपर्क कर अपना संशय दूर करते रहें। जैसे कि पहले कहा जा चुका है, बज़ाय स्वयं ग़लतियां कर बाद में उससे ज्ञान लें, अच्छा हो कि उनके बारे में दूसरों के अनुभव से ही लाभ उठाया जाए। हमारे सामने ऐसे कई आदर्शों का जीता-जागता उदाहरण हो सकता है, उनका अनुसरण करें और अपनी समस्या का समाधान उनके अनुभव से प्राप्त करें। आपके जो जीवनानुभव हों, उन पर नित्य अनुसरण करने का नियम रखें, क्योंकि जीवन-यापन के आदर्शों और सिद्धांतों का कोई महत्त्व नहीं, यदि वे जीवन में उतारे न जाएं। हमें अपने आदर्शों के जीवन से सबक लेते रहना चाहिए। प्राय: ऐसे लोगों का जीवन एक खुली किताब होता है। उनसे मिले बिना या संपर्क रखे बिना ही आप उनके जीवन से काफ़ी कुछ सीख सकते हैं। आपका आदर्श कोई भी हो सकता है, अर्थात् वह व्यक्ति जिसके जीवन-यापन के ढंग और सिद्धांत आपको प्रिय लगते हों और जिस जैसा आप स्वयं

70 जीत लो ख्वाब को

बनना चाहते हैं। आदर्श कोई प्रसिद्ध व्यक्तित्व हो, यह ज़रूरी नहीं... कोई भी ऐतिहासिक, साहित्यिक व्यक्तित्व या आपके गांव का कोई व्यक्ति या आपके माता-पिता ही आपके आदर्श बनकर उभर सकते हैं।

किसी के व्यक्तित्व का प्रभाव आप पर कितना पड़ता है, यह प्रायः उस व्यक्ति को मालूम नहीं होता। मेरे भी कई ऐसे आदर्श रहे, जिनके जीवन मूल्य और सिद्धांत मुझे शीर्षस्थ पद पर पहुंचाने में बहुत सहायक रहे, पर शायद उन्हें यह ज्ञान भी न हो। इनमें से एक थे मेरे राजनीति शास्त्र के प्राध्यापक प्रो. वर्मा और दूसरे अंग्रेजी के मेरे प्राध्यापक प्रो. शर्मा। इन लोगों ने अपने विषय की बारीकियां मुझे समझाकर उन विषयों में मेरी दिलचस्पी बहुत बढ़ाई। ऐसे ही एक अन्य प्राध्यापक थे इतिहास के प्रो. लूथरा, वे इतिहास ऐसे पढ़ाते थे मानो प्रसिद्ध युद्ध हमारे सामने ही घटित हो रहे हों। इन सब महानुभावों ने हमें बताया कि कैसे जीवन पूरे उत्साह-उमंग और आनंद से जिया जाए तथा कैसे उसमें रस भरा जाए। जब मैं सेवा में आया तो मेरे प्रथम दो बॉसों (वरिष्ठों) ने मुझे यह बताया कि हमें अपनी निष्ठा, नियम और आदर्शों के मामले में कभी समझौता नहीं करना चाहिए, चाहे स्थितियां कितनी भी प्रतिकूल हों। इन सब लोगों का प्रभाव मुझे सफलता की ओर अग्रसर करता गया।

समुचित समय प्रबंधन के द्वारा सही परिणाम प्राप्त करना– समय जीवन का सार होता है; समय की बर्बादी जीवन की बर्बादी है। अपने समय पर नियंत्रण करके ही हम अपनी ज़िंदगी की दिशा को संभाल सकते हैं। समय का माप कलैंडर से नहीं, अपनी अनुभूति से करना सीखें– दिन उतने ही होते हैं, जितने हम उस काल में बना सकते हैं। कुछ लोग एक साल का काम एक महीने में तो कुछ साल में हफ्ते भर का काम अंज़ाम दे पाते हैं!

समय का इस्तेमाल सिर्फ़ माप के अनुसार ही नहीं, काम की ज़रूरत से भी मापना चाहिए। कुछ चीज़ें बेहद ज़रूरी होती हैं– वह तो करनी ही होती है चाहे कितना भी समय लगे। काम की ज़रूरत और उसमें लगे समय का निर्णय तो आपको ही करना होता है। सिर्फ़ व्यस्त रहना ही काफ़ी नहीं, यह भी देखें कि आप जो प्राप्त कर रहे हैं, वह आपको सही दिशा में, आपके लक्ष्यों की तरफ़ ही ले जा रहा है।

मेरी सेवानिवृत्ति को एक दशक बीत चुका है, पर मैं दृढ़ प्रतिज्ञ हूं कि समय फालतू नहीं बिताऊंगा। चूंकि मैं अपने किसी-न-किसी उद्देश्यपूरक काम में व्यस्त रहता हूं, इसलिए समय काटना मेरे लिए कोई समस्या नहीं, परिणामस्वरूप मुझे अपने को व्यस्त रखने में भी कोई समस्या नहीं आती। अपने व्यक्तित्व का विकास करना तो एक अंतहीन प्रक्रिया है, जो आपके जीवन-भर चलती है। इसके लिए कोई ख़ास उम्र नहीं होती, स्वयं को व्यस्त रखें, पर यह भी सुनिश्चित करते रहें कि आप सही कामों में लगे हैं।

एक और अच्छी आदत आपको सहायक रहती है, वह है दूसरे की बुराई करने से बचना। यदि आप तय कर लें कि पीठ पीछे किसी की बुराई नहीं करेंगे, तो इससे आपके पास समय भी बचेगा और आपकी विश्वसनीयता भी विकसित होगी।

व्यक्तित्व विकास एवं अनुशासन के संबंध सूत्र– व्यक्तित्व विकास का मतलब होता है, अपनी सारी प्रतिभाएं और हुनर का संपूर्ण विकास। साधारण भाषा में कहा जाए तो अपनी संपूर्ण योग्यता का पूरा विकास सुनिश्चित करना, अर्थात् हर काम अपनी पूरी कुव्वत एवं चेष्टा से करने का निरंतर प्रयास करना, जिससे आपका जीवन और स्थिति लगातार सुधरती जाए।

इसमें आपको अपने परिप्रेक्ष्य को भी बदलना पड़ सकता है। अपने अवगुणों को गुणों में परिवर्तित कर जीवन में ऋणात्मकता निकाल देना इसका परम उद्देश्य होना चाहिए। अपने कटु अनुभव से इस प्रकार सीख ली जाए कि यह कष्ट ज्ञान वृद्धि में सहायक हो! इसके लिए सबसे प्रमुख तत्व है आत्मानुशासन। वस्तुत: जीवन के किसी भी क्षेत्र में सफलता के लिए इसका होना तो अपरिहार्य है। इसका प्रथम चरण है इसकी ज़रूरत समझना, क्योंकि आपका स्व-नियंत्रण ही आत्मानुशासन की प्रथम सीढ़ी है। आपको अपने जीवन पर नियंत्रण पाना पड़ेगा; अपनी विभिन्न दैनिक गतिविधियों को उन्हीं के अनुसार निर्धारित करना पड़ेगा। जब मन पर नियंत्रण आ जाएगा, तब आत्मानुशासन स्वत: ही कायम होगा। तब आपके दिमाग में सदा धनात्मक विचार ही आएंगे। आपको अपने विचार एकाग्र करने, गहन मनन एवं चिंतन का तरीका समझ में आएगा, जिससे आपके साधारण जीवन-यापन में भी बहुत मदद मिलेगी। प्राय: हमारा दिमाग बहकने लगता है, जिससे हम एक विषय या मुद्दे पर ज़्यादा दूर तक की बात सोच नहीं पाते। आत्मानुशासन जीवन को न सिर्फ़ ज़्यादा व्यवस्थित करता है, वरन् जीवन को पूरे आयाम में जीने का आनंद भी प्राप्त करवाता है। हमारा दिमाग भी ज़्यादा चाक-चौबंद और खुला रहता है।

आत्मानुशासन न किसी के सिखाने से आता है, न कहीं बाज़ार से ख़रीदा जा सकता है। यह तो हमें स्वयं ही विकसित करना पड़ता है। इससे हमारा ध्यान एकाग्र रहता है और व्यर्थ की बातें स्वयं दिमाग ही स्वीकार नहीं करता।

उदाहरण के लिए, यदि कोई विद्यार्थी पढ़ाई में अव्वल रहना चाहता है, तो उसे टी.वी.-सिनेमा देखना, दोस्तों से गप्पें लड़ाना इत्यादि बंद करना ही होगा। उसे नियमबद्ध होकर अपने सोने-जागने व अन्य दैनिक क्रियाओं का कार्यक्रम भी ऐसे निर्धारित करना होगा कि उसे ज़्यादा पढ़ने-सुनने या समझने का सही समय मिले। वह अपने लक्ष्य स्वयं निर्धारित कर उन्हें पाने का पूरी निष्ठा के साथ प्रयत्न करेगा। जीवन में बिना कुछ दिए कुछ हासिल नहीं होता। आत्मानुशासन का उद्देश्य ही यह होता है कि इस जीवन में कम-से-कम देकर ज़्यादा-से-ज़्यादा हासिल किया जाए।

मुझे कई कार्यक्रमों में शिरकत के लिए बुलाया जाता है। मैं पहले से ही तय

कर लेता हूं कि मैं उस कार्यक्रम में कितना समय दूंगा। वस्तुत: यह मेरा स्वभाव ही हो गया है कि मैं जीवन के किसी क्षेत्र में संलिप्त होने के पूर्व अपने समय का यथोचित प्रबंधन कर लेता हूं। मैं दो घड़ियां पहनता हूं, जिसमें एक स्टॉप वॉच जैसी है। अपनी निर्धारित समय-सीमा के ख़त्म होने के 10 मिनट पूर्व ही मैं अपने मेजबान से अपने आगे की समय की व्यस्तता का हवाला देकर जाने का अनुरोध कर देता हूं। प्राय: वह कोई बहाना नहीं, वरन् एक ज़रूरी काम ही होता है। जब मेरी समझ में आ जाता है कि किसी भी कार्यक्रम के अंतिम मिनट तक मेरी उपस्थिति ज़रूरी नहीं है, तो मैं सही समय पर निकल आता हूं। इस प्रकार मैं विभिन्न गतिविधियों में भाग भी लेता रहता हूं और अपना समय भी बर्बाद नहीं होने देता।

यदि आत्मानुशासन कायम करने में हम सक्षम हो जाएं, तो हमारे लिए कोई भी लक्ष्य अप्राप्य नहीं रह जाता। यदि हम स्वयं पर हुकूमत करने में सक्षम हो जाएं तो हम संसार पर भी हुकूमत करने लायक हो सकते हैं। अपनी क्षमताओं, गुणों को पूरे आयाम में विकसित करना ही स्वयं अनुशासित रहने का चरम उद्देश्य है। यदि हम अपने आपको अनुशासित न कर सकें, तो चाहे हम में कितनी भी ईश्वर प्रदत्त प्रतिभा हो, हम अपना प्राप्य प्राप्त नहीं कर पाएंगे। किसी भी क्षेत्र में कुछ भी उपलब्ध करना हो, आत्मानुशासित होना तो अपरिहार्य है।

एक लोक कथा के अनुसार एक व्यक्ति ने बड़ी तपस्या की, अंतत: ईश्वर उसके सामने प्रकट हुए। उस व्यक्ति ने कहा– "हे भगवन्! मुझे सबसे ज़्यादा धनी और स्वस्थ व्यक्ति बना दो!" भगवान ने ज़वाब दिया– "तुम जो चाहो वह प्राप्त कर सकते हो, बशर्ते उसकी सही कीमत चुका दो!" आत्मानुशासन जीवन के किसी भी क्षेत्र में सफलता पाने की कीमत है।

22

जीवन को उत्कृष्ट कैसे बनाएं?

जीवन के हर क्षेत्र में हमारे पास रुचियों के कई विकल्प होते हैं। हमारी ख़ुशी या परेशानी-कष्ट इत्यादि हमारी रुचियों पर ही निर्भर करते हैं, कि हमने क्या चुना है। हमारी रुचि हमारी कर्मठता की शुरुआत करती है। हमारे कर्म फल का प्रभाव तुरंत तो नहीं पड़ता, परंतु यह निश्चित है कि कोई भी कर्म निष्फल नहीं जाता। हर कर्म की बराबर प्रतिक्रिया तो होती ही है। यदि कोई कर्म हमने चुना है, तो उसका प्रतिफल या प्रतिक्रिया तो झेलनी ही पड़ेगी। कर्म के प्रभाव से हम बच नहीं सकते।

जब हम कुछ चाहते हैं, तो उसी के अनुरूप कर्म करते हैं। सोच-समझ के किए कर्म का फल अच्छा होता है और ज़ल्दबाजी या बिना सोचे किए गए कर्म का फल बुरा ही रहता है। यह तो खेल, सिनेमा या गल्प-कथाओं, उपन्यासों इत्यादि में ही होता है कि कोई हीरो कितनी भी ग़लतियां करता रहे, पर अंत में उसको सब कुछ अच्छा ही मिलता है। वहीं यह संभव है कि हीरो ऊंची इमारत से गिरे और न उसकी हड्डियां टूटें, न चोट लगे या भरे ट्रैफिक से निकल जाए और शरीर पर खरोंच तक न आए!

पर जीवन में ऐसा नहीं होता। पेड़ से गिरकर आपकी हड्डियां ही नहीं टूट सकतीं, आप मर भी सकते हैं। आधे दर्जन लोगों से लड़ाई आपको अस्पताल भेज सकती है तथा ट्रैफिक से भरी सड़क पर तेज़ी से निकलते हुए आपकी हड्डी-पसली एक हो सकती है या कोई लापरवाह ड्राइवर आपका जीवन भी ख़त्म कर सकता है!

रील (सिनेमा) जीवन की तरह वास्तविक जीवन में सदा सुखद अंत नहीं होता। यदि आप बिना सोच-विचार कुछ करेंगे तो भुगतेंगे ही। जीवन में आप पर इसलिए कृपा नहीं होती कि आप एक भले आदमी हैं। भला हो या बुरा उसके ग़लत

काम का परिणाम तो ग़लत ही होगा, पर लोग अपनी करनी की जिम्मेदारी लेने से बचते हैं। वे समझते हैं कि वे जीवन में कुछ भी करके बेदाग़ निकल सकते हैं।

उनको लगता है कि हर काम उनका ठीक ही रहेगा और कुछ ग़लत नहीं होगा, पर हमारे साथ जो भी होता है, वह हमारी करनी का ही परिणाम होता है। अच्छे संबंध बनाने हैं, तो अपना व्यवहार सही रखना पड़ेगा। यदि एक-दूसरे पर चीखना-चिल्लाना, गाली-गलौच चलती रहेगी तो संबंध खाक़ अच्छे होंगे! प्रायः तलाक भी पति-पत्नी के मध्य आपस में सोच-विचार का संबंध न राने का ही हश्र होता है।

जीवन में शुरुआत तो होती है, हमारे अपने रास्ते के चुनाव से, पर बाद में वही रास्ता हमारा चुनाव करता है और हम वही हो जाते हैं, जो हम चाहते हैं। रास्ता तो हम कोई भी चुन सकते हैं, पर रास्ते की उलझनें / परेशानियों इत्यादि का कोई पता नहीं होता। कारण और प्रभाव का नियम तो सारी ज़िंदगी ही चलता रहता है। इसी में से गुज़रते हुए हम अपनी नियति पाते हैं। हमारी आज की करनी हमारा कल का भविष्य तय करती है।

यह तो ऐसा ही है जैसे बीज वर्तमान में बोओ और फसल भविष्य में काटो। जीवन में कुछ भी अलग-थलग या एकाकी नहीं होता। सब कुछ आपस में गुंथा रहता है। विगत का असर वर्तमान पर होगा और वर्तमान भविष्य को प्रभावित करता है। हमारा जीवन इन्हीं विगत, प्रस्तुत और आगत की घटनाओं की आवृत्ति, पुनरावृत्ति और प्रवृत्ति पर बनता है। आप अपने काम से भाग नहीं सकते। मैं ऐसे कई लोगों को जानता हूं, जो अपनी जिम्मेदारी से बचते रहे और बाद में उसके भयंकर परिणाम उन्हें भोगने पड़े। बज़ाय भाग्य पर भरोसा करके बैठने के, हमें देखना चाहिए कि पहले हमने क्या किया, अब क्या कर रहे हैं और आगे क्या करना होगा। हमें इन तीनों कालों में अपनी करनी का प्रभाव देखना पड़ेगा, तभी हम जीवन में सुखी रह सकते हैं। इसी विश्लेषण में हमें अपने जीवन की सारी निराशाओं और हताशाओं का ज़वाब मिल जाएगा।

यह प्रकृति का एक नियम है कि हर ग़लती का कोई-न-कोई दंड होता ही है। इस कारण एवं प्रभाव के चंगुल से हम कभी बाहर नहीं जा सकते।

प्रायः अध्ययन में अव्वल रहने वाले विद्यार्थी ही अव्वल नौकरियां पाते हैं। एक न्यूज रिपोर्टर के अनुसार एक मैनेजमेंट इंस्टीट्यूट में कैम्पस प्लेसमेंट (अर्थात् शिक्षा संस्थान में ही नौकरी के लिए चुनाव करने वाली कम्पनियों द्वारा) में एक विद्यार्थी को डेढ़ करोड़ भारतीय रुपयों का पैकेज मिला था, अर्थात् 3 लाख डॉलर का! अद्‌भुत है न!

इसी प्रकार ऑल इंडिया सर्विस एक्जामिनेशन में 600 पदों के लिए नौ से दस लाख प्रत्याशी हर वर्ष बैठते हैं। पहले वे प्रारंभिक परीक्षा पास करते हैं, फिर मुख्य परीक्षा में बैठते हैं। वांछित पद संख्या से तिगुने इंटरव्यू के लिए बुलाए जाने को चुने जाते हैं, यानी यह स्पष्ट होता है कि तीन में से एक ही चुना जाएगा।

सारी मान्यताएं, पुरस्कार इत्यादि विजेता को ही मिलते हैं, अन्य प्रत्याशियों को नहीं। शीर्ष पर तो आप तब ही पहुंच सकते हैं, जब आप में समर्पण का भाव हो, पूर्ण निष्ठा हो, आत्मानुशासन हो तथा मज़बूत संकल्प शक्ति हो। आप में यह ताकत होनी चाहिए कि आप जो होना चाहते हैं, उनके लिए जो हैं, उससे त्राण पाएं।

याद रखें, यह हमारा जीवन है, जो एक बार ही मिलता है। इसको उत्कृष्ट बनाने के लिए हमें उत्कृष्ट प्रयत्न भी करने पड़ेंगे, चाहे कोई भी क्षेत्र हो। जब भी हम कोई काम करते हैं, तो असफल होने की संभावना तो उसमें रहती ही है, पर इसके कारण हम प्रयास करना तो नहीं छोड़ सकते। हम सब अच्छा-अच्छा सोचते तो हमेशा रहते हैं, पर अपनी अपेक्षा के अनुसार प्रयत्न नहीं करना चाहते। हमें नए रास्ते तलाश करने होंगे, जिससे हम कुछ अंतर कर सकें और असाधारण हो सकें। अपने क्षेत्र में असाधारण उपलब्धि हासिल करने के लिए कोई नियम-कानून नहीं होते, आपको अपने ही नियम सोचने और बनाने पड़ते हैं। प्रथम होने के लिए प्रथम तो अपने सारे शक़ और संशयों का निवारण करें, अपनी ग़लतफहमियां दूर करें और भय-कुंठाओं इत्यादि से मुक्ति पाएं, तब ही आप उत्कृष्टता प्राप्त करने का सफल प्रयास कर सकते हैं।

जीत लो ख्वाब को

23

सफलता के लिए टीम वर्क जरूरी

यदि किसी संगठन को आगे बढ़ना है, तो मात्र कुछ गिने-चुने पहल करने वाले लोगों के होने से काम नहीं चल सकता। सभी को साधारण कार्यकर्ता से लेकर उच्चतम निर्णय लेने वालों तक को परेशान करने वाले कड़े मुद्दों का निपटारा करने में पूरा सहयोग करना ही पड़ेगा। सबको मिलकर सोचना पड़ेगा कि कैसे काम करें और कैसे अपने लक्ष्य पाएं। लगातार अपने प्रदर्शन को सुधारना एवं क्षमताओं को बढ़ाने का प्रयास ही उन्हें सफल बना पाएगा, कभी-कभी किया गया प्रयास नहीं।

सफलता का राज़ यही है कि सभी को मिलकर उत्पादकता में निरंतर सुधार करने का प्रयत्न करना, अर्थात् आपस में संप्रेषण क्षमता कायम रखना और सदा यह देखना कि वे सही प्राथमिकताओं के अनुसार काम कर रहे हैं या नहीं। अगर आपकी प्राथमिकताएं सही नहीं होंगी, तो कड़ी मेहनत भी व्यर्थ का ही प्रयास होगा। सभी को देखना चाहिए कि कहीं वे अपनी ताकत ग़लत दिशा में तो खर्च नहीं कर रहे हैं।

वक्त के साथ बदलना, बदली प्रौद्योगिकियों को अंगीकार करते हुए चलना तथा निरंतर अपनी योग्यताओं को सुधारना, कुछ आवश्यक नियम हैं निरंतर प्रगति के लिए। हो सकता है कल की प्रौद्योगिकी कल श्रेष्ठ रही हो, पर आज के लिए सही न हो! अपने देश में ही देखें... कुछ वर्षों में हम '2जी' से '4जी' पर आ गए हैं, जिससे संप्रेषण कितना तीव्र हो गया है। हमें अपने लक्ष्यों को, अपनी प्राथमिकताओं के अनुसार निर्धारित करना ज़रूरी है। हमारी सोच-समझ, उद्देश्य जीवन में हमारे लक्ष्यों के अनुसार ही निर्धारित होने चाहिए। हमें अपने प्राप्त उद्देश्यों का परिणाम जानने का भी कोई तरीका ज्ञात होना चाहिए कि हमने कितना पाया और कितना अभी पाना बाकी है।

मैंने स्वयं भी देखा है कि अपने पत्रादि भेजने और अन्य संप्रेषण माध्यमों के प्रयोग में यदि मैं स्वयं ही सब कुछ करता हूं, तो काम उत्तम कोटि का नहीं हो पाता। एक पत्र का ज़वाब लिखने में भी कई काम करने पड़ते हैं– प्रिंट आउट निकालना, लिफाफा तैयार करना और उसे डाक में भेजना। अब मैंने अपना रोज़मर्रा का काम अपने सचिव को दे दिया है। इससे मेरे पास कुछ गंभीर लेखन करने के लिए समय बचता है, जिसमें मैं कुछ ऐसा काम कर सकता हूं, जो मेरे समय का बेहतर दस्तावेज़ बन सकता है।

यह भी समझ लें कि आप चाहे कितनी भी कोशिश करें, आपको लोगों से तो मिलना पड़ेगा ही, जिनमें ज़्यादातर ऋणात्मक मानसिकता के होते हैं, जो आपको सदैव नीचा दिखाकर ही खुशी पाते हैं। ऐसे लोगों से बड़े संभलकर एवं चतुराई के साथ निपटें! अपनी योजना बनाएं और सोचें कि कैसे एक ऋणात्मक अनुभव से भी आप कुछ धनात्मक प्राप्त कर सकते हैं! हर उस आदमी का अपना आकलन करते रहें, जिससे आपकी मुलाकात हो। यह आदत ही बना लें और देखें कि वह आपके जीवन में कुछ ऋणात्मक प्रभाव डालता है या धनात्मक; वह जीवन में कोई व्यवधान उपस्थित करता है या आपका उद्देश्य पाने में सहायक रहता है।

अपने आप कम-से-कम उस तरीके या प्रवृत्ति को छांटें, जिसने आपको आगे बढ़ने में सहायता दी थी और उसका अधिकतम प्रयोग करने का प्रयास करें। हम अपने तरीके से ही किसी ग़लत चीज़ में भी सही काम की चीज़ तलाश कर सकते हैं। एक बार गुरुद्वारा में एक शादी के उत्सव के दौरान कार का एक पहिया मेरे पैर के ऊपर से गुज़र गया। गनीमत यही रही कि भीड़ की वज़ह से वह कार बहुत धीमे चल रही थी। इस अनुभव ने मुझे एक सीख दी कि जब भी सड़क पार करो, तो सदा सही रास्ते से और यदि ऐसा संभव न हो, जो दिल्ली में प्रायः होता है, तो चारों तरफ़ कायदे से देखकर ही उसे पार करो, नहीं तो सवारी के नीचे आ सकते हो।

रोज़ अपने लिए कोई एक धनात्मक चीज़ निश्चित कर लें और उसको रोज़ करने की कोशिश करते रहें। वह काम या चीज़ आप पर एक धनात्मक प्रभाव डालती है, यह ज़रूर सुनिश्चित कर रखें। यदि आप किसी से उसका कोई साझा कर सकते हैं, तो और भी अच्छा।

हर समय यही कोशिश रहनी चाहिए कि ऋणात्मक प्रभावों, लोगों या स्थितियों से बचते रहें। यदि कोई ऋणात्मक भाव आपके मन में आता भी है, तो उसको धनात्मक प्रभाव से तुरंत विस्थापित करने का प्रयास करें। हर स्थिति में भले-बुरे पहलू तो होते ही हैं।

चेहरे पर सदा मुस्कान रखें; मुस्कान ऋणात्मकता की दुश्मन है। वैसे ऋणात्मकता को धनात्मक रूप में भी प्रयोग किया जा सकता है क्योंकि यह भी तो एक तरीका ही होता है, पर हम में से ज़्यादातर ऋणात्मकता को वैसे ही स्वयं को

त्रस्त करने देते हैं। हम इसे धनात्मक बनाने का कोई प्रयास ही नहीं करते। फालतू के विचार-भाव के लोगों से जितना बच सकें, उतना ही आपका कल्याण होगा।

उन लोगों या भावों से दूर ही रहें, जो आपको नीचे गिराते हैं। बेशक, इसमें तो आपके परिवार के सदस्य भी हो सकते हैं या साथी-सहकर्मी भी, जिनसे आप सदा के लिए किनारा तो नहीं कर सकते, पर कम-से-कम उनसे संपर्क तो नगण्य कर ही सकते हैं। इसके लिए आपको अपनी रणनीति तय करनी पड़ेगी, क्योंकि हर एक की अपनी सोच और तरीका होता है। एक की रणनीति दूसरे के लिए कारगर नहीं भी हो सकती।

इसके अलावा सदा ज़रूरतमंदों की सहायता करने का अवसर कभी न चूकें, क्योंकि इससे आपको सुकून मिलेगा। हर परिस्थिति में धनात्मक या सकारात्मक सोच रखें एवं दिनभर स्वयं को प्रफुल्लित एवं अभिप्रेरित रखें। यह सदा ध्यान रखें कि स्वयं को असहाय या दुःखी महसूस करने से न वह दुःख का कारण ख़त्म होगा, न वह अशक्तता। उल्टे ऐसे विचार आपकी ताकत का ही क्षय कर देंगे, इसलिए प्रसन्नचित्त एवं उत्साही रहें, तभी आप रोज़ कोई उम्दा काम करने में सक्षम रहेंगे।

24

अपेक्षाओं पर खरे उतरें?

जब अपना कोई काम या नौकरी इत्यादि करते हुए आपको लगे कि आपका मन फिर रहा है या दिल ऊब रहा है, तो वही क्षण है कि काम तुरंत रोककर अपने मूड को दूसरी दिशा में ले आएं। अलग-अलग लोगों का खुद को उत्साही करने का अलग-अलग तरीका होता है। कुछ लोग अच्छे दिनों की याद कर खुद को बहलाते हैं, तो कुछ अच्छे दिनों की आशा कर स्वयं का उत्साह बढ़ाते हैं। कुछ लोग हल्के-फुल्के जोक्स या कथाएं पढ़ते हैं, तो कुछ गंभीर विषय में स्वयं को डुबाते हैं। कॉफी-ब्रेक लेकर या दोस्तों के साथ गप्प लगाने का भी तरीका कुछ अपनाते हैं। अच्छा संगीत सुनना या सिनेमा देखना भी एक तरीका है अपना मूड बदलने का।

पर मैं समझता हूं कि विगत की कोई प्रिय घटना या दृष्टांत याद करना, मूड सही करने का सबसे ज़्यादा फुर्तीला व कारगर तरीका है। यह तो सभी मानते हैं कि जीवन की घटनाओं का हमारी मानसिकता या मूड पर गहरा प्रभाव पड़ता है। इससे हमारी ख़ुशी भी बढ़ती है, पर यह प्रभाव होता क्षण-स्थायी ही है।

हम सभी का अपने जीवन में घटित घटनाओं का प्रभाव ग्रहण करने का अलग-अलग तरीका होता है। कुछ बड़ी गंभीरता से छोटी घटनाओं को भी लेते हैं, तो कुछ बड़ी-बड़ी घटनाओं को भी सहज भाव से ग्रहण करते हैं। यह सब कुछ तो आपके सोचने के ढंग पर निर्भर करता है।

जीवन में विपरीत परिस्थितियों से तो हर एक को गुज़रना ही पड़ता है। भारत के विभाजन का हमने (मुझ पर व मेरी बहनों ने) उतना प्रभाव महसूस नहीं किया, जितना हमारे माता-पिता या रिश्तेदारों ने किया। हम लोग भयंकर गरीबी के शिकार हो गए थे, पर हमें क्या मालूम– हम तो यही समझते थे कि

हमारी ज़रूरत का सामान हमारे माता-पिता मुहैया करते रहेंगे। आज के पाकिस्तान के एक भाग में हम विभाजन के पहले अमीरी में निवास करते थे और अब यह हाल था कि हमें दूसरे ज़मींदारों के जानवरों को चराने ले जाना पड़ता था। फिर मैं अपने पिताजी को घास काटने में भी मदद करता था, जो वह बाज़ार में बेचते थे।

हमें बताया गया था कि हम आज़ाद हो गए हैं और भारत पर अब ब्रिटिश शासन नहीं है, पर न हमें आज़ादी का मतलब समझ में आता था, न इससे हमारे जीवन-यापन पर कुछ फ़र्क पड़ा। जब सरकार ने हमें कुछ ज़मीन दी– 2500 एकड़ भूमि के बदले में, जो हम पाकिस्तान में छोड़कर आए थे, तब कुछ समझ में आने लगा था।

मैं जब विद्यार्थी ही था, तब मेरी नज़र आत्म-सुधार एवं आत्मानुशासन विषय की एक पुस्तक पर पड़ी। मैं उसे ख़रीद लाया। इस पुस्तक को पढ़कर शेक्सपियर की इस उक्ति पर मेरा विश्वास और दृढ़ हो गया कि– ''अच्छा-बुरा कुछ नहीं होता, यह हमारी सोच है, जो किसी को ऐसा बनाती है!'' इसके बाद से मुझे जीवन में मुड़कर देखने की ज़रूरत नहीं पड़ी।

इस पुस्तक ने मुझे बताया कि चाहे हम कितनी भी विपरीत परिस्थितियों में फंसे हों, सदा विश्वास रखो कि रास्ता निकल आएगा और रास्ता वाकई में निकलता भी है। कड़े-से-कड़े हालात में यदि आपको विजय का भरोसा रहता है, तो आप विजयी होते भी हैं। 99 प्रतिशत मामलों में मेरा यह विश्वास कि कठिनतम परिस्थितियों में भी मैं सफल होकर बाहर आ सकता हूं, सही सिद्ध हुआ है। मैं अपने दिन की शुरुआत भी यही सोचकर करता हूं कि आज का दिन बेहद अच्छा रहेगा और ऐसा होता भी है। वैसे भी मैं किसी भी समस्या के अच्छे-बुरे सभी पहलू विश्लेषित करता हूं, पर ज़्यादातर समाधान मुझे अपनी प्रज्ञा-शक्ति द्वारा ही प्राप्त होता है।

हमारा दिमाग एक अद्भुत मशीन है। बिना यह पूछे कि यह किसका आदेश है, वह सभी आदेश स्वीकार करता है, पर इसमें पेंच एक ही है, इसको सही आदेश देना और अपने दिमाग को सही सोच पर रखना। हम लोग सोचते तो सदा ही रहते हैं। एक अनुमान के अनुसार, हर रोज़ हमारे दिमाग में बीस हज़ार विचार उत्पन्न होते हैं।

हमारे विचार ऋणात्मक या धनात्मक इस आधार पर होते हैं कि हम हैं किस माहौल में और किन हालातों से गुज़र चुके हैं। हमारे विचार बड़े शक्तिवान होते हैं। इस शक्ति का सही प्रयोग हमें जीवन में कुछ भी उपलब्ध करवा सकता है, पर याद रखें– बिना संरक्षित किया और बिना जोता-बोया खेत सिर्फ़ जंगली घास, झाड़ियां और अवांछित वनस्पति ही पैदा कर सकता है।

यही हाल हमारे मन का है, इसलिए हमें होशियार रहना चाहिए कि हमारे दिमाग में क्या भरा जा रहा है। हमें सिर्फ़ वही विचार स्वीकार करने चाहिए, जिससे हम कुछ सकारात्मक उत्पाद निकाल सकें।

अपनी नियति पर नियंत्रण पाने का भी एक ही तरीका है– अपने विचारों को नियंत्रित करना। दकियानूसीपना छोड़कर नई सोच ग्रहण करना, क्योंकि हर भौतिक घटना की दागबेलि हमारे विचारों से ही पड़ती है। पहले विचार हमारे मन में पैदा होता है और तभी उसका प्रभाव हमारे व्यवहार में आता है। हमारा जीवन तो कारण और प्रभाव नियम का एक अंतहीन सिलसिला है। हमारे विगत के विचार हमारे वर्तमान के काम को बनाते हैं और आज की सोच हमारा भविष्य बनाती है।

जैसे कृषक आज बीज बोकर कल फसल काटता है, इसी प्रकार हमारा दिमाग भी करता रहता है। कृषक हर तीन या छह महीने बाद फसल के चक्र के अनुसार उत्पाद प्राप्त करता है। इसी प्रकार जो विद्यार्थी आज जमकर पढ़ेगा, वह कल अव्वल आएगा ही, क्योंकि उसके विचार उसको प्रेरित करते हैं कि उसे अव्वल आना ही है। वस्तुतः जीवन का हर क्षेत्र हमारे विचारों द्वारा ही संचालित होता है।

हमारे विचारों की शक्ति अकूत है। इसके अनुसार हम काम करते हैं। जो हम देखते-सुनते हैं, उसी के अनुसार हमारा मन प्रतिक्रिया देता है। पहले हम अपने कर्म का एक मानसिक चित्र खींचते हैं और फिर उसे हक़ीकत का जामा पहनाते हैं, इसलिए आपको सदा सोचना चाहिए कि मैं सर्वोत्तम प्रयास करूंगा और सर्वोत्तम परिणाम पाऊंगा। यदि आपकी विचार-प्रक्रिया सही रहे, तो बेहद उबाऊ काम में भी आपको मज़े के क्षण मिल सकते हैं। मदर टेरेसा ने प्रसन्न होने का रहस्य निम्नलिखित शब्दों में स्पष्ट किया है :

''लोग ज़्यादातर बेतुके और स्वार्थी होते हैं– उन्हें क्षमा कर दो!

यदि आप सदय हैं, तो लोग आप पर अपने निहित स्वार्थ सिद्ध करने का भी लांछन लगाएंगे– उनके प्रति दयावान रहो!

यदि आप ईमानदार हैं, तो लोग आपको छलते हैं– आप इस हाल में भी खुश रहिए!

आपका आज अच्छा किया गया काम कल भुला दिया जाएगा– पर अच्छा काम करते रहिए!

विश्व को वह प्रदान करो, जो सर्वोत्तम तुम्हारे पास है!

यह कभी पर्याप्त नहीं हो सकता– पर अपना सर्वोत्तम देते रहिए!

क्योंकि अंत में तो यह आपके और ईश्वर के ही मध्य का लेन-देन है, यह वैसे भी आपके और लोगों के मध्य का सौदा नहीं होता।''

25

खुद से करो वादा

मुझे भी जीवन में प्राप्त होने वाली उम्दा चीज़ों का शौक है– यथा मर्सीडीज़ कार, सबसे अच्छा टेलीविज़न घर के हर एक कमरे में; एक निजी प्लेन, एक लक्ज़री याट, उम्दा संगती, खर्च के लिए अकूत धन, अच्छा स्वास्थ्य इत्यादि। इन चीज़ों को प्राप्त करने के लिए आवश्यक है से मैं थोड़ा हिचकिचाता हूं। बेशक, यह कड़ी मेहनत तुरंत तो आपका सुफल न दे पाएं, पर इससे संसार के साधारण और निम्न स्तर के लोगों को वह ताकत मिल सकती है कि विश्व पर छा सके। इसमें शामिल हैं डॉक्टर, सुशिक्षित लोग इत्यादि, जो साधारणतया ज़्यादा बुद्धिमान एवं बेहतर समझे जाते हैं। उस आदमी से कोई जीत नहीं सकता, जो हार मानना जानता ही नहीं। कोई भी कुछ भी कैसे पा सकता है, यदि वह अपना सर्वोत्तम देने का प्रयास भी नहीं करेगा? कभी-कभी हम भी प्रयास करते हैं और सफल नहीं हो पाते। इसमें हमारा कोई दोष नहीं होता। ईश्वर तो यह चाहता है कि हम हर काम पूरे जोश और मन से करें। भाग्य का मतलब अधिक-से-अधिक प्रयत्न करना, जब तक कि आप हर प्रतिकूलता को अपने अनुकूल न बना लें। सदा दृढ़ प्रतिज्ञ रहें कि फालतू समय ज़ाया नहीं करेंगे। मैं आपको यह बताना चाहता हूं कि मैंने यह सब कुछ बड़ी मेहनत और मशक्कत से प्राप्त किया है। सेवानिवृत्ति के एक हफ्ते बाद मुझे लगा कि मेरे पास करने को कुछ भी नहीं है, मानो मैं समाज के लिए बिलकुल नाकारा होकर बैठ गया हूं, तभी मेरी मुलाकात एक टी.वी. रिपोर्टर से हुई, जिसे मैं कुछ समय से जानता था। बातचीत के दौरान मैंने उसे बताया कि मैं अब रिटायर हो गया हूं। उसने मेरी ओर देखा और कहा– ''सर! आप

अपने को सेवानिवृत्त और बेकार न समझें। आप वह सब कुछ करना प्रारंभ कर दें, जो आप सदा करना चाहते थे और जीवनभर करते रहे। आपको यह कहना कतई शोभा नहीं देता कि मैं रिटायर्ड और बेकार हूं। आदमी रिटायर्ड तो दफ़न होने के बाद ही होता है। हर एक को ईश्वर एक उद्देश्य या मिशन के साथ इस दुनिया में भेजता है और हमें वह करते रहना चाहिए।''

कभी-कभी हमारी विगत की असफलताएं, सदमे, आघात हमें पीछे खींचते हैं और आगे नहीं बढ़ने देते। मैं तो इस सिद्धांत को मानता हूं कि जो गुज़र गया वह तो गया और ध्यान आगे केंद्रित रखो। मेरी प्रारंभिक शिक्षा तो गवर्नमेंट प्राइमरी स्कूल अबोहर, गवर्नमेंट मिडिल स्कूल जलालाबाद एवं गवर्नमेंट हाई स्कूल फ़िरोजपुर में हुई, जहां शिक्षा का माध्यम पंजाबी या हिन्दी था, लेकिन जब मैं निकटस्थ गवर्नमेंट कॉलेज लुधियाना में गया तो वहां शिक्षा का माध्यम अंग्रेजी था।

चूंकि मेरी शिक्षा किसी पब्लिक स्कूल में नहीं हुई थी– कारण, मेरे मां-बाप के पास इतना धन नहीं था, तो मैं समझता था कि यह मेरी बड़ी कमज़ोरी है। इसके अलावा मेरी पोशाक एक साधारण कुर्ता-पाजामा ही थी, जो ग्रामीण इलाकों में एक अच्छा पहनावा माना जाता था। शहरों के धनी परिवार से आए बच्चे मेरा मज़ाक भी उड़ाया करते थे, पर सिवा उनको सहने के मेरे पास कोई चारा नहीं था, तभी मैंने निश्चय किया कि इन लोगों को हराने का सबसे अच्छा तरीका है पढ़ाई में अव्वल रहना और एक उम्दा वक्ता बनना।

मैंने भाषण कला में लगातार मेहनत की और मैं पंजाब यूनिवर्सिटी का सबसे अच्छा भाषण देने वाला बन गया। मैंने इस यूनिवर्सिटी के मैसूर में हुए इंटर यूनिवर्सिटी यूथ फेस्टिवल में प्रतिनिधित्व भी किया था। मैंने कॉलेज में 'रॉल ऑफ ऑनर' प्राप्त किया, जब मैं वहां अव्वल आया। उस ज़माने में तो मुझ पर सोते-जागते, उठते-बैठते पढ़ाई का ही भूत सवार रहता था।

कई लोग मुझसे पूछ चुके हैं कि मैंने इतनी सफलता कैसे पाई; क्या मैं कोई 'जीनियस' था? मेरा तो उन सबको यही ज़वाब रहता है– मैं तो एक अध्यवसायी व्यक्ति हूं और जो शुरू कर दिया, उसको कभी छोड़ता नहीं। मैं तो जो ठीक समझता हूं वही करता हूं और कहता भी हूं। सच कहूं तो जब मैं इंडियन पुलिस सर्विस की लिखित परीक्षा में सफल हुआ तो मेरे पास इंटरव्यू के लिए कोई सूट भी नहीं था। मैंने तब एक बड़ी रकम (150 रुपए) एक व्यक्ति से उधार ली और सूट सिलवाया तथा टाई ख़रीदी। उस समय लिखित परीक्षा में सफल होने के लिए इंटरव्यू में भी पास होना ज़रूरी था। मैं दोनों में सफल रहा, क्योंकि अपनी मेहनत के बाद मुझे सफल होने का पूरा भरोसा था।

जब तक सेवा में रहा और जब सेनानिवृत्त हुआ, मैं सदा अपने एक-एक मिनट का सही उपयोग करता रहा हूं; पहले काम में और फिर फ्रीलांस लेखक और वक्ता के रूप में। मैं मानता हूं कि उत्कृष्टता पाने के लिए कोई 'पतली गली' नहीं होती। यह एक बड़ी सारगर्भित उक्ति है कि शब्दकोश (अंग्रेजी) में ही शब्द 'सफलता' (success) 'मेहनत' (work) से पहले आता है। 'साधारण' और 'असाधारण' (शब्दों में) अंतर मात्र 'अ' का है, जिस पर सब कुछ निर्भर करता है। यह 'अ' मेहनत, लगन और अध्यवसाय का प्रतीक होता है। सफलता की कुंजी जी-तोड़ एवं अनथक मेहनत ही है। मेहनत, लगन और अध्यवसाय के बगैर आप कुछ भी प्राप्त नहीं कर सकते। जीवन में नित्य घात-प्रतिघात, असफलता, सदमे और हताशा से दो-चार होना ही पड़ता है। परेशानी में जमकर खड़े रहना और अपनी सफलता का मार्ग निकालना ही असली किस्मत है। यह राह तो बेहद मुश्किल है, पर इसके अलावा कोई चारा भी नहीं होता। याद रखें, मेहनत के पसीने से बुद्धिमत्ता का बीज पनपता है और आज तक कोई अपने पसीने में डूबकर नहीं मरा है।

26

अपने प्रदर्शन को एकाग्र बनाएं

चाहे अध्ययन करना हो या कोई अन्य क्षेत्र, आपको अपनी सही आदत, अभिप्रेरणा और ज्ञान प्राप्त करने के तरीकों में निरंतर सुधार लाना पड़ेगा— हर स्तर पर! यह एक प्रतिस्पर्धा का युग है, जहां केवल सर्वोत्तम ही टिक सकता है। जब तक हमारा काम बढ़िया नहीं होगा, तब तक हम कुछ भी उल्लेखनीय प्राप्त नहीं कर पाएंगे। यह हमारी अंत:प्रेरणा ही होती है, जो हमें शीर्षस्थ होने का प्रोत्साहन देती है। अपने सपने को हक़ीकत में आप तब ही बदल सकते हैं, जब पूरी निष्ठा और मेहनत से आप अपने हर काम में अपना प्रदर्शन उत्तम रखें। याद रखें, जीवन में कुछ दिए बगैर कुछ नहीं मिलता। कारण यह है कि हमारे जीवन की अवधि सीमित होती है। यदि 'कुछ और' में समय गंवाया तो आपको लक्ष्य प्राप्ति के लिए उतना ही समय कम उपलब्ध होगा। अत: अपने उद्देश्य की प्राप्ति के अलावा दूसरी चीज़ों— मनोरंजन इत्यादि में समय कम-से-कम ही दें। हमारा समय का विभाजन ऐसा होना चाहिए कि काम, व्यायाम और आराम के लिए यथोचित समय मिलता रहे। अपना प्राप्य अपनी क्षमता-सीमा के अनुसार ही रखें। इतना सब कुछ एक साथ पाने का प्रयास न करें कि सार्थक कुछ भी हाथ न लग पाए। जीवन में सब कुछ तो हासिल हो भी नहीं सकता। कुछ पाने के लिए कुछ छोड़ना पड़ेगा। आप यह सुनिश्चित कर लें कि जो छूटे, उसका प्रभाव आपके जीवन पर विपरीत न हो। जो अति आवश्यक है, वह आपको स्पष्ट मालूम होना चाहिए। मेरा तो तरीका है कि सर्वाधिक महत्त्व के कामों की एक सूची बना लेना और उनको प्राथमिकता के क्रमानुसार पूरा करना। जब बेहद ज़रूरी काम निपट जाते हैं, तभी मैं कम ज़रूरी कामों को करना शुरू करता हूं।

इस तरीके की एक विशेषता यह है कि आप जितना करते जाएंगे, आपको लगेगा कि उतना ही बाकी रह गया। फिर भी मैं जो करता हूं, वह पूरे मनोयोग से

जीत लो ख्वाब को

ही करता हूं। सिनेमा तथा ऐसे ही अन्य क्षेत्र में 'बेस्ट परफॉर्मर' को ही पुरस्कार मिलता है। यह आपकी वृत्ति कभी-कभी नहीं, हमेशा रहनी चाहिए कि जो भी करो पूरे जोश से करो। आधा-अधूरा काम कभी सुफलदायक नहीं हो सकता।

सदा सर्वोत्तम देने के लिए आपको उससे ज़्यादा देने का लक्ष्य रखना चाहिए, जो आप से अपेक्षित हो। अपनी समस्याओं / व्यवधानों का उल्लेख दूसरों से करने में कोई लाभ नहीं होता, क्योंकि उनमें से 20 प्रतिशत को कोई परवाह नहीं होती और 80 प्रतिशत तो यह जानकर ख़ुश ही होते हैं! अपना मूल्यांकन (काम का और उसके महत्त्व का) आपको स्वयं ही करना होगा। अपनी क्षमताओं के अनुसार आप सर्वाधिक अच्छा काम करते रहेंगे, तो आपको स्वयं भी अपनी अपेक्षाओं पर उतरने में बहुत संतोष मिलेगा, जिससे आपका प्रदर्शन और भी सुधरता जाएगा। अपने विचारों को सदा धनात्मक करो और लगातार यह प्रयत्न करते रहें कि आप कल से आज बेहतर स्थिति प्राप्त करें और कल और भी बेहतर बने। यह स्मरण रहे कि आप किसी से कमतर नहीं हैं और जब तक आप स्वयं ही न महसूस करें, कोई आप में हीन भाव पैदा नहीं करवा सकता। हमारे विचार, शब्द, आचरण, चरित्र सब मिलकर ही हमारी नियति बनाते हैं।

मनुष्य का स्वभाव होता है आसान रास्ता पकड़ना और अपना समय (दिन, घंटे, मिनट) बर्बाद करना। इससे आपको सदा बचना है। समय के परिक्षेप में अपने काम का मूल्यांकन करते रहें और जीवन की पूर्ण उपादेयता प्राप्त करने का निरंतर प्रयास करते रहें। जीवन को स्वाभाविक रूप में जिएं, पर इतनी सतर्कता ज़रूर रखें कि इसको किसी प्रकार व्यर्थ न जाने दें। मनुष्य रूप बड़ी साधना और कई योनियों से गुज़रने के बाद मिलता है, इसकी कीमत पहचानें और निरंतर अच्छे-से-अच्छा प्राप्त करने का प्रयत्न करते रहें। जीवन पूरी तरह जीने की एक पहचान है कि गुज़रे हुए समय में जो प्राप्त नहीं हो पाया, उस पर कम-से-कम ख़ेद प्रदर्शन हो। हर दिन को एक नया दिन समझें। जो आप कल नहीं पाए, उसको आज पाएंगे। समस्या और व्यवधान तो हर क्षेत्र और हर राह पर आएंगे, पर कोई समस्या इतनी दुरुह नहीं होती कि उसका हल न मिले। हमारी सफलता का सीधा अनुफल हमारे प्रयत्नों से होता है। याद रखें, ईश्वर सबका हित सोचता है, चाहे एक क्षुद्र चींटी हो या एक चिड़िया; फिर मानव का तो कहना ही क्या है! उसने सबके लिए संसाधन पृथ्वी पर मुहैया कर रखे हैं। आपको तो अपने सामर्थ्य और क्षमता के अनुसार अपनी झोली भरनी है। अपना प्राप्य पाने के लिए तो मेहनत करना हर जीव का कर्तव्य है। बिना कुछ किए सफलता या उपलब्धि की कामना करना अपने आपको भटकाना है। हमारे कर्म में हमारी बुद्धिमत्ता निहित होती है और हमारे समर्पण में हमारी सफलता की संभावना। उपलब्धि तभी मिलती है जब अपने कर्म से संतोष और ख़ुशी मिलती हो और अपने विश्वास से साहस। सदैव अनूठा प्रदर्शन वही दे सकते हैं, जो अपने कर्म से संतुष्ट और अपने प्रयास से विश्वस्त रहते हैं।

27

नियमों का पालन सफलता की गारंटी

सारी ज़िंदगी हम आरामदेह, आसान और चैन भरी उम्र व्यतीत करना चाहते हैं। इसमें कुछ ग़लत भी नहीं, क्योंकि यह एक स्वाभाविक प्रवृत्ति है। पर इस तथ्य को झुठलाया नहीं जा सकता कि यदि हम किसी उपक्रम में सफलता चाहते हैं, तो हमें माहौल और परिस्थिति के अनुसार अपना ढर्रा बदलना ही पड़ेगा। हमारी अधिकतर गतिविधियां स्वैच्छिक होती हैं, यथा भोजन करना, सोना और काम करना। हम एक नियमित ढर्रे पर जीवन जीने के आदी होते हैं, पर हमें ज़रूरत और समय के साथ बदलाव लाना ही पड़ता है। हमें अपना निर्धारित लक्ष्य पाने के लिए एक नियमबद्ध जीवन बिताना ज़रूरी है, हालांकि कई लोगों का मत है कि नियमबद्ध होकर हमारी सृजनशीलता ख़त्म होने लगती है, पर बिना नियम के तो जीवन जिया ही नहीं जा सकता, कम-से-कम सार्थक रूप में। नियमों के मध्य कुछ मुक्त क्षण अवश्य रखे जा सकते हैं सृजनशीलता हित, पर सारा समय तो खाली नहीं रखा जा सकता।

हमें अपना रोज़मर्रा का जीवन इस प्रकार नियमित करना चाहिए कि हमारे दीर्घ और लघु लक्ष्यों की प्राप्ति में कोई व्यवधान न आए। हम अपनी दूरदृष्टि से अपने 'कार्य मॉडल' की योजना बनाते हैं और कोई रोज़मर्रा का जीवन एकदम एक-सा तो हो नहीं सकता। यदि रोज़मर्रा में भी कोई बदलाव नहीं आएगा तो वह उबाऊ, अनउत्पादक एवं थकाने वाला हो जाएगा।

मैं इंडियन पुलिस सेवा में 20 वर्ष की आयु में चुन लिया गया था, अपने भारतीय सेवाओं की परीक्षा में पहले प्रयास में ही। तब मैं आराम से 6 से 10 किलोमीटर तक रोज़ दौड़ा करता था, परंतु जैसे-जैसे उम्र बढ़ती गई, मुझे अपने शारीरिक व्यायाम के नियम को कुछ हल्का करना पड़ा। इससे मेरा रोज़मर्रा का क्रम थोड़ा बदल गया। मुझे भी लगा

कि अपने आपको ज़रूरत से ज़्यादा थकाना बेमानी है। यदि मैं ऐसे ही करता रहा तो मैं कोई और काम ज़्यादा समय के लिए सही तरह से नहीं कर पाऊंगा, क्योंकि थकने के बाद स्वयं को आराम देना और पुनः ऊर्जास्वित होना भी ज़रूरी होता है।

इसके साथ ही हमें यह भी सुनिश्चित करना चाहिए कि हमारा रोज़मर्रा का ढर्रा कहीं हमारे लक्ष्य प्राप्ति के मार्ग से हमें भटका तो नहीं रहा? इसको सही करने में तथा इसे ज़्यादा रचनात्मक बनाने में उन कामों का समावेश करना भी ज़रूरी है, जो हमें हमारे लक्ष्यों की प्राप्ति में मददगार साबित हो सकते हैं।

इसकी एक कारगर तरकीब यह है कि कल का काम या ढर्रा आज बिस्तर पर जाने के पूर्व ही निश्चित कर लें। मैं तो यह करता हूं कि जब मुझे दिल्ली से बाहर की यात्रा करनी होती है, तो मैं अपने 'ट्रैवलिंग बैग' को तीन दिन पूर्व ही अपने बेडरूम में ले आता हूं और जैसे-जैसे याद आता जाता है, उसमें ज़रूरी सामान भरता रहता हूं। यदि एक ही दिन में जाना और वापस आना हो, तो काफ़ी कम सामान ले जाने की ज़रूरत पड़ती है। लेकिन अगर तीन दिन पर ज़्यादा समय लगना है, तो काफ़ी कपड़े इत्यादि ले जाने पड़ते हैं, उनकी सफ़ाई-धुलाई इत्यादि की परवाह किए बिना। इसके अलावा मुझे जिस मीटिंग या कांफ्रेंस में भाग लेना है, उसके लिए तैयारी में मैं कम-से-कम एक हफ्ता लगाता हूं। अपना ध्येय प्राप्त करने के लिए आपको दूसरों से अच्छा काम करने का जज़्बा भी होना चाहिए, क्योंकि तभी तो आप औरों से बाज़ी मार सकते हैं।

अपने रोज़मर्रा के जीवन को उद्देश्यपूर्ण बनाना यह सुनिश्चित करना होता है कि नित्य जीवन में भी आपकी प्रगति चालू रहे और आप अपना काम बेहतर करते रहें। तब फिर यदि आप उस पर कायम रहेंगे, तो आप यथा समय अपनी उपलब्धियां पाते रहेंगे।

इसमें यह ज़रूर ध्यान रखें कि आप कम महत्त्व की गतिविधियों में तो अपना वक्त ज़ाया नहीं कर रहे। काम वही करें, जिससे आपको उच्चतम परिणाम मिलते रहें। यदि आपके रोज़मर्रा की गतिविधियां आपको वांछित परिणाम नहीं दे रहीं और समयक्रम भंग कर रही हैं, तो उन पर पुनर्दृष्टि डालें।

यदि कभी ज़्यादा व्यस्त हो जाएं तो अपने नित्यक्रम को पुनर्व्यस्थित करना भी ज़रूरी होता है। यदि कभी आपको लगे कि आप वह नहीं पा रहे, जो आप पाना चाहते हैं, तो अपने नित्य-क्रम को पुनर्व्यवस्थित करें। तय करें कि क्या करना ज़रूरी है और कब? यदि कभी ऐसे अटकाव आते हैं, तो अपने नित्य-क्रम को यथोचित रूप से व्यवस्थित करते रहें।

यदि कुछ ऐसा ज़रूरी काम आ जाए जो करना ही हो, तो बेहतर है कि थोड़ा अवकाश लेकर पुनः अपना क्रम निर्धारित करें। मेरे साथ जब कभी भी ऐसा होता है, तो मैं अपने नित्य-क्रम में ढील देकर जोक्स की किताबें पढ़ता हूं, मनचाहा

संगीत सुनता हूं या कोई 'एक्शन' फिल्म देखने लगता हूं। कुछ समय बाद पुन: तरोताज़ा होकर अपने काम में जुट जाता हूं।

हमें सदैव वही निर्णय लेने चाहिए, जिससे आपका जीवन बेहतर–से–बेहतर हो सके। हमारे देश में एक भ्रांत धारणा फैली हुई है कि हम यदि अपनी मनमर्जी का काम करेंगे और दूसरों की नहीं सुनेंगे, तो हम स्वार्थी माने जाएंगे। यह तो ग़लत विचार है। यदि हम किसी और को अपने ढंग से जीने को बाध्य करते हैं, तभी तो हम स्वार्थी होंगे। अपना जीवन तो हमें अपने हिसाब से जीने की स्वतंत्रता होनी ही चाहिए। फिर आप चाहे कितने भी नि:स्वार्थ भाव से काम करें, ऐसे स्वार्थी लोगों से आपका वास्ता पड़ता ही रहेगा, जो आपको उल्लू बनाकर अपना काम निकालना चाहेंगे। वे आपकी भलमनसाहत का पूरा फायदा उठाने से बाज़ नहीं आएंगे। वे आपके समय और ऊर्जा की कीमत पर अपना स्वार्थ-सिद्ध करते रहेंगे। आपको ऐसे लोगों को स्पष्ट बता देना चाहिए कि आप उनका फालतू काम करने को बाध्य नहीं हैं। नहीं तो यदि आपने एक का ऐसा काम कर दिया तो कई आपके पीछे पड़ जाएंगे।

आप शुरू में ही इन लोगों को बता दें, तो अच्छा रहे कि आपकी अपनी प्रतिबद्धताएं हैं और ज़रूरतें हैं। यह समझ लें कि आप यदि दूसरों के पचड़ों में फंसे तो अपने काम से हाथ धो बैठेंगे, क्योंकि समय तो आपके पास उतना ही रहेगा। दूसरे, दूसरों के फालतू काम न सिर्फ़ आपका समय और ऊर्जा बर्बाद करते हैं, प्राय: इनका परिणाम मनमुटाव और बुराई में ही निकलता है। मैं तो इस निष्कर्ष पर पहुंचा हूं कि दूसरों के मामलों से कुछ लेन-देन न रखना ही श्रेयस्कर है। हमें अपने जीवन को निरंतर बेहतर करने का प्रयास करना चाहिए, जिससे आत्म-सुधार द्वारा हम इस विश्व की बेहतरी में अपना योगदान दे सकें। कई लोग समझते हैं कि रोज़मर्रा के नियमों में बांधने से जीवन उबाऊ हो जाता है, पर सत्य यह है कि रोज़मर्रा के नियम से जीवन सदैव गतिमान रहता है। आप अपना काम नियमपूर्वक करते रहें। प्रेरणा मिलेगी तब काम करेंगे, यदि ऐसा सोचा तो पता नहीं आपको कितना इंतज़ार करना पड़े, इसलिए अपना जीवन रोज़मर्रा के नियमों से ही प्रकार संचालित रखें और उसको निरंतर उत्पादनशील बनाएं।

जीत लो ख्वाब को

28

व्यक्तित्व में निखार लाएं

सौम्य दक्षताएं उन काबिलियतों को कहते हैं जो व्यक्तित्व में निखार लाकर हमें जीवन की चुनौतियों का सामना करने के लिए ज़्यादा सक्षम बनाती हैं। इसमें शामिल है आपसी बर्ताव की योग्यता, प्रस्तुति देने की सलाहियत, हर स्तर पर आपके आचार-व्यवहार, सही एवं पर्याप्त क्षमताएं, लचीलापन, कपड़े पहनने का सलीका, समय-प्रबंधन, नैतिकता, व्यक्तिगत शुचिता, संप्रेषण की क्षमता तथा वह सब कुछ जिससे आपका व्यक्तित्व निखरता है और प्रभावी बनता है।

इनका मूल आधार होता है आपका चरित्र, व्यक्तिगत संबंध कायम करने की क्षमता और सभी से सही व्यवहार। इन सौम्य क्षमताओं के विकास के माध्यम से आप अपने कार्य क्षेत्र में ज़्यादा सक्षम बनते हैं और मज़बूत संबंध स्थापित कर सकते हैं। इससे आपको अपने रोज़मर्रा के जीवन में लोगों से मिलने-भेंटने का सलीका आ जाता है। यदि आप कोई व्यवहार एक साथ 24 दिनों तक कायम रख सकते हैं तो वह धीरे-धीरे आपकी आदत में शुमार हो जाता है, इसलिए नीचे दी गई क्षमताओं को आप अपनी ज़रूरत के अनुसार विकसित करते रहें।

संप्रेषण क्षमता– आपके पास कितने भी चमत्कारी विचार क्यों न हों, लेकिन यदि आप उन्हें दूसरों तक संप्रेषित नहीं कर सकते तो उनसे कोई फायदा नहीं। आप सवयं को कुछ भी समझते हों, पर यदि दूसरे तक अपना प्रभाव नहीं पहुंचा सकते तो आपकी बात कोई नहीं सुनेगा। लोग आपको आपके शानदार पहनावे से नहीं जानते। वह तो आपकी संप्रेषणीय क्षमता से ही आपका आकलन कर सकते हैं। समाज या जीवन के किसी भी क्षेत्र में बड़े नेता वही होते हैं जो अपने विचार दूसरों तक प्रभावी तौर पर पहुंचा पाते हैं।

चाहे आप लिखकर बात स्पष्ट करें या बोलकर, संप्रेषण स्पष्ट होना ज़रूरी है। अपनी बात कहते समय दूसरे पर उसका प्रभाव समझ पाने की क्षमता भी होना बेहद ज़रूरी है। यानी जो कुछ आप कह रहे हैं, उससे दूसरा कितना प्रभावित हो पा रहा है। प्रभाव पड़ेगा तभी तो वह आपकी बात मानेगा।

शरीर-भाषा – शरीर-भाषा या सुनने-पढ़ने वालों की सहज चेष्टा पढ़ पाना अच्छी संप्रेषणीयता विकसित करने का एक आवश्यक घटक है। यह देखें कि आपका श्रोता ध्यान से आपको सुन रहा है या बोर हो रहा है। उसकी आंखों में सीधा देखें। आपको भी लोगों की बात में रुचि दिखानी चाहिए। यदि आप लिखकर अपनी बात स्पष्ट करने में निष्णात् होना चाहते हैं तो शब्दों के सही इस्तेमाल और सही वर्तनी का पूरा ध्यान रखें। अपनी बात संक्षिप्त रूप से और मुद्दे के अनुरूप ही कहें। यह बात मैंने एक बड़ी कीमत चुकाकर सीखी। मेरे इम्तहान में अंक नहीं आते थे। मैंने अपनी को बात असली मुद्दे तक सीमित रखना, इम्तहानों से ही सीखा है। जैसा कि हमारा स्वभाव है, पहले मैं अपने कम अंकों के लिए परीक्षाओं पर दोषारोपण किया करता था। तब एक दिन जब मैंने अपना ज़वाब देखा तो पाया कि मैं कैसी फूहड़ ग़लतियां करता था, फिर मैंने स्वयं की अभिव्यक्ति में सुधार लाना शुरू किया।

तब से मैंने यह नियम बना लिया है कि मैं जो भी लिखूंगा उसको बार-बार देखूंगा, जिससे कोई हास्यास्पद या मूर्खतापूर्ण ग़लतियां न हों। आपके किसी भी माध्यम में किए गए संप्रेषण में मात्र एक शब्द फ़र्क कर सकता है। आप जो कहना चाहते हैं और वाकई में जो कहते हैं, उसमें फ़र्क नहीं होना चाहिए। बात स्पष्ट, संक्षिप्त व सही भाषा और त्रुटिहीन वर्तनी के साथ कही जानी चाहिए। अच्छी संप्रेषणीय क्षमता का आधार यही सावधानियां हैं।

सुनने की क्षमता – संप्रेषणीय क्षमता का एक घटक दूसरे की बात सही रूप से और ध्यान से सुनने की क्षमता में होता है। सुनने में आपका ध्यान सही रूप में केंद्रित होना चाहिए तथा इसमें आत्मानुशासन का भी योगदान होना चाहिए। दूसरे की बात सुनकर, उसका दृष्टिकोण जानकर ही तो आप उसका सही प्रत्युत्तर दे सकते हैं। दूसरे की बात पूरी सुनें, बीच में काटे नहीं। इस सावधानी से बड़े-से-बड़े संघर्षों का निपटारा हो सकता है। यह आपसी मतभेद दूर करने का एक समय-सिद्ध तरीका है। बात ध्यान से सुनें, यदि कोई बात स्पष्ट न समझ पाए हों तो उसे फिर पूछें। आप कभी पूर्वाग्रह या निर्णयात्मक नहीं होना चाहिए पहले से ही किसी का मंतव्य नहीं तय कर लेना चाहिए। सही सुनना यानी दो हिस्सों के बीच एक विचारों के आवागमन का पुल बना लेना होता है। चाहे आप अपने मित्र से, बॉस से या रिश्तेदारों से ही बात कर रहे हों, बात पूरी तरह सुनकर ही उसका मंतव्य निकालें और फिर उसका प्रत्युत्तर दें। आपसी संबंधों की नींव डालने का पहला क़दम होता है, दूसरों की बात सुनकर फिर अपनी बात कहना। चाहे कैसी भी परिस्थिति हो शांत भाव से बात सुनें और कहें– इससे बड़े-बड़े मतभेद सुलझ जाते हैं तथा दूसरों को भी एक सबक मिलता है।

सौजन्यता – सौजन्यता यानी पूरी शराफ़त एवं शांति से आपसी व्यवहार करना। यदि हम दूसरों के प्रति सौजन्य रहेंगे, तब ही हम उनसे ऐसी अपेक्षा कर सकते हैं। सौजन्यता का एक ज़रा-सा भाव बड़े-बड़े संबंधों की भूमिका का आधार हो सकता है। दूसरों को सम्मान दिखाना, उनकी बात कायदे से सुनना, आदर के साथ उसका अभिवादन करना इत्यादि, हो सकता है मात्र औपचारिकता लगे, पर इसका प्रभाव बहुत गहरा और दीर्घगामी होता है। सौजन्यता आपकी अपनी संस्कृति का प्रदर्शन भी करती है। दूसरों के प्रति सम्मान, सहृदयता, लिहाज इत्यादि किसी भी भाव से इसको परिभाषित किया जाता है। सौजन्यता जीवन को ज़्यादा सहनीय एवं मधुर बनाती है।

अपनी प्रस्तुति पेश करने का ढंग – थोड़ी-सी पहल, आपसी विश्वसनीयता और बात कहने का सलीका अपने व्यक्तित्व को विकसित करने में अहम् भूमिका निभाती है। सही ढंग से अपनी वृत्ति या बात का प्रस्तुतिकरण दर्शक-श्रोताओं को बहुत प्रभावित करता है। जो मौका या माहौल हो उसी के अनुरूप सही ढंग से प्रस्तुति करना, आपकी विजय की आधार भूमि तय कर देती है। अपने मामले को इस ढंग से पेश करें कि मामले के तथ्यों की जांच के पूर्व आप निर्णायकों के मन को जीत लें। आज के स्पर्धापूर्ण एवं आपाधापी के युग में किसी के पास इतना समय नहीं होता कि पूरी छानबीन करे। पुरानी मान्यता है कि खाने के पूर्व खाना पेश करने का ढंग उसका स्वाद बढ़ा देता है। यही बात आपकी हर प्रस्तुति के साथ लागू होती है। सही ढंग से पेश करना यानी प्रतिस्पर्धियों से एक क़दम आगे रहना। कोई भी कार्यक्रम या प्रदर्शन हो, इस बात का सदैव ध्यान रखें कि आप अपनी बात पेश कैसे करते हैं।

शिष्टाचार और कार्य-आचरण नीति – शिष्टाचार आपका अपना सामाजिक एवं सांस्कृतिक स्तर प्रदर्शन करता है। आप किस माहौल में पले-बढ़े हैं तथा कौन-से संस्कार लेकर पैदा हुए हैं। कैसे अपने दफ्तर में आप लोगों के साथ अंतर-क्रिया करते हैं या कैसे अपने दोस्तों, रिश्तेदारों के साथ पेश आते हैं– यह सब आपके शिष्टाचार से स्पष्ट होता है। स्त्रियों को सम्मान देना, पहले मेहमान का ख़्याल करना, बुजुर्गों के प्रति एक सदय-सम्मान का भाव रखना, व्यक्तित्व निर्माण का ज़रूरी भाग है। सही मौके पर सही पोशाक धारण करना और कार्य-क्षेत्र में काम के प्रति पूरी नैतिकता दिखाना बहुत ज़रूरी है। हर कार्य-क्षेत्र या संगठन के कुछ अपने आचार-नियम होते हैं। उनका पूर्ण पालन करना आपकी कार्य आचरण नीति दिखाता है। यदि कार्य आचार संहिता का सही पालन नहीं किया तो आपकी बुद्धि बाधित हो जाएगी। शिष्टाचार एवं कार्य आचार संहिता का पालन आपके व्यक्तित्व को निखारेगा।

सही और धनात्मक व्यवहार – यह तो वह ज़रूरत है जिसके बिना आप कहीं भी सफल नहीं हो सकते। अपने को माहौल के अनुसार ढालना और हर परिस्थिति में घनात्मक दृष्टिकोण रखना व्यक्तित्व को सुधारने के लिए अपरिहार्य गुण है।

29

विश्वास की कमी को दूर करें

हम सभी चाहते हैं कि विश्व के सामने अपना सर्वोत्तम रूप ही रखें तथा जो भी करें पूरे विश्वास के साथ करें पर यह विश्वास न रातों-रात न एक दिन में आता है। यह दवाइयों की दुकान में भी नहीं मिलता।

यह कहना कि हम सदा विश्वास से भरे रहते हैं अपने को झुठलाना ही है। जब भी कभी हम अनजान व्यक्तियों या परिस्थितियों का सामना करते हैं तो हमारे अंदर एक स्वाभाविक संकोच का भाव रहता है। तब सारी असुरक्षा-भावनाओं के मद्देनज़र हमारे मन के अंदर से एक आवाज़ उभरती है कि 'ऐसा मत करो या ऐसा तुम नहीं कर सकते'। यह वह आवाज़ है जो हमारा विश्वास तोड़कर हमें नर्वस करती है और हम असहज महसूस करने लगते हैं।

विश्वास की इस कमी को दूर करने का पहला चरण है– अपने स्वभाव की उस कमज़ोरी को पहचानना, जो हमें यह अयोग्यता, शर्म या दोयम दर्ज़े का होने वाला हीन भाव देती है। सबसे पहले उसे छांट लें, जो आपके विश्वास में एक सेंध लगाती है। जब तक इसको छांटकर दूर नहीं किया जाएगा, तब तक विश्वास कायम नहीं हो पाएगा और आप किसी समस्या का सही समाधान नहीं कर पाएंगे। अपनी कमज़ोरी को पहचानना बहुत ज़रूरी है। यह याद रखें कि बाहर से पूरी तरह आश्वस्त लगने वाले भी कई असुरक्षा के भावों और ज़लालत की संभावनाओं से त्रस्त रहते हैं।

जब मैं विद्यार्थी था तो कॉलेज में मुझे वाद-विवाद आदि प्रतियोगिताओं में भाग लेने के लिए कहा जाता था। जब मैं पहली बार मंच से बोलने गया तो भीड़ के सामने सब कुछ भूल गया और मुझे 'हूट' कर हटा दिया गया। तब मैंने अपने

जीत लो ख़्वाब को

एक श्रेष्ठ वक्ता से पूछा कि बढ़िया भाषण देने का राज़ क्या है? उसने कहा कि यह तो सिर्फ़ तैयारी और अभ्यास की बात है। जब स्टेज पर बोलना हो तो उसका निरंतर अभ्यास करते रहो, बार-बार करते रहो। फिर मैंने कहा कि इस अभ्यास को कहां करना चाहिए तो उसने सुझाव दिया– "एक खुले और नीरव मैदान में जाकर पेड़-पौधों को अपना श्रोता समझकर ज़ोर-ज़ोर से बोलो।" बेशक ऐसा करते समय कुछ देखने वालों ने मुझे पागल समझा होगा, पर एक साल के अभ्यास के बाद मैं पंजाब यूनिवर्सिटी का अव्वल वक्ता बन गया। जब मेरा इंडियन पुलिस सर्विस के लिए इंटरव्यू हुआ तो वह 25 मिनट चला। वहां भी मैं अपनी बात पूरे विश्वास से कहता रहा और अपना 'अप-टू-डेट' ज्ञान दिखाया। यह ऐसा ही है जैसे आप कहीं अपनी प्रस्तुति दे रहे हों। पहले इंटरव्यू में भी पास होना ज़रूरी था, जो यूनियन पब्लिक सर्विस द्वारा नियत समय पर लिखित परीक्षा पास करने के बाद किया जाता था, अब तो इंटरव्यू में पास होना ज़रूरी नहीं रह गया है और एक विकल्प मात्र है।

हम सभी के पास कुछ-न-कुछ योग्यता तो होती ही है। हमें उसका निरंतर मार्जन करना चाहिए, जिससे हमारा प्रदर्शन उत्तरोत्तर सुधरता जाए। अपने गुण को पहचान कर उसकी वृद्धि सुनिश्चित करें तथा अवगुण या कमज़ोरी को कम करने का प्रयास करना चाहिए।

हमारे संप्रेषण का ढंग प्रभावी होना चाहिए। बात में निहित तत्व के महत्त्व से कम बात करने का तरीका नहीं रखता। आप बात ऐसे कहें कि कम-से-कम शब्दों में पूर्ण बात दूसरे तक पहुंच जाए। इसके लिए निरंतर स्वयं को, अभिव्यक्त करने का– चाहे बोलकर या लिखकर– मौका देते रहिए। मन की पूरी बात सही रूप में अभिव्यक्त करने की सलाहियत आत्मविश्वास को स्वतः दृढ़ करती रहती है।

आत्म-विश्वास तो कर्म की संपूर्णता से प्राप्त होता है और संपूर्णता पाने के लिए निरंतर अभ्यास करते रहिए। एक बार मैंने मशहूर अभिनेता से पूछा कि एक पिक्चर बनाने में एक से तीन साल क्यों लगते हैं। उनका ज़वाब था कि जो बेहतर निर्देशक होते हैं, वे तब तक संतुष्ट नहीं होते, जब तक अभिनय में संपूर्णता न आ जाए। इसके लिए वे बार-बार एक ही शॉट या दृश्य को दोहराते (री-टेक) रहते हैं। उन्हीं ने बताया कि आठ से दस घंटे की लगातार शूटिंग के बाद ही 2 मिनट का दृश्य संपूर्ण हो पाता है। सोचिए! दो मिनट की संपूर्णता पाने के लिए आठ से दस घंटे की कड़ी मेहनत!

सफलता और आत्म-विश्वास में अन्यौनाश्रित संबंध होता है। ये दोनों आपस में इतने गुंथे रहते हैं कि बहुधा पर्यायवाची से लगते हैं। यदि आप में विश्वास है तो आप सफल होंगे ही क्योंकि सफलता घबराने वाले या कमज़ोर के पास भी नहीं फटकती। जिसको खुद पर ही भरोसा नहीं हो, उस पर कौन भरोसा करेगा? आत्म-विश्वास न सिर्फ़ आपकी सफलता का मार्ग प्रशस्त करता है, वरन् आपके

साथ काम करने वालों को भी आत्म-विश्वस्त होने के लिए प्रोत्साहित करता है। इसकी प्रेरणा बड़ी ज़ल्दी मिलती है, क्योंकि सफल होना तो सभी होना चाहते हैं। यदि आप खुद को हीन भावना से ग्रसित रखेंगे तो आपको कौन श्रेष्ठ समझेगा? आत्म-विश्वास से ही यह हीन भाव दूर होता है। स्वयं को श्रेष्ठ समझने के लिए आपको मेहनत तो करनी ही पड़ेगी, क्योंकि आपका मन जानता है कि श्रेष्ठता क्या होती है। आप स्वयं को झुठला नहीं सकते। प्राय: लोग दूसरों की अपने बारे में राय से ज़ल्दी प्रभावित हो जाते हैं। यह राय उनके अवचेतन में घर कर जाती है, पर अपनी राय नहीं बनाते। आपका प्रयत्न होना चाहिए कि जो चीज़ आप स्वयं में चाहते हैं, उसको मान लें कि वह आप में है और उसी के अनुरूप व्यवहार भी करें। शेक्सपियर की इस संदर्भ में एक बढ़िया उक्ति है– ''यदि कोई गुण आप में नहीं है तो भी उसे खुद में उपस्थित मान लें।'' हम अपने को क्यों कमज़ोर समझें? समझें कि हम साहसी हैं। जैसा सोचेंगे आप वैसे ही बन जाएंगे।

आत्मविश्वास का भाव असफलता में भी काम में आता है। यदि आप किसी काम को करने में पहली बार असफल हो गए, तो क्या हुआ? आसमान गिर पड़ा? अरे इस बार नहीं, अगली बार सफल होंगे, यह आपके आत्म-विश्वास का दावा होता है, यदि आप में हो! आत्म-विश्वास किसी भी काम के लिए सदैव यही कहेगा– ''मैं कर सकता हूं!'' और वह काम कर लेगा। यदि पहले से ही मान लिया कि– ''मैं नहीं कर सकता।'' तो आप उस काम को कभी भी कैसे कर पाएंगे! अपनी योग्यता को पहचानें और उसे निरंतर बढ़ाएं। अपने को कभी किसी से हीन न समझें। सदा अच्छे से अच्छा करने का संकल्प रखें और आप शीघ्र ही ऐसा करने भी लगेंगे। अपने अंदर विश्वास से हौसला बनता है और हौसले से साहस आता है। यही साहस संकल्प पैदा कर सकता है कि मैं सब कुछ कर सकता हूं!'' इसलिए अपना विश्वास विकसित करें और कभी स्वयं को किसी से कम न समझें। अपनी ताकतों को बढ़ाते रहिए और कमज़ोरियों से बचते रहिए। 'पाउना कोले' की प्रसिद्ध पंक्तियां हैं– (अनुवाद)

मैं ही अपना शत्रु हूं–
जो मुझे मारता रहता है;
मैं ही वह राक्षस हूं–
जो मेरा विश्वास नोचकर फेंक देता है!

30

समय का सदुपयोग करें

जीवनभर हम कुछ-न-कुछ सदा करते रहते हैं। हमारे ज़्यादातर काम यांत्रिक रूप में होने लगते हैं और वह रोज़मर्रा या नित्य क्रियाओं का हिस्सा बन जाते हैं– जैसे सुबह सोकर उठना, ब्रुशादि करना, थोड़ा व्यायाम करना या भागना, योग क्रिया करना और नाश्ता करके काम पर निकलना। ये सब क्रियाएं इतनी स्वाभाविक रूप से हमारी आदत बन चुकी हैं कि किसी को भी वे असंभव नहीं लग सकतीं। यानी जो काम आप रोज़ करते हैं, उस काम में आपका असफल होना असंभव है। इसी प्रकार आप अपने अन्य ज़रूरी कामों के प्रति भी रवैया रख सकते हैं। यह मुश्किल तो होता है, पर असंभव नहीं। मैं भी कभी-कभी चूक जाता हूं और ऐसा न करने के कारण एक अपराध बोध से ग्रसित रहता हूं– यथा ई-मेलों का ज़वाब देना, फालतू फोन कॉलों का उत्तर देना इत्यादि। जीवन में यदि कुछ बनना चाहते हैं तो फालतू और ज़रूरी काम में फ़र्क करना सीखें और वही काम करें जिसमें आपके उपलब्ध समय का सदुपयोग होता हो।

मैं तो अपने पास एक काग़ज़-कलम हमेशा रखता हूं और ज़रूरी कामों की सूची बना लेता हूं, जो मुझे कल निबटाने हों। यदि विचार अर्द्धरात्रि को भी आता हो तो भी मैं उसे लिख लेता हूं। इससे मेरे पास कल किए जाने वाले ज़रूरी कामों की एक स्पष्ट रूपरेखा रहती है। किसी दबाव के हावी न होने देने का एक तरीका क्रमबद्ध तरीके से अपना काम कर आगे की सोचना है। इस तरह आपके पास काम का जमावड़ा नहीं होगा। वरना जितना काम बिखरा होगा उतने ही व्यवधान या गड़बड़ी की संभावना बनी रहेगी। ज़रूरी नहीं कि हर ई-मेल का ज़वाब तुरंत ही

दिया जाए। यह देखें कि उसकी प्राथमिकता क्या है। सफलता के लिए ज़रूरी है कि पूरे मन से अपना काम किया जाए, चाहे कोई भी काम हो और उसको अपने मन पर हावी न होने दिया जाए। भले ही सड़क पर झाडू लगाने का काम हो या **बीथोलिन** की भांति संगीत रचना या शेक्सपियर की भांति कविता लिखने का, काम ऐसे करें कि यदि फरिश्ते भी वहां से गुज़रें तो आपकी तारीफ़ करें।

भारत में फैले अंधविश्वास के कारण कई लोग काम की शुरुआत मुहूर्त निकलवाकर ही करना चाहते हैं। मैं इन ढकोसलों में कतई विश्वास नहीं करता। यदि काम कोई करना है तो तुरंत करना है, इन पचड़ों में नहीं पड़ना है। ठीक है कि हर काम में सफलता नहीं मिलती, पर इसके लिए प्रयास भी न करना शायद सबसे बड़ी ग़लती है।

काम के साथ-साथ स्वयं को तरोताज़ा रखने के लिए आराम या विश्राम भी करते रहना चाहिए। काम में थक जाने पर तो मैं बीच-बीच में 20 से 30 मिनट तक चुपचाप लेटकर एक झपकी लेने का प्रयत्न करता हूं। कई शोधों ने यह सिद्ध कर दिया है कि दोपहर को थोड़ी देर को आराम करने से आपकी योग्यता और उत्पादकता, दोनों में वृद्धि होती है। सरकारी और निजी क्षेत्रों में ऐसे भी कुछ काम है, जिनमें लगातार 10 से 12 घंटे काम करना आवश्यक होता है। जब मैं अपने क्षेत्र में शिखर पर पहुंचा तो मैंने पाया कि दफ्तर आने का समय तो निश्चित हो सकता है, पर वापस घर जाने का नहीं। कब काम ख़त्म होगा और कब मैं वापस घर जा पाऊंगा, इस पर मेरा कोई नियंत्रण नहीं हो सकता था, इसलिए मैंने तय किया कि दफ्तर में ही आराम कर लिया करूंगा, वरन् थोड़ी देर कोच पर ही लेट गया या पैर ऊपर उठाकर आराम कर लिया। इससे मैं आगे 6-8 घंटे काम करने के लिए दोबारा तरोताज़ा हो जाता था। यहां मैं यह भी स्पष्ट करना चाहूंगा कि दफ्तर में आराम किए जाने को अभी भी स्वीकृति नहीं मिली है। कुछ लोगों का मानना है कि दफ्तर में झपकी लेने से दूसरों पर बुरा असर पड़ता है, पर इसका अर्थ यह नहीं कि दफ्तर में लंबी तान के सोया जाए। एक हल्की झपकी लेने का मतलब है, कुछ देर को थके दिमाग़ को आराम देना। इससे दफ्तर में भी आम उत्पादकता में बढ़ोतरी ही होगी।

यह सब इसलिए किया जाता है कि योग्यता, कार्य-कुशलता में वृद्धि हो और काम का प्रदर्शन श्रेष्ठतम रहे तथा कार्यकर्ता प्रसन्नचित रहे। प्रसन्नचित रहने का एक तरीका है, सदा मुस्कुराते रहें। यदि मुस्कुराते रहने की आदत डाल लें तो दबाव, थकान इत्यादि ज़्यादा देर तक टिक नहीं सकती, भले ही आप मुस्कुराने का नाटक कर रहे हो। याद रखें, एक मुस्कुराते हुए व्यक्ति के साथ काम करने में आपको ज़्यादा आनंद आता है और थकान भी कम होती है। यदि कुछ ऐसी आदतें स्वाभाविक रूप से विकसित कर ली जाएं तो निश्चित ही औरों की तुलना में आपकी योग्यता और कार्य-कुशलता की कनौती निकलती रहेगी।

31

प्रसिद्धि की चाह में तुलना करना छोड़ें

दुनिया में कुछ ख्याति तो प्राप्त करनी ही पड़ती है, नहीं तो आप न सिर्फ़ गुमनाम रहते हैं, वरन् जीवन के कई सुखों से भी वंचित रह जाते हैं। हमारा निरंतर प्रयत्न होना चाहिए कि जो हमारा क्षेत्र हो, उसमें हम नाम कमाएं। शीर्षस्थ होने की कोशिश स्वत: आपको लोकप्रिय बना देती है। अत: सदा अपना काम अच्छे से अच्छा करने का प्रयत्न करें।

हमें अपनी समृद्धि या प्रसिद्धि पाने की ख़्वाहिश कभी किसी की तुलना में नहीं करनी चाहिए– कि फलाना इतना प्रसिद्ध हो गया तो मैं भी हो जाऊं। सत्य तो यह है कि तुलना सदैव आपके उत्साह को भंग ही कर देती है, क्योंकि संसार में सर्वश्रेष्ठ तो कोई नहीं हो सकता। सेर को सवा सेर मिल ही जाता है और जब आपसे कोई श्रेष्ठ मिलता है तो थोड़ा अवसाद तो पैदा होता ही है। इससे बेहतर है कि आप अपनी तुलना अपने ही विगत के कामों से करें ओर उससे बेहतर करने का प्रयास करें। कोई एक क्षेत्र अपना चुन लें और उसमें उत्कृष्टता प्राप्त करें। कई क्षेत्रों में एक साथ करने के प्रयत्न से आपके हाथ कुछ नहीं लगेगा। मान लीजिए, आपका विज्ञान प्रिय विषय है और संगीत भी आपका शौक है तो इनमें से उत्कृष्टता पाना एक ही क्षेत्र में सही रहेगा, दूसरा क्षेत्र मन बहलाने के लिए रख लें। हर व्यक्ति में हर तरह की योग्यता तो हो ही नहीं सकती। कोई किसी क्षेत्र में अग्रणी रहता है तो कोई किसी और में। यदि आप एक क्षेत्र में श्रेष्ठ हैं तो ज़रूरी नहीं कि अन्य क्षेत्रों में भी ऐसा ही कमाल दिखाएं, इसलिए अपने स्वाभाविक हुनर का क्षेत्र ढूंढकर उसमें ही अपना शीर्षस्थ बिन्दु पाने की चेष्टा करें, क्योंकि और किसी क्षेत्र में शीर्षस्थ हुए

बिना आप प्रसिद्ध नहीं हो पाएंगे और बिना मशहूर हुए आप जीवन के कई सुखों से भी वंचित रह जाएंगे। सुख के अलावा हर आदमी की एक यह स्वाभाविक कामना होती है कि वह प्रसिद्ध बने, समृद्ध बने।

परंतु किसी शानदार उपलब्धि को पाने के पीछे उसको प्राप्त करने का औचित्य आपके सामने स्पष्ट होना चाहिए। यदि 'क्यों' वह शक्तिशाली अभिप्रेरणा है जो आपके सारे गुणों और हुनर को पूरे आयाम में विकसित करती है। पहले इस 'क्यों' के उत्तर को आपकी आत्मा को मथना चाहिए, तभी 'कैसे' और 'कहां' की सोच पैदा होगी। हम चाहते तो बहुत कुछ हैं, पर क्यों? आपको पूरे मनोयोग से इस 'क्यों' का उत्तर देना होता है। यदि आप इसको आश्वस्त कर सकें अपने उत्तर से, तभी आप में वह चिंगारी पैदा होगी जो आपको आपकी मनचाही उपलब्धि दिलवा सकती है।

परंतु यह भी समझ लें कि शीर्षस्थ स्थान पाने में कई रुकावटें, उलझनें और व्यवधान आते रहेंगे। कभी-कभी यह पूरा प्रयास बड़ा कष्टकारक, उबाऊ या बेमानी भी लग सकता है। कड़ा परिश्रम, ज़बरदस्त आत्मानुशासन, खुला दिमाग़ एवं प्रखर मेधा– सब मिलकर आपको यहां तक पहुंचाते हैं। यदि इसमें से एक भी तत्व कम हो तो आप कई 'प्रत्याशियों में से एक' बनकर रह जाएंगे, 'विजयी' नहीं बन पाएंगे।

कुछ क्षेत्र ऐसे हैं जिनमें प्रसिद्धि काफ़ी बाद में और कड़े संघर्ष के बाद मिलती है और कुछ में तुरंत। वैसे भी आज के '4-जी' संचार वाले युग में चाहे प्रसिद्धि हो या बदनामी, तुरंत फैलती है। नीचे कुछ तुरंत प्रसिद्धि पाने के क्षेत्र बताए गए हैं :-

● एक 'बेस्टसेलर' उपन्यास या किसी दिलचस्प विषय पर ऐसी किताब लिखें जो 'बेस्टसेलर' सूची में आ जाए।

● एक लोकप्रिय गायक-गायिका हो जाएं।

● एक उम्दा फिल्म के अभिनेता-अभिनेत्री बन जाएं।

● कुछ ऐसा आविष्कार करें जो बहुत उपयोगी माना जाए।

● कोई 'मॉडल' बनकर फैशन परेड में छा जाएं।

● राजनीति में कोई धांसू नेता बन जाएं।

● खेल-कूद में कोई अनछुआ कीर्तिमान स्थापित कर दें।

● किसी प्रसिद्ध व्यक्ति से विवाह कर लें तो अपरोक्ष रूप से आप प्रसिद्ध हो जाते हैं।

यहां रास्ते नेकी से प्रसिद्धि पाने के सुझाए जा रहे हैं। यद्यपि आपको जानने वाले तो कई रातोंरात पैदा हो सकते हैं, पर वह रास्ता नेकनामी का नहीं होता। बेशक, कोई भी सभ्य और समझदार आदमी उन रास्तों पर चलना भी नहीं चाहेगा।

परंतु एक बात याद रखें कि आप एक बार प्रसिद्ध हो भी गए तो उसका प्रभाव थोड़े समय तक ही रहेगा, जिस प्रकार हमें शरीर शुद्ध रखने को रोज़ नहाना ज़रूरी है, उसी प्रकार आपको अपनी प्रसिद्धि बरकरार रखने के लिए कुछ-न-कुछ ऐसा ज़रूर करते रहना होगा, जिससे लोगों की सराहना आपको मिलती रहे, इसलिए नेक रास्तों से पाई गई प्रसिद्धि ज़्यादा स्थायी होती है क्योंकि उसके पीछे सबके कल्याण का भाव रहता है, सिर्फ़ अपने कल्याण का नहीं। यह बात कभी न भूलें कि प्रसिद्धि एक बड़ी उपलब्धि है, पर सबसे बड़ी उपलब्धि मनुष्यता है। सबका भला कर जो प्रसिद्धि पाता है वह युगों-युगों तक भुलाया नहीं जाता।

32

खुद को बदलें वक्त के साथ

यह संसार परिवर्तनशील है। क्षण-क्षण यह बदलता रहता है, इसलिए बदलाव ज़िंदगी का भी एक आवश्यक गुण है। जो वक्त के साथ स्वयं को नहीं बदलते, गुमनामी के पर्दे में ढकेल दिए जाते हैं। अपने आपको परिवर्तित होते संसार के साथ कायम रखना सीखें। भाग्य सिर्फ़ बहादुर का ही साथ नहीं देता, उनको भी सहारा देता है जो परिवर्तन के लिए तैयार रहते हैं।

प्राय: हम परिवर्तन का प्रतिरोध करते हैं, क्योंकि हमें लगता है कि जो हमें आता है वही हमारे लिए ठीक है। यदि परिवर्तन प्रक्रिया को अपनाएंगे तो हमें भी नई-नई चीज़ें सीखनी पड़ेंगी। वह भले ही हमारे लिए ज़्यादा सुविधाजनक हों, पर पहले-पहल तो हम उसका प्रतिरोध करते ही हैं। उदाहरणार्थ लेखन को मुद्रित करने की प्रक्रिया ही देखें। जब तक टाइप राइटरों का आविष्कार नहीं हुआ था तब सब कुछ हाथ से ही लिखा जाता था। बड़े-बड़े सरकारी आदेश, संविधान, अन्य रिकॉर्ड इत्यादि, जिसमें बहुत समय लगता था और कष्ट भी होता था, पर 19वीं शताब्दी के उत्तरार्द्ध तक टाइप राइटर के उपलब्ध होने से यह समस्या काफ़ी हद तक सुलझी, फिर बिजली के और इलेक्ट्रॉनिक टाइप राइटर ने लेखन संप्रेषण को और भी आसान कर दिया। अब तो कम्प्यूटर, लैपटॉप, ई-मेल इत्यादि की उपलब्धता ने इसे इतना सुविधाजनक कर दिया है कि सेकेण्ड्स में आपका लिखा हुआ विश्व के किसी भी कोने में पहुंच सकता है। अब तो टाइप राइटर इत्यादि का शायद ही प्रयोग होता हो। ये यंत्र तो अब अजायब घर की ही शोभा बढ़ा रहे हैं। यद्यपि अब भी कुछ लोग इस नई खोज से संतुष्ट नहीं हैं और पुरानी पद्धति से काम करते हैं, पर वे

पिछड़ते जा रहे हैं। मैं अपनी बात बताता हूं। मुझे यू.एस.ए. जाने का निमंत्रण मिला, जैसे ही मैंने अपना पासपोर्ट उस संस्था के पास भेजा कि कुछ सेकेंड्स में ही मेरा एयर-टिकट मेरे पास आ गया।

मैं यह मानता हूं कि प्रारंभ में इन बदलावों का मैंने भी प्रतिरोध किया था। कारण वही था कि जो आता था मैं समझता था वही मेरे काम के लिए ठीक है। मैं भी टाइप राइटर से कम्प्यूटर युग में प्रवेश करने में हिचकिचा रहा था, पर जब मुझे इसके द्वारा प्रदत्त सुविधाओं का ज्ञान हुआ तो मैं कम्प्यूटरों का बड़ा हिमायती बन गया। मेरी समझ में आ गया कि समय के साथ आगे बढ़ने के लिए नव-परिवर्तनों को अपनाना बहुत ज़रूरी है।

यह समझ लें कि बदलाव से जीवन में ताज़गी आती है। ठहरा हुआ पानी सड़ने लगता है और बहती धारा सदा शुद्ध रहती है। आज के इस गलाकाट प्रतिस्पर्धी युग में इन बदलावों को हम स्वीकारेंगे नहीं तो हम पिछड़ते जाएंगे; हारते जाएंगे, बेशक हर बदलाव श्रेयस्कर नहीं होता। कभी अच्छी चीज़ें बदलकर बुरी हो जाती हैं तो कभी बुरी चीज़ें बदलकर बहुत अच्छी बन सकती हैं। यदि हम बदलाव को रोक नहीं सकते तो हमें उसके बारे में अपनी धारणा बदलनी होगी। रास्ते में ये उलझाव तो आते रहेंगे। हमें स्वयं सोचना चाहिए कि हम क्या स्वीकार करें, जिससे हम अपने वांछित लक्ष्य तक शीघ्र पहुंच सकें। हमें इसलिए बहुत सोच-विचार की आवश्यकता है क्योंकि अब परिवर्तन की गति बहुत बढ़ चुकी है। एक क्षण में ही एक करिश्माई बदलाव एक बोझिल पद्धति बन जाता है, इसलिए अपने जीवन में इन बदलावों को बड़े चुन-चुनकर हमें स्वीकार करना चाहिए। हम अंतत: वही बनते हैं जो हम सोचते हैं। विचार हमें वह बना देते हैं जो हम होना चाहते हैं, इसलिए यदि हम अपने जीवन से सर्वोत्तम परिणाम पाना चाहते हैं तो हमें अपने विचारों को बदलते माहौल के अनुरूप निरंतर गतिमान रखना चाहिए। इस विश्व में जड़ता तो मृत्यु का पर्याय है। नैरंतर्य का भाव ही गतिजता से आता है और गतिमता जीवन को ताज़ा रखती है, जैसे बहाव पानी को शुद्ध रखता है।

परिवर्तन के संदर्भ में मैंने एक प्रार्थना कहीं पढ़ी थी, जो कुछ-कुछ इस प्रकार है– हे ईश्वर! मुझमें वह गंभीरता दो कि मैं अपने प्राप्य को सहज रूप में स्वीकार कर सकूं और उन लोगों को भी जिनको मैं बदल न सकूं। मुझे यह ज्ञान भी प्रदान करो कि मैं बदलाव से आए फ़र्क को भी समझ सकूं।

बदलाव से हमें एक सुविधा यह भी प्राप्त होती है कि जो हमने ग़लतियां की हैं, उनको एक बार पुन: सुधारने का अवसर भी मिलता है। हो सकता है पहले हमने ग़लत दृष्टिकोण से उस समस्या को देखा हो, जिसके समाधान में हमसे ग़लती हो गई हो। अब परिवर्तित संदर्भ में शायद हमारा दृष्टिकोण सही समाधान दे सके।

इस संदर्भ में मैं अपने जीवन के दो दृष्टांत देना चाहता हूं। एक बार अपने एक घनिष्ठ मित्र से मैंने एक छोटा-सा काम करवाने को कहा था। वह उसे आसानी

से कर सकता था, पर उसने मुझे एक बड़ा लेक्चर पिलाया, यह समझाने को कि ऐसा करवाना मेरे हित में नहीं होगा। मुझे बड़ा नागवार लगा, ख़ासतौर पर यह सोचकर कि इसके कितने ही काम मैंने बिना किसी ना-नुकुर के करवाए थे। मेरा वह पांच दशकों से दोस्त था। मुझे उसका यह बर्ताव इतना बुरा लगा कि मैं उससे फिर दस वर्ष तक नहीं बोला। एक बार उसके पुत्र की शादी में मेरी उससे मुलाकात हुई, तब तक मेरा मन भी साफ़ हो चुका था और दृष्टिकोण भी बदल चुका था। हम लोग बड़ी गर्मजोशी से मिले और मन में कोई गिला नहीं रहा। दृष्टिकोण परिवर्तन से बड़े-बड़े मतभेद सुलझ जाते हैं।

हमारी अपनी भावनाएं भी कोई स्थायी भाव की पैदावार नहीं होतीं; वे तो उपस्थित माहौल का सृजन ही होती हैं, इसलिए हमें उन्हीं में जकड़ा नहीं रहना चाहिए। हमारा प्रयास होना चाहिए कि जिससे भी मिलें, बिना किसी पूर्वाग्रह के और द्वेष के मिलें। पुराने दोषों को समय गला देता है, यदि वे सतही होते हैं। बज़ाय इसके कि हम सदा दूसरों का रोना रोते रहें, हमें ईश्वर का शुक्रगुज़ार होना चाहिए कि उसने हमें अच्छा स्वास्थ्य, इतनी सुख-सुविधाएं दी हैं तथा कुछ अपवादों को छोड़ दें तो हितैषी मित्र भी कई दिए हैं।

जीवन में जो मिले उसी से संतोष करें और आनंद लें। एक बार मैं अपने एक मित्र के घर शादी के एक समारोह में गया था। वहां मेरी जान-पहचान का कोई न मिला। बड़ी मुश्किल से दो लोग मिले और इत्तफ़ाक से एक मेरा सहपाठी मिला जिससे शायद पचास साल बाद मुलाकात हुई। समय बहुत अच्छा बीता। कुछ समय पश्चात् मैं मेजबान से शुक्रिया कहकर वापस ख़ुशी-ख़ुशी अपने घर लौटा। अचानक मिली इस ख़ुशी ने मुझे बड़ा सुख दिया। हर परिस्थिति में हमें अपने सुख को ढूंढना चाहिए और वह मिल भी जाता है– बज़ाय अपनी दयनीयता के लिए रोना रोने के। जीवन में आपके पास कई मौके आते हैं, इससे सर्वोत्तम आनंद उठाने का, इनको कभी गंवाना नहीं चाहिए, तभी आप इससे सर्वोत्तम फल प्राप्त कर सकते हैं। यह सब आप पर है कि अपने जीवन को कैसा बनाएं।

104 *जीत लो ख्वाब को*

33

अपनी शर्तों पर जिएं

इस विश्व में कुछ भी या कोई भी संपूर्ण तो नहीं होता। हर एक में कुछ-न-कुछ कमी तो होती ही है और इस कमी को पूर्ण करना ही जीवन का चरम उद्देश्य होता है। अपने को, अपने माहौल को सुधारते रहने का काम ही हमारा प्रथम कर्तव्य होता। अपनी दुनिया हमें ही सुधारनी पड़ती है; यह हमारे लिए कोई दूसरा न कर सकता है, नहीं करेगा।

इसलिए हमें यह पहचानना चाहिए कि क्या फालतू है और क्या ज़रूरी— चाहे परिवार के परिप्रेक्ष्य में हो या हमारे व्यवसाय के क्षेत्र में, इसलिए अपना हर काम एक योजनाबद्ध तरीके से ही करना चाहिए। मैं सैकड़ों बार दिल्ली से बाहर गया हूं, पर मुझे कोई समस्या इसलिए नहीं आती कि मैं अपनी हर ज़रूरत की चीज़ पहले से ही संभालकर रख लेता हूं–चाहे कपड़े हों, टिकट हो, यात्रा के दस्तावेज़ हों, पढ़ाई का सामान हो या धन आदि और चैक बुक। योजना बनाकर काम करने में शुरू में तो थोड़ा बंधन लग सकता है, पर बाद में बड़ा आराम रहता है।

जीवन को अपने ढंग से जीने के लिए आपको खुद भी काफ़ी कुछ करना पड़ता है। पहले से तय करें कि आप क्या चाहते हैं और क्या नहीं? इसके लिए सबसे आवश्यक है आपके अंदर मना करने का साहस, जो आप नहीं चाहते; और अपनी बात कहने का खुलापन जो आप चाहते हैं। बेवज़ह की औपचारिकता निभाना अपने लिए समस्या पैदा करना ही है। आप अपने विकल्प स्पष्ट रखें। बेशक, आप दूसरों को तो नियंत्रित नहीं कर सकते, पर स्वयं पर तो बेहतर नियंत्रण रख ही सकते हैं। किसी को आहत करने से बचें, पर बेवज़ह स्वयं को भी आहत न करते रहें। बेशक, कुछ चीज़ें या स्थितियां जीवन में अपरिहार्य होती हैं। उनके बारे में आप कुछ भी नहीं कर सकते,

पर उनके प्रति अपना दृष्टिकोण तो सही रख सकते हैं। उदाहरण के लिए यदि किसी घनिष्ठ व्यक्ति की मृत्यु हो जाती है तो बज़ाय इस त्रासदी के कारण पैदा हुए दुःख को घटाने के, प्रायः हम इसे बढ़ाते ही हैं। हमें समझना चाहिए कि जीवन पर यह मृत्यु का विक्षोप है, इसमें आप कुछ नहीं कर सकते, पर मरने वाले व्यक्ति के रिश्तेदारों, निकटस्थ लोगों को सांत्वना तो दे ही सकते हैं।

इनके अलावा भी ऐसी कई स्थितियां सामने आती रहती हैं जिसमें आपको लगातार चुनौती का सामना करना पड़ता है, यथा तुनकमिजाज़ जीवनसाथी, बेईमान मालिक, या कामचोर मातहत। इनके साथ निर्वाह मुश्किल से होता है, पर असंभव नहीं। आपको इस तरह व्यवहार करना चाहिए कि कम-से-कम क्षति हो; आपका काम भी निकलता रहे और कोई बड़ा बवंडर न पैदा हो। शांत भाव से अपना काम करते रहें। यदि अपना भला चाहने के लिए किसी की मदद की दरकार हो तो हिचकिचाएं नहीं, पर मदद यह सोचकर लें कि दुनिया में इकतरफ़ा कुछ नहीं होता। यदि कुछ लेते हैं तो आपको देना भी पड़ेगा। यह याद रखें कि जीवन में प्रगति बिना प्रयत्न के कभी नहीं मिलती। किसी भी क्षेत्र में शीर्षस्थ होने के लिए तो बहुत सावधानी से जीवन-यापन करना पड़ता है। मैं तो अपने बारे में कह सकता हूं। मेरी या मेरे परिवार की माली हालत बहुत दयनीय थी। यदि मेरे मां-बाप ने दूरदृष्टि और सावधानीपूर्ण की गई पहल से काम नहीं किया होता तो मेरा शिक्षा पाना भी असंभव होता। उनकी ही समझदारी थी जिससे मैं न सिर्फ़ शिक्षित हुआ वरन् इंडियन पुलिस सर्विस में चुना गया और अंतत शीर्षस्थ पद प्राप्त कर सका। इस पूरे प्रकरण में मेरा काम था जमकर पढ़ाई करना और अपना समय व संसाधन कतई बर्बाद न करना। ईश्वर की कृपा से यह मैं कर पाया।

हर एक सफलता के पीछे कई तत्वों का योगदान होता है, जिसे हमें कतई नहीं भूलना चाहिए। यह भी सच है कि यदि आप अपना कर्तव्य भलीभांति निभाते रहे तो वक्त पर सहायता भी मिलती ही रहती है। जीवन में सदा आपका दृष्टिकोण अग्रगामी होना चाहिए। जो हो चुका उससे सबक तो ज़रूर लेते रहें, पर उसमें अटके न रहें। वास्तविकता को झेलते हुए आगे बढ़ते रहें, अकर्मण्य होकर आकाश-कुसुम देखते रहेंगे तो आप कुछ भी नहीं कर पाएंगे। अपने सही-ग़लत, ज़रूरी-फालतू इत्यादि का मापदंड खुद ही निश्चित करें। आजकल इंटरनेट और ई-मेलों का ज़माना है जो हर समय आपको मिलते ही रहते हैं। नज़र डालना तो ठीक है, पर ज़रूरी नहीं कि उनका ज़वाब तुरंत दिया जाए। आप अपनी प्राथमिकता के अनुसार उनका क्रम निर्धारित करें। यदि उनके चक्कर में आप पड़े रहे तो अपना सारा समय फालतू की इन गतिविधियों में ज़ाया कर देंगे और बाद में इसपर अफ़सोस करते रहेंगे। उनकी ज़रूरत को अपनी प्राथमिकता के अनुसार निश्चित करें। यदि आप ज़रूरी और फालतू काम में फ़र्क करना सीख सकेंगे तो आपको आगे बढ़ने के लिए बहुत समय मिलेगा। मेरा अनुभव है कि ये कुछ सिद्धांत अपनाकर आप अपनी शर्तों पर एक शानदार जीवन जी सकते हैं।

106 *जीत लो ख्वाब को*

34

वैवाहिक जीवन को सफल बनाएं?

विवाह हम सबके जीवन में एक नया आयाम जोड़ता है। हम सभी चाहते हैं कि कैसे इस संबंध को सफल बनाएं। शादी के बाद एक प्रारंभिक उन्माद और कामना रहती है कि दोनों पति-पत्नी एक-दूसरे को खुश और संतुष्ट रखें, परंतु शीघ्र ही यह उन्माद घटने लगता है और ज़रा-ज़रा-सी बातों पर मतभेद उभरने लगते हैं। ख़ासतौर पर हमारे देश में, जहां पत्नी को बराबर का जीवनसाथी नहीं माना जाता और विवाह से पूर्व संभावित पति-पत्नी आपस में एक-दूसरे की झलक पाने के अलावा कोई और परिचय प्राप्त नहीं कर पाते, ऐसा होता ही है। ऐसे माहौल में शादी सफल करने का एक ही तरीका है कि पति-पत्नी आपस में एक-दूसरे के प्रति बहुत सहृदय रहें व दूसरे की भावनाओं का पूरा लिहाज़ करते रहें।

आपसी दोषारोपण से बचें– यदि आपसी संबंध में खटास आने लगे तो सबसे पहले एक-दूसरे पर दोषारोपण से बचना ज़रूरी होता है। दोनों को यह विश्वास रखना चाहिए कि जानबूझकर तो कोई भी (पति या पत्नी) एक-दूसरे की भावनाओं को आहत नहीं करना चाहेगा। जब यह दोषारोपण की प्रक्रिया प्रारंभ हो जाती है तो इसका कोई अंत नहीं होता और बज़ाय घटने के संबंध कटु से कटुतर ही होते जाते हैं, क्योंकि इस उम्र में दोनों का स्वभाव ज़ल्दी भड़कने वाला होता ही है। बज़ाय अपने गिरेबान में झांकने के दोनों एक-दूसरे पर आक्रामक हो जाते हैं तथा दूसरे को ग़लत ही साबित करना चाहते हैं। अफ़सोस है कि प्रायः दोनों, संबंधों से कटुता निकालने से ज़्यादा इस पर आमादा रहते हैं कि दूसरे के तर्कों को काटें और उन्हें ग़लत साबित करें– बज़ाय संबंध सुधारकर वैवाहिक जीवन सुखद बनाएं!

मैं तो अपने अनुभव से बता सकता हूं कि इस दोषारोपण की प्रक्रिया ने कभी किसी समस्या का समाधान नहीं किया है; बल्कि रिश्तों में जटिलता को ही और बढ़ा दिया है। यहां तक कि इसके कारण विवाह-विच्छेद की नौबत भी कई बार आ जाती है। इससे तो जीवन साथियों में विद्वेष और कटुता ही बढ़ती जाती है।

प्रतिबद्ध रहें कि विवाह संबंध को टूटने नहीं देंगे– यह आपकी एक नित्य प्रति की शपथ होनी चाहिए कि जीवनसाथी से संबंधों को प्रियतर बनाएंगे। यह कोई विवाह के समय ली गई एक शपथ नहीं, रोज़ पक्का किया गया वादा होना चाहिए। एक-दूसरे की रुचियों का सम्मान करना, भावनाओं का लिहाज़ करना और दोनों के सुख-दु:ख में समान रूप से भागीदार होना ज़रूरी है। यदि आप किसी कारण से अपने जीवनसाथी से नाराज़ भी हैं तो सबसे पहले उस नाराज़ी का इज़हार करने के पूर्व अपने मन को टटोलें कि कहीं आप ही तो कोई बात ग़लत नहीं समझे बैठे हैं। तिल का ताड़ बनाने से पहले उस तिल का स्रोत ढूंढने का प्रयास करें। ज़्यादातर मामलों में इन मनमुटावों का कारण ग़लत समझ ही होती है।

सदा एक-दूसरे के प्रति आदर भाव रखें– पति-पत्नी को यह समझ लेना चाहिए कि दोनों हो सकता है काफ़ी भिन्न परिवेश में पले-बढ़े हों और उनकी मान्यताएं काफ़ी अलग हैं, इसलिए एक ही स्थिति में उनकी प्रतिक्रियाएं अपनी-अपनी जगह सही हों। यदि ऐसे फ़र्क उभरें तो उन्हें सदाशयता से दूर करने का प्रयत्न करें, बज़ाय एक-दूसरे पर प्रच्छन्न रूप से व्यंग्य वाण बरसाने के। याद रखें, जितने घनिष्ठ होंगे, उतनी ही आपसी कटु-उक्तियां ज़्यादा गहरा घाव करेंगी।

ज़्यादा-से-ज़्यादा साथ रहें– इन फ़र्कों को दूर करने का एक ही तरीका है– ज़्यादा-से-ज़्यादा समय साथ-साथ गुज़ारना! इससे आपसी समझ बढ़ेगी, एक-दूसरे का स्वभाव स्पष्ट होगा। लोग प्राय: कहते तो हैं कि वे सारी मेहनत और कमाई परिवार को खुश रखने के लिए करते हैं, पर वाकई में वे परिवार के साथ कम-से-कम समय बिताते हैं। अपने कैरियर में प्रगति की तो सब कामना करते हैं, पर वैवाहिक जीवन में सौमनस्य का बिलकुल ख़्याल नहीं करते। एक अलग माहौल से आपके साथ जीवनभर के लिए आने वाला व्यक्ति कैसे घनिष्ठ होगा, यदि आप साथ समय ही नहीं बिताएंगे? साथ समय बिताने के लिए मौके ढूंढते रहें– यथा वर्षगांठ, विवाह का दिन इत्यादि। बीच-बीच में एक-दूसरे की तारीफ़ के मौके भी ढूंढते रहें– जैसे कपड़ों की तारीफ़, बोलने की अदा या कोई अन्य गुण जो आपको सराहनीय लगे।

कभी मतभेद सबके सामने ज़ाहिर न करें– यदि कभी जीवनसाथी के साथ मतभेद पैदा हो भी जाएं तो न उन्हें किसी के सामने ज़ाहिर करें, न किसी अन्य को (चाहे कितना भी घनिष्ठ हो), हवा भी लगने दें। कभी दूसरों के सामने एक-दूसरे का अपमान न करें या खिल्ली उड़ाने का प्रयास भी न करें, बल्कि जहां तक संभव हो अपने जीवनसाथी के गुणों को ही रेखांकित करना चाहिए।

यह समझ लें कि सुखद वैवाहिक जीवन किसी तुक्के से नहीं होता, इसके लिए निरंतर प्रयत्न करना पड़ता है, पर इसका कोई मानक प्रारूप नहीं होता। हर एक का अपना तरीका होता है इसको सफल बनाने का। इस मामले में किसी का अनुकरण नहीं करें, अपना सामंजस्य का तरीका ढूंढें। विवाह संबंध एक जीवनभर की साझेदारी होती है (कम-से-कम अपने देश में) और इसे पूरा महत्व दिया जाना चाहिए।

अपने संप्रेषण के रास्ते सदैव खुले रखें– आपको अपने जीवनसाथी के साथ जितना विचार-विमर्श कर सकें उतना अच्छा। छोटी-छोटी बातों पर मुंह फुलाकर बैठना और बातचीत बंद कर देने से ज़्यादा अहितकर कुछ नहीं होता। जितना ज़्यादा मतभेद हो, उतना ही ज़्यादा आपसी संभाषण होना चाहिए। साथ ही उन लोगों से बचें जो आपके संबंध बिगाड़ने से लाभांवित होते हों। वे तो चाहेंगे कि आपकी बातचीत न हो! पूरी कोशिश करें कि आपसी मतभेद का रहस्य किसी के सामने उजागर न हो। यदि कोई बाहर वाला हमदर्दी के आवरण में आपकी 'पीड़ा' जानना चाहे तो उसे विनयपूर्वक इस मामले से अलग रहने की सलाह दें। मैं तो अपनी पत्नी और मेरे संबंधों पर न किसी को बोलने की अनुमति देता हूं, न कोई टिप्पणी करने की। पति-पत्नी संबंध एक अविनाशी इकाई होती है जिसमें किसी का हस्तक्षेप सहनीय नहीं होना चाहिए। चारित्रिक कमज़ोरी, दुराव-छिपाव एवं गाली-गलौंच का इस क्षेत्र में कोई स्थान नहीं होना चाहिए।

विवाह संबंध का अर्थ सही जीवनसाथी का चुनाव करना नहीं, वरन् जीवनसाथी को सही बनाना होता है। कोई भी आदर्श पति या पत्नी नहीं होता। सब अपने-अपने संबंध अपनी क्षमता एवं व्यवहार से बनाते हैं। मार्नी रीड क्रॉम वैल की कितनी सही उक्ति है– ''आग को जलती रखने का एक आसान तरीका है– दो लकड़ियों को इस प्रकार रखें कि एक-दूसरे को गर्मी तो मिलती रहे, पर उनके लिए थोड़ी खुली हवा का भी स्थान रहे। यह तरीका, आग को जलते रखने, वैवाहिक संबंध को सफल रखने– दोनों में समान रूप से कारगर रहता है।''

35

अपने ऊपर दबाव नहीं बनाएं

चाहे कोई व्यवसाय-धंधा या नौकरी हो, काम के लिए मारामारी तो सब में ही होती है। अपने किसी भी मिशन को पूरा करने के लिए काफ़ी ऊर्जा की दरकार होती है। हम चाहते हैं कि हमारी योग्यता प्रकाश में आए और हमें उसका श्रेय मिले। काम चाहे घर का हो या बाहर का, हम सभी अपनी करनी का प्रतिफल तो चाहते ही हैं। कभी-कभी इस धुन में हम क्षमता से अधिक काम करते हैं, जिससे हम पर दबाव या तनाव बढ़ता है, जो हमारी प्रसन्नता के लिए घातक होता है।

इसलिए बीच-बीच में थोड़ा आराम कर मूड को बदलना सही रहता है। मैं तो लैपटॉप पर बैठा अपने लेख या कोई पुस्तक लिखते-लिखते थक जाता हूं तो एक ब्रेक लेकर थोड़ी देर कोई जोक्स की किताब, उपन्यास या मज़ेदार फिल्म देखने लगता हूं। मैं बीस मिनट से ज़्यादा का ब्रेक नहीं लेता। वैसे सिनेमा इत्यादि टी.वी. पर देखना थकाता नहीं है। दो घंटे की फिल्म आप में चार या पांच घंटे की थकावट भर सकती है, इसलिए इसका प्रयोग कम-से-कम ही करें।

असल में समस्या यह है कि हम कभी बिना सोचे हुए नहीं रह सकते। सोने के अलावा हमारा दिमाग़ सदा कुछ-न-कुछ सोचता ही रहता है। हम एक विषय से दूसरे पर कूदते रहते हैं। असल में हम सबके लिए अपना ख़ास निजी समय होना चाहिए, जिसके द्वारा हम स्वयं को तरोताज़ा करते रहें। मैं तो गर्मपानी से स्नान कर काफ़ी तरोताज़ा महसूस करता हूं। इसको भी मैं काम में ब्रेक की तरह इस्तेमाल करता हूं। जब भी मौका मिलता है, मैं गर्म पानी से भरे टब में लेट जाता हूं– आधा घंटे का नहाना मुझे पुन: जीवंत कर देता है। मालिश में भी मुझे बड़ा मज़ा आता है। यह मेरे लिए विलास की पराकाष्ठा है।

इनके अलावा आईपैड या आईपॉड पर संगीत सुनना या वाईफाई ऑन कर मनचाहे गाने सुनना मेरा एक प्रिय शगल है।

कुछ क्रियाएं ऐसी भी हैं जो हम हर उम्र में नहीं कर सकते, उदाहरण के लिए 5 किलोमीटर बिना रुके दौड़ना, मैं 51 वर्ष की आयु तक तो करता रहा, पर अब नहीं होता। डॉक्टर ने बताया कि दौड़ना हृदय के लिए तो अच्छा है, पर उम्र बढ़ने के बाद घुटने और ऐड़ियों पर इसका असर बुरा पड़ता है। मुझे उनकी बात मानने के अलावा कोई चारा नहीं था।

मैं अपनी शारीरिक सीमाएं कभी पार नहीं करता, नहीं तो मैं अन्य कामों के अयोग्य भी हो सकता हूं। अपनी सीमाओं को जांच-समझकर उनका कभी उल्लंघन नहीं करना चाहिए। जीवन में ग़लत व्यवहार हमें बड़ी अयोग्यता दे सकता है। हर व्यक्ति की अपनी सीमाएं होती हैं और उनके अंदर ही हमें अपनी पूरी योग्यता प्रदर्शित करनी चाहिए। यदि कभी असफलता का सामना हो तो उसे जितना शीघ्र भूल सकें, उतना अच्छा। असफलता की याद सदा हमारा हौसला भंग करती है उसे इतना ही याद रखें कि जिस कारण से वह आपको मिली है उसको न दोहराएं। एक असफलता से आपके लिए दुनिया का ख़ात्मा नहीं हो सकता। यदि एक दरवाज़ा बंद होता है तो दूसरा अवश्य खुलता है— सिर्फ़ आपको अपना प्रयास जारी रखना चाहिए। यदि लगन हो तथा सही प्रयास हो तो कुछ भी प्राप्त करना असंभव नहीं होता। सदा आशावान रहें। अपने जीवन का कोई क्षण बर्बाद न होने दें। मानव जीवन सबसे मूल्यवान धरोहर है ईश्वर की कृपा को कभी ज़ाया न करें।

सदैव अपने प्रयास में एकनकता लाते रहें और एक ही तरह से अपने प्रयास को दोहराते न रहें। आपको क्या मालूम कि कब कोई नया प्रयोग या विकल्पों की नश्यता आपको कोई ऐसी उपलब्धि दे जाए जो आपने सोची भी न हो। समय का मूल्य पहचानें, क्योंकि हर क्षण एक घंटा बजता है। फिर समय का घंटा दिन व दिन ही वर्ष बनाते हैं। आज की असंभावना कल की उपलब्धि हो सकती है। अपना काम करने का तरीका ढूंढें और नए-नए प्रयोग करते रहें। हर एक में अपनी-अपनी विशिष्ट योग्यता होती है — जैसे मुझे अपनी याददाश्त पर ज़्यादा भरोसा नहीं है। मैं तो करने वाले कामों को लिख लेता हूं, जब भी वे मेरे दिमाग़ में कौंधते हैं। ज़रूरी नहीं कि आपकी याददाश्त भी ऐसी हो, पर सदा अपने को दोहराते न रहें और हर काम में कोई नयापन लाने की कोशिश करें। इससे आप एकरसता से भी बचेंगे और कोई नई उपलब्धि भी प्राप्त कर सकते हैं। विचारों में जड़ता को भी न रखें और सदा नभ्यता से अपना काम करें। हो सकता है आपका कोई नया सृजन विश्व की अनूठी कृति हो जाए।

36

अपने काम में विशिष्ट बनें

चाहे हम जानें या न जानें पर कुछ-न-कुछ हम हमेशा सीखते रहते हैं। यह हमारे ऊपर निर्भर है कि हम कितना उस सीख से लाभ उठाते हैं। हमारे साथ दिक्कत यह है कि ज़्यादातर मामलों में हम समझ लेते हैं कि यह चीज़ हमें आती है, पर जब हम करने बैठते हैं तो सही परिणाम नहीं निकलता। पहले से ही किसी काम को सतही रूप से देखकर उसमें निष्णात् होने का दम नहीं भरना चाहिए। वाकई में ऐसा बहुत कुछ होता है, जिसके बारे में हम पूरा नहीं जानते। अपने क्षेत्र में विशिष्टता पाने के लिए ज़रूरी है कि अपने काम को हम हर पहलू से जानें। बहुत-सी ऐसी बातें हैं जो हम अपनी अहम् भरी अज्ञानता के कारण नहीं सीख पाते।

यहां मैं एक छोटा-सा उदाहरण देता हूं। जब मेरा पुलिस सेवा में चयन हुआ और मेरी शादी हुई तो सामाजिक शिष्टाचार के अंतर्गत हमें कई लोगों से मिलने जाना ज़रूरी होता था। मैं वहां बैठा रहता था और मेजबान के इशारों को समझ नहीं पाता था कि अब मुलाकात ख़त्म होनी चाहिए। इस प्रकार अपने इस सामाजिक अज्ञान के कारण न सिर्फ़ अपना, वरन् अपने मेजबान का समय भी बेवज़ह बर्बाद हो जाता था। अब, कुछ वर्षों के बाद मुझे इसका ज्ञान हो गया है कि कैसे शरीर-भाषा या मुख-मुद्रा से यह ताड़ लूं कि अब उठने का समय आ गया है। अब मुझे अफ़सोस भी होता है कि अपने अज्ञान से मैंने कितना समय फालतू के सामाजिक शिष्टाचार में बर्बाद किया।

जीवन में तो हम हर घड़ी कुछ-न-कुछ सीखते ही रहते हैं। यह सीख दूसरों के अनुकरण से भी आती है और उनके करने के तरीके को अपनी तरह

जीत लो ख्वाब को

लागू करने के सोच से भी पैदा होती है। इस सीख में आपको स्पष्ट मालूम होना चाहिए कि आपका चरम उद्देश्य क्या है! क्या आप उसको प्राप्त करने के लिए छोड़ सकते हैं और क्या नहीं।

मेरा एक बहुत उम्दा निजी सचिव था। वह ऑफिस कभी ठीक समय पर नहीं आता था, पर उसमें एक हुनर था कि वह दिए हुए काम को कभी अधूरा छोड़कर नहीं जाता था, चाहे कितनी भी रात हो जाए। अब यह मेरे ऊपर था कि मुझे काम पूरा चाहिए था या उसका समय से न आना। मेरा विचार तो यह रहा कि यदि वह दिया गया काम समय से निपटा लेता है तो थोड़ी देर से आने में कोई हर्ज़ नहीं। जब मेरे दूसरे मातहतों ने मेरा यह व्यवहार देखा तो वे भी देर से आने का प्रयत्न करने लगे, पर मैंने उनसे साफ़ कह दिया कि आपको समय पर काम पूरा करने की शर्त निभानी होगी, तब ही आपको यह छूट मिल सकती है। मैं समझता हूं कि मेरा यह निर्णय न्यायोचित था। इस अनुभव से मेरी समझ में आया कि महत्ता काम की ही होनी चाहिए, समयनिष्ठता की नहीं।

वस्तुतः हर समय मैं तो कुछ-न-कुछ सीखता ही रहता हूं। सीखने के लिए कोई न समय सीमा होती है, न उम्र का बंधन। कई लोग कहते हैं कि अब तो बूढ़े हो गए, अब क्या सीखेंगे? पर ऐसा नहीं है। जब तक जीवन है तब तक हर ज्ञान का स्वागत होना चाहिए। क्या पता किस क्षण हमारे लिए कौन-सा ज्ञान कारगर निकले।

इसी प्रकार अपने को हर क्षेत्र में मज़बूत करना चाहिए। जब आप इस प्रकार चौकस रहते हैं, तभी अपने ख़ास क्षेत्र में विशिष्टता पा सकते हैं। सर्वगुण संपन्न तो कोई होता नहीं, पर इसका प्रयत्न तो करते ही रहना चाहिए, क्योंकि हर क्षेत्र में शीर्ष पर वही व्यक्ति पहुंचता है, जो हर तरह की योग्यता रखता हो। मध्यम श्रेणी वाला कभी शिखर पर नहीं पहुंच सकता, क्योंकि वह स्वयं से मझोलेपन का समझौता कर लेता है। ऐसा नहीं कि शीर्षस्थ लोग ग़लती नहीं करते, पर वे ग़लतियों को कभी दोहराते नहीं। यदि हम से कोई भूल हुई है तो उस पर बजाय लीपा-पोती करने के, उसका तर्कपूर्ण ढंग से विश्लेषण कर पता लगाना चाहिए कि वह ग़लती क्यों हुई। वस्तुतः हमारी ग़लतियां हमारी असली पाठशाला होती हैं। एक ग़लती से हम बहुत कुछ सीख सकते हैं। ऐसे लोगों को सफलता कभी तुक्के से नहीं मिलती, वरन् एक ठोस आधार पर प्राप्त होती हैं। वे यदि किसी मंज़िल पर देर से पहुंचते हों तो वे उनसे अच्छे रहते हैं जो अचानक सफल हुए और दूसरे दिन ही लहराकर गिर पड़े। जो ज्ञान और अनुभव की मज़बूत सीढ़ियों से ऊपर उठते हैं, वे चाहे देर से भले ही पहुंचें, पर वहां स्थायी रहते हैं और कभी गिरते नहीं। ग़लतियों से कभी घबराना नहीं चाहिए क्योंकि उनकी बुनियाद में ही सफलता की मज़बूती छिपी रहती है।

कोशिश तो यही करें कि ग़लती हो ही न! यदि हो जाए तो घबराने की कोई बात नहीं होती, क्योंकि दोबारा वही काम करने में आप और बेहतर परिणाम प्राप्त करें। जीवन में कभी हारकर नहीं बैठना चाहिए। सदा आगे बढ़ने का प्रयत्न करते रहें। जीवन ख़ासतौर पर मनुष्य जीवन वह मौका है जिसमें आप अपने अस्तित्व की सर्वोत्तम छटा दिखा सकते हैं। हर दिन एक नया दिन है और आपको अपनी विशिष्ट उपलब्धि पाने का मौका देता है। चाहे आपने कितना कुछ प्राप्त कर लिया हो, पर कभी अपनी उपलब्धि से संतुष्ट होकर न बैठें। हो सकता है उससे और बड़ी उपलब्धि आपका इंतज़ार कर रही हो। हम सब में ईश्वर ने एक अद्वितीयता भरी है, उसे पहचाने और अपने क्षेत्र में अपनी विशिष्ट उपलब्धि प्राप्त कर जगत को धन्य करें।

जीत लो ख्वाब को

37

ग़लतियों से सबक लें

अपने कार्य क्षेत्र में अव्वल रहने की इच्छा सभी व्यक्तियों की होती है। सफलता के अपने फायदे होते हैं– सिर्फ़ वित्तीय ही नहीं, वरन् सामाजिक एवं आर्थिक परिप्रेक्ष्य में भी पद-प्रतिष्ठा बढ़ती है। सफलता हम अपनी करनी और करने के ढंग से पाते हैं। हम में से ज़्यादातर अपनी परंपरा, नियमित-क्रम, आदतों तथा रिवाज़ों के गुलाम होते हैं। चाहे लोग कुछ भी कहें, हम किसी ख़ास कारण से नहीं, वरन् अपनी करनी से ही असफल रहते हैं। हमारी ग़लती में हमेशा हमारा ही योगदान होता है।

इसका उदाहरण मेरा एक अनुभव है। पिछली बार जब मैं दुबई गया तो वहां से एक कीमती फोन ले आया, फिर मेरे एक मित्र के अनुरोध पर दिल्ली में एक उत्सव में शामिल हुआ, जहां किसी ने मेरी जेब काट ली। मेरा वह कीमती फोन भी ले गया। साधारणतया मैं अपना ब्लैकबेरी मोबाइल फोन एक बैग में रखता हूं जो सदा मेरे हाथ में ही रहता है, पर उस दिन बज़ाय अपना फोन उस बैग में रखने के मैंने जेब में रख लिया और उस चतुर जेबकतरे ने वह साफ़ कर दिया। बाद में मुझे महसूस हुआ कि इसमें मेरी भी ग़लती रही। मुझे फोन बैग में ही रखना चाहिए था।

वस्तुत: ज़्यादातर ऐसी घटनाएं अचानक नहीं होतीं; हम भी उनको घटने का मौका देते हैं– जानबूझकर या अनज़ाने में या प्रत्यक्ष या परोक्ष रूप में, तभी ये हादसे संभव हो पाते हैं। बेशक, ज़्यादातर लोग इस बात से इंकार ही करेंगे और इन घटनाओं के लिए अपने दुर्भाग्य को कोसेंगे; परिस्थितियों को या दूसरों को जिम्मेदार मानेंगे, पर सत्य यह है कि कमज़ोरी हमारी भी होती है कि ऐसे मौके बनाते रहते हैं।

बज़ाय इन पर स्यापा करने के सबसे अच्छा रास्ता है कि अपनी ग़लतियों या असफलताओं से पाठ सीखें और ऐसा दोबारा न करने की एहतियात बरतें। अपने को सदा सही मानने का दंभ न पालें। मैं मानता हूं कि कभी-कभी मेरी प्रतिक्रिया भी ऐसी ही होती है, पर मैं तुरंत आत्म-परीक्षण कर किसी भी ग़लती या दुर्घटना में अपना योगदान ढूंढने का प्रयत्न करता हूं– जिससे दोबारा ऐसा न करूं। ग़लती करना कोई पाप नहीं, पर उसको दोहराते रहना और सुधार के लिए कोई उपाय न करना, निश्चित ही पाप करना है। सदैव सबसे अच्छा और त्रुटिहीन काम करें और स्वयं को संतुष्ट रखने के प्रयास में कभी चूक न करें।

मैं मानता हूं कि विगत की ग़लतियां दिल में कसकती रहती हैं। आपके पास मात्र दो ही विकल्प रहते हैं कि या तो उन्हें पूरी तरह भुला दूं या उनकी कसक से प्रेरणा लेकर उनको न दोहराना सुनिश्चित करते रहें। हमें जीवन में थोड़े-बहुत जोख़िम तो उठाने ही पड़ते हैं, अत: पूरा बचाव तो संभव ही नहीं होता। याद रखें, जो जीवन में सफल रहे हैं, वे कभी जोख़िम उठाने से भागे नहीं थे और न डरकर ही उन्होंने कुछ करने की हिम्मत की त्यागी थी।

जो हो चुका है, उसके लिए शोक मनाना तो बेकार है। 'काश', 'किन्तु-परंतु' इत्यादि शब्दों के प्रयोग से स्वयं को बचाने की कोशिश भी बेमानी है। यदि थोड़ा धीरज रखेंगे तो आप देखेंगे कि दूसरे भी स्वयं को ऐसे ही बचा पाते हैं।

फिर ग़लती तो सभी करते हैं कभी-न-कभी, पर जो हो गया, जो विगत है उसमें आप कुछ कर नहीं सकते। जो पिछला हुआ है या जो आगे होना है उसका सुधार तो आप सिर्फ़ वर्तमान में ही कर सकते हैं। अत: वर्तमान में ज़्यादा सतर्क रहिए और बीती बातों या न हुई घटनाओं पर स्यापा करना या फालतू डरना छोड़ दें।

अगर एक बार हमसे गड़बड़ हो गई तो इसका अर्थ यह नहीं कि हम कभी ठीक काम कर ही नहीं सकते। याद रखें कि ग़लत निर्णय कभी-कभी सही निर्णय होता है, जो ग़लत वक्त पर लिया गया था। यानी आपका जो निर्णय था वह या तो बहुत देर में लिया गया या बहुत ज़ल्दी। सही समय पर आप उसे नहीं ले पाए।

वैसे भी भविष्य के बारे में कौन कह सकता है कि क्या होगा। हमारा निर्णय तो उपलब्ध परिस्थितियों में ही लिया जाता है। मेरे एक घनिष्ठ मित्र ने कुछ वर्ष पूर्व चंडीगढ़ में अपना मकान 40 लाख रुपये में बेच दिया। आज उस मकान की कीमत लगभग 10 करोड़ है। जब वह अफ़सोस कर रहा था तो मैंने उसे समझाया कि अब तू विगत में जाकर उस सौदे को सही तो नहीं कर सकता। फालतू रोने-धोने से कुछ हासिल नहीं होने वाला, पर आगे अपने धन का निवेश सोच-समझकर ही करना।

वस्तुत: सफलता से हम कुछ सीखते नहीं, पर असफलता हमें बहुत कुछ सिखा सकती है। ज़िंदगी में शानदार मौके बहुत कम ही मिलते हैं और दोबारा मौके

तो शायद असंभव ही हैं। असल में हमारे जो सबसे बढ़िया निर्णय होते हैं, वे हम अपनी प्रज्ञा-बुद्धि से प्राप्त करते हैं, इसलिए हमें अपने अंदर की आवाज़ को कभी अनसुना नहीं करना चाहिए।

यदि हमें किसी प्रयास में सफलता नहीं मिली तो उसमें वक्त ज़ाया करना बेमानी है। अच्छा है कुछ और किया जाए, बज़ाय एक ही रट में पड़ा रहा जाए। जो टूट गया और क्षतिग्रस्त हो गया, सो हो गया। उसको छोड़ो, कुछ दूसरा देखो। जब टूटा जुड़ नहीं सकता तो बेवज़ह शोक मनाने से क्या लाभ?

एक बार यदि पूरे खुले दिमाग़ से सारे ऊंच-नीच सोचकर निर्णय लिया है तो पछताने से क्या लाभ? आप स्वयं से ईमानदारी से पूछें कि यदि दूसरा मौका मिला तो क्या आप ऐसा ही करेंगे?

यह कटु सत्य है कि हम विगत को बदल नहीं सकते, पर भविष्य तो हम सुधार ही सकते हैं। अंधेरा तो नहीं जायेगा, पर दीपक तो आप जला ही सकते हैं। जीवन में यही तो मज़ा है कि इसके विकल्प ख़त्म नहीं होते। कोई-न-कोई संभावना सदा उपलब्ध हो जाती है। जीवन तो एक ऐसा जादुई थैला है जिसमें अच्छा और बुरा, फूल और कांटे एक साथ भरे रहते हैं।

अत: यह मानने में कोई गुरेज़ नहीं करना चाहिए कि जीवन में जो कुछ होता है, उसके लिए हम परोक्ष या अपरोक्ष रूप से थोड़े-बहुत जिम्मेदार तो होते ही हैं, इसलिए ग़लतियों से स्वयं को दूर रखने के चक्कर में निष्क्रिय होने के बज़ाय हमें अपनी ग़लतियों से ज्ञान प्राप्त करना चाहिए। हमें गतिज रहने को ही उपलब्धि नहीं समझना चाहिए। परिणाम पर निगाह रखें और सिर्फ़ प्रयास करके ही संतुष्ट न हों। बेशक, हम विगत को तो बदल नहीं सकते, पर यह स्मरण रहे कि विगत हमें बदल सकता है। हमें यह समझना चाहिए कि हम अपने विगत से ज़्यादा महत्वपूर्ण हैं। यह एक शाश्वत सत्य है कि जीवन की समझ सदा उल्टे तौर पर आती है, पर इसको जीना सीधे ही क्रम में पड़ता है।

38

नई तकनीक को अपनाएं

विश्व इतनी तीव्रता से परिवर्तित हो रहा है, काम के और जीवन-यापन के तरीके जो पिछले पांच वर्ष या पिछले वर्ष तक कारगर थे– पिछली शताब्दी तो भूल जाइए– आज सही नहीं बैठते। इंटरनेट, मोबाइल फोन, टी.वी. जैसे तीव्र संप्रेषण साधनों की उपलब्धता ने विश्व को सिकोड़कर काफ़ी छोटा कर दिया है। हमें इस विश्व में घटित परिवर्तनों के साथ स्वयं को बदलकर तालमेल बिठाना ज़रूरी है।

कुछ दशकों पूर्व तो आपसी संप्रेषण का एकमात्र साधन डाक व्यवस्था थी। फोन भी आसानी से उपलब्ध नहीं होते थे। भारत के हर सांसद के पास एक अपनी मर्ज़ी का कोटा होता था, जिससे कुछ भाग्यशाली लोग ही अपने घरों पर फोन प्राप्त कर सकते थे।

और अब हर चार भारतीयों में से तीन के पास मोबाइल फोन है। वस्तुत: भारत में तो उतने शौचालय नहीं हैं जितने फोन उपलब्ध हैं! हमें इस तीव्रगामी प्रौद्योगिकी क्रांति के साथ क़दम मिलाकर चलना ज़रूरी है, नहीं तो हम पिछड़ जाएंगे। आज अपने ड्राइंग रूम में बैठकर टेलीविज़न के द्वारा हम दुनियाभर की घटनाएं देख सकते हैं या अपने कम्प्यूटर पर मनचाही भारतीय या विदेशी पत्र-पत्रिकाएं पढ़ सकते हैं।

यदि अपने जीवनकाल में हुए बड़े परिवर्तनों की हम एक सूची बनाएं तो हमें देखकर आश्चर्य होगा कि कुछ दशकों में ही कितने परिवर्तन आ चुके हैं। दुनियाभर में लगातार सूचना का प्रवाह जारी है, क्योंकि हर घड़ी व्यक्तियों या मुद्दों के बारे में हालात तब्दील होते रहते हैं। जो कभी सही और सुविधाजनक माना जाता था, अब वह ग़लत और असुविधाजनक होता जा रहा है। लोगों को अधिकार है कि अपने अलग-अलग सपने देखें और जीवन वैसा ही बनाएं जैसा वे चाहते हैं। किसी

मत या धारणा के प्रति सदा निष्ठावान रहने का युग भी अब जा चुका है। यद्यपि हम राजनीतिक एवं पर्यावरणीय परिवर्तनों को माप तो नहीं सकते, पर यह सत्य है कि उन्होंने हर एक पर असर डाला है। मेरे एक मित्र अशोक साहनी एक उदाहरण हैं कि कैसे जीवन में परिवर्तन लाकर अपने प्रतिस्पर्धियों से व्यापार क्षेत्र में आगे रहा जाए!

हमें परिवर्तन के प्रति अपना दिमाग़ खुला रखना चाहिए और विगत को पीछे ढकेलकर नई परिस्थितियों के अनुरूप स्वयं को ढालते रहना चाहिए। सिर्फ़ 200 वर्ष पहले तक तो बैलगाड़ी, घोड़े, ऊंट, रथ व तांगा जैसी सवारियां यातायात के लिए उपलब्ध थीं। फिर ज़माना आया साइकिलों, स्कूटरों और मोटरसाइकिलों का। तब कारें विलास का साधन थीं और हर कोई नहीं ले सकता था। ज़्यादातर लोगों के लिए हवाई जहाज तो पहुंच से ही बाहर था। कहां कुछ दशक पूर्व एक सरकारी एयरलाइन उपलब्ध थी, कहां आज कई निजी एयरलाइनें उपलब्ध हैं। मुझे अच्छी तरह याद है कि भीड़ भरी एयरलाइनों में सरकार की अनुशंसा से ही सीटें मिल पाती थीं।

जब मैं सेवारत था तो एकाध बार मुझे स्वयं लंदन, न्यूयार्क या विदेश जाने के लिए सिविल एविऐशन के मंत्री से सीट उपलब्ध कराने को अनुशंसा करवानी पड़ी थी, क्योंकि तब तो एकमात्र सरकारी वायुसेना ही उपलब्ध थी। अब लिबरलाईजेशन के बाद तो कई विमान सेवाएं उपलब्ध हैं और आप अपने मर्ज़ी के एयरलाइन में जा सकते हैं।

नई प्रबंधन तकनीकों एवं स्वचालित यंत्रों की उपलब्धि से न सिर्फ़ जीवन-यापन आसान हुआ है, वरन् उत्पादकता में भी काफ़ी सुधार आया है, व्यक्तिगत या निजी एवं संगठनात्मक दोनों ही उत्पादकता बढ़ी हैं। आधुनिक यंत्रों ने न सिर्फ़ विश्व को सिकोड़कर छोटा कर दिया है, वरन् हमारी सोच ने परंपरा में भी कई अभूतपूर्व परिवर्तन ला दिए हैं। इनके बारे में शायद पहले आदमी सोच भी नहीं सकता था।

चिकित्सा शास्त्र में प्रगति ने न सिर्फ़ जीवन को ज़्यादा आरामदेह बना दिया है, वरन् बहुत हद तक व्याधि-मुक्त कर दिया है। अब लगभग सभी व्याधियों के अमोध इलाज उपलब्ध हैं। कुछ तो ऐसे मूलभूत परिवर्तन लाए गए हैं जिनसे कई और नए परिवर्तनों की संभावना पैदा हो गई है, पर यह तभी संभव होता है जब हम में जोखिम उठाने का साहस होता हो। यदि समुद्र के तट पर खोज जारी रखना चाहते हैं तो तटों की सुरक्षा तो छोड़नी ही पड़ेगी।

चाहे हम चाहें या न चाहें, परिवर्तन तो अपरिहार्य हैं, इसलिए अच्छा हो कि हम उन्हें स्वीकार कर स्वयं ही उनके कर्ता बन जाएं। हम सब में संभावना रहती है परिवर्तन लाने की। इसके लिए न कोई उम्र का बंधन होता है, न समय का। इसकी शुरुआत तो कभी भी और कहीं से भी की जा सकती है।

ज़्यादातर लोग कहते हैं कि उनके पास समय नहीं होता, पर समय तो हमारे पास भी उतना ही उपलब्ध होता है जितना बड़े-बड़े वैज्ञानिकों, अन्वेषकों और

लेखकों-कलाकारों को मिलता है। हमें परिवर्तन लाने हेतु तैयार तो रहना ही पड़ेगा। यदि हम परिवर्तन को स्वीकार नहीं करेंगे तो परिवर्तन हमें ही बदल डालेगा, इसलिए विगत को पीछे कर आगे के परिवर्तन के बारे में सोचना शुरू कर दें। हमारा उद्देश्य होना चाहिए कि आज से कल बेहतर बने। मुझे ऐसे कई लोग मिले हैं जो सदा यही कहते रहते हैं कि गुज़रा वक्त बढ़िया था। यह ग़लत है। विगत में रहना छोड़कर आगे के बारे में सोचें। नहीं तो यह बिगड़ा विगत आपका भविष्य भी बिगाड़ देगा। अपने विचारों को ज़ाया न जाने दें। दिन-रात कई विचार मेरे मन में भी उभरते रहते हैं, पर जब मैं उन्हें अगले दिन याद करता हूं तो वह याद नहीं आते। सदा वर्तमान में सचेत होकर रहना चाहिए; विगत की सीख याद रख उन्हें भविष्य में संजोना चाहिए। इस आदत का परिहार करने के लिए मैं अपने विचारों को तुरंत एक डायरी पर नोट कर लेता हूं। वह डायरी चाहे पुरानी हो या नई, कोई फ़र्क नहीं पड़ता। ऐसी एक डायरी मेरे ड्राइंग रूम, स्टडी, बेडरूम- हर जगह मौज़ूद रहती है, जिसमें मैं कल के काम लिखकर उन्हें भूल न पाऊं। मैं हर शाम को यह चैक भी करता हूं कि आज के कामों में से कितने पूरे हुए और कितने बाकी क्यों रह गए।

मेरा प्रयास यही रहता है कि यदि कोई सार्थक विचार मन में आया है तो उस पर अमल कर सकूं, क्योंकि जीवन में करनी का ही फल मिलता है, मात्र सोचने का नहीं। जो भी आज शिखर पर पहुंचा है, कल वह भी एक साधारण व्यक्ति था और अपनी करनी से ही उसको यह पद-प्रतिष्ठा प्राप्त हो पाई है।

इसलिए यदि प्रगति करनी है तो अपने आराम के क्षेत्र से हमें बाहर आना ही पड़ेगा। बेशक, जीवन में कोई गारंटी तो दे नहीं सकता, पर आपकी सुरक्षा का आधार भी आपकी लगन और कड़ी मेहनत ही होती है। यदि तकलीफ़ में भी हम आराम से रह लें, तब ही हम जीवन में प्रगति कर पाते हैं। बेहतर समय की प्रतीक्षा न करें और तक्षण अपने काम में जुट जाएं। आपका काम पूरा होने से समय स्वत: बेहतर हो जाएगा। यदि आप सोचें कि जब सब कुछ ठीक हो जाएगा, तब ही हम काम में लगेंगे तो आप जीवनभर कुछ भी हासिल नहीं कर पाएंगे। निरंतर प्रयास करते रहें; यदि असफल हों तो फिर प्रयास करें, जब तक कि सफल न हों तथा परिवर्तन को अपने जीवन में अपनाते रहें। वही प्रगति का एक सही रास्ता है।

39

जादू की झप्पी बन सकते हैं आपके सुझाव

हमारे समाज में ज़्यादातर लोग ऐसे होते हैं जो किसी बारे में कुछ जानते हों या नहीं, पर वे स्वयं को 'सर्वज्ञ' समझते हैं और सभी लोगों की– चाहे उनके बॉस हों या मित्र या कोई भी जानकार– समस्या का शर्तिया समाधान सुझाते फिरते हैं।

मैंने अपने लंबे सेवाकाल में यह पाया कि प्रायः सभी पदानुक्रम को महत्ता देने वाले संगठनों में महत्व 'क्या कहा' से ज़्यादा 'किसने कहा' का होता है। बतौर गृह मंत्रालय के चीफ़ सिक्योरिटी अफ़सर मैं 1969 में 1200 सिक्योरिटी फोर्स का प्रमुख था, जो समस्त दिल्ली में व्याप्त था। लेकिन न मुझे कोई सवारी दी गई थी, न कोई भत्ता मिलता था, जिससे मैं रात-बिरात जाकर मुआयना कर सकूं कि मेरा स्टाफ कैसे काम कर रहा है। जब मैंने एक सवारी या सवारी-भत्ता प्राप्त करने के लिए एक प्रस्ताव भेजा, जिससे मेरी निजी कार का पेट्रोल खर्च मिल सके तो उसे वित्त मंत्रालय ने इस आधार पर अस्वीकार कर दिया कि यह बहुत ज़्यादा है, पर जब मैंने इस परेशानी का ज़िक्र अपने विभाग के सचिव महोदय से किया तो उन्होंने एक नोट भेजा और प्रस्ताव को तुरंत अनुमति प्राप्त हो गई।

यह बात नहीं थी कि मेरा प्रस्ताव स्पष्ट नहीं था, क्योंकि मैंने साफ़ लिखा था कि उच्चतम पद के सुपरवाईज़री अफ़सर द्वारा पहले इसकी जांच होना ज़रूरी होगा, पर ज़ाहिर है कि मेरे सुझाव की अनदेखी की गई और इसका स्वागत नहीं किया गया।

बहरहाल, किसी भी समस्या के संदर्भ में मैंने यह तय कर लिया था कि किसी भी गतिरोध के बारे में संबद्ध अफ़सर को मैं अपना सुझाव ज़रूर दूंगा, चाहे वह अफ़सर मुझसे वरिष्ठ हो या कनिष्ठ। चाहे हमारे काम के संदर्भ में हो या निजी

संबंधों के, आपस में अपने-अपने सुझाव या प्रतिक्रिया को साझा करना प्रगति और वृद्धि का अटूट हिस्सा होता है। हमारा प्रतिसाद ऐसा नहीं होना चाहिए कि अपनी राय किसी पर थोपी जाए या किसी के बारे में कोई फतवा दिया जाए।

अपना विचार दूसरे तक सकारात्मक, लाभप्रद और सहायक रूप में पहुंचाने का बड़ा महत्त्व होता है। दूसरी बात, यह याद रखें कि अपनी बेबाक़ प्रतिक्रिया या सुझाव तभी दिया जाए जब कोई चाहे या इसकी मांग करे। बिन मांगे अपनी राय देना ठीक नहीं रहता।

हमें यह भी सोचना चाहिए कि कभी-कभी ऐसे सुझाव उस व्यक्ति को नाराज़ कर सकते हैं, जो उस काम से संबद्ध हो और वह यह कह सकता है कि उसे अपना काम मालूम है और हमारी राय की उसे ज़रूरत नहीं। वे यह भी सोच सकते हैं कि ऐसे सुझाव उनकी बुद्धिमत्ता पर एक अवांछित आक्षेप हैं। उनके अहम् को तुष्टि प्रदान करने के लिए हमें उनसे यह भी कह देना चाहिए कि हमारा मंतव्य कोई पाठ सिखाने का नहीं है; हम तो यह सुझाव इसलिए दे रहे हैं कि शायद वह इस पहलू को नज़र-अंदाज़ कर गए या भूल गए।

सुझाव देने का सर्वोत्तम तरीका है, जिसको यह सुझाव दिया जा रहा है, उसके किसी वास्तविक गुण की सराहना कर अपनी विश्वसनीयता बनाना और फिर अपनी प्रतिक्रिया देना। उसके पश्चात् यदि आप अपना सुझाव देकर सुधार की तरफ़ इंगित करेंगे तो वह व्यक्ति बुरा भी नहीं मानेगा और आपके विश्लेषण और मूल्यांकन को पूरा आदर देगा। हो सकता है वह बात समझकर उस पर अमल भी करना चाहे।

यह समझ लें कि मूल्यांकन या विश्लेषण, चाहे कितना भी तीखा हो, इसके साथ पहले उस व्यक्ति की सराहना करना ज़रूरी होता है। इस ढंग से सुझाव देने से वह व्यक्ति आपके विचारों को बिना किसी पूर्वाग्रह के स्वीकार करने की मानसिकता बना लेता है। किसी भी व्यक्ति को सत्य बताने के पूर्व या उसकी आलोचना करने के पहले, उसकी थोड़ी प्रशंसा करना आवश्यक होता है। इससे वह व्यक्ति आपको अपना हितैषी समझता है, दुश्मन नहीं और आपकी उसके मन में विश्वसनीयता भी बढ़ती है, तभी वह आपकी बात सुनेगा और आपकी राय के अनुसार सुधार करने का प्रयास भी करेगा।

इस तरीके से आपके और उस व्यक्ति के मध्य एक भावनात्मक रास्ता कायम हो जाता है। एक और तरीका है कि बज़ाय व्यक्ति के वस्तुस्थिति और उपलब्ध हालात पर निशाना साधा जाए। हमारा प्रतिसाद उपयोगी होना चाहिए और किसी तरह आक्रामक प्रतीत नहीं होना चाहिए – उदाहरण के लिए जब मैं अपने नाती-पोतों को थिगड़े लगी पुरानी जींस में देखता हूं तो मैं उनसे कहता हूं कि बच्चों! तुम पारंपरिक पोशाक में ज़्यादा अच्छे लगते हो। वे बात समझ जाते हैं। मैं उनसे यह भी कहता हूं कि मैं भी ऐसा ही करता था, लेकिन जब दूसरों ने मुझसे पुराने कपड़े

पहनने का कारण पूछा तो शायद सेकेंड हैंड शॉप्स से लाए गए थे, तब ही मेरी बात समझ में आई।

मैंने यह भी पाया कि अपनी ग़लतियों और मूर्खतापूर्ण त्रुटियों का हवाला देना अपनी बात समझाने का बहुत कारगर तरीका है, क्योंकि ज़्यादातर जब कोई बात शुद्ध हृदय से कही जाती है तब भी लोग उन पर सीधा हमला समझ लेते हैं, इसलिए अपनी बात कहते समय संभावित आघात को बेहद हल्का करके ही कहना चाहिए, जिससे वह व्यक्ति जिसकी कमी बताई जा रही है, ज़्यादा आहत महसूस न करें या यह न समझे कि वह स्वयं ही एक समस्या है। जहां तक संभव हो, पहले उस व्यक्ति को जिसको राय दी जा रही है, उसे इस स्थिति से मुक्त करके ही आप अपनी राय उसे दें। यह एहतियात हर स्थिति में रखना ज़रूरी है।

हमारा सुझाव कभी किसी पर सीधा व्यक्तिगत हमला नहीं लगना चाहिए। उसे ऐसे बताएं कि वह बात समझ भी जाए, बिना आहत हुए और उसका सुधार भी कर सके।

अपना सुझाव देने के पूर्व आप स्वयं को उस व्यक्ति की स्थिति में रखकर सोचें कि क्या आप ऐसी राय सुनकर आहत तो महसूस नहीं करेंगे। अपनी राय देते समय आपको एक चतुर वक्ता होना चाहिए– कभी लड़ाकू नहीं लगना चाहिए। शब्दों के चयन और वाक्य-विन्यास इस प्रकार हों कि सांप भी मर जाए और लाठी भी न टूटे।

क्योंकि कितनी भी ईमानदारी और हितैषणा भरी राय हो, यदि वह आक्रामक लगेगी तो उसका असर बिलकुल उल्टा ही होगा। अपनी प्रतिक्रिया पूरे सम्मान एवं स्पष्टता से दी जानी चाहिए। आपको सिर्फ़ समस्या ही नहीं उसके समाधान के सुझाव भी देने चाहिए, तब ही उस व्यक्ति को आपकी सच्चाई पर भरोसा होगा।

यदि सिर्फ़ ग़लती निकालनी है तो आपके कहने का न तो कुछ असर होगा, न आपको सुधार का वास्तविक हितैषी माना जाएगा। अपनी प्रतिक्रिया सिर्फ़ उनको ही दें जो कुछ सुधार कर सकते हैं और जो अधिकृत हैं उस सुधार लाने के लिए। यह भी ख़्याल रखें कि हर एक का किसी समस्या के बारे में अपना नज़रिया होता है। अपनी बात समझाते हुए उनका भी दृष्टिकोण देखें। सकारात्मक सुझाव का मूल उद्देश्य होता है, साथ मिलकर समस्या का समाधान ढूंढना। अपने सुधार या प्रतिसाद को पूरी तरह तर्क सम्मत रखें और यदि गोली कड़वी है तो उस पर शहद का मुलम्मा चढ़ाना न भूलें।

40

'निठल्ले बैठने' से 'बेगार' भली

छोटी-छोटी समस्याओं का समाधान शीघ्र ही करना उचित रहता है, नहीं तो वे ज़्यादा विकट और दुरुह होते जाते हैं। यह तो ऐसे ही है जैसे कपड़ों को धुलने को डाला जाए! रोज़ के धुलने योग्य कपड़े एक हफ्ते में इतने ज़्यादा हो सकते हैं कि उनको धोने वाले का हौसला पस्त कर दें। रोज़ का काम रोज़ करना ही इन समस्याओं से निज़ात पाने का एक आसान तरीका होता है।

हम लोगों का प्रायः स्वभाव होता है अख़बार या पत्रिकाएं पढ़कर पास ही में किसी जगह ठूंस दिया या चाय आदि के बर्तनों को कहीं पास में ही पटक दिया। मैं भी इस दोष का अपराधी हूं और जहां जगह पाई वहीं प्रयुक्त बर्तन या चीज़ें ठूंस दी। पर इससे काम इकट्ठा होते-होते काफ़ी विकट हो जाता है। अब मैंने घर में हर चीज़ की एक जगह निर्धारित कर दी है, बज़ाय प्रयुक्त चीज़ों इत्यादि को कहीं भी ठूंस देने के। मैं उनको उनके नियत स्थान पर ही रखता हूं। इससे काफ़ी सुभिता रहता है। इसको करने में एकाध मिनट से ज़्यादा नहीं लगता, पर इसके लाभ बहुत होते हैं। घर साफ़-सुथरा रहता है और हर चीज़ अपनी निश्चित जगह पर सुलभ रहती है। यदि ज़रूरत हो तो आराम से आप उस चीज़ को पुनः देख सकते हैं। इससे घर में कूड़ा-करकट भी बिखरा नहीं दिखाई देता और आपको एक सुकून मिलता है कि हर चीज़ घर में सुव्यवस्थित है।

अपने को अभिप्रेरित रखने का एक उपाय यह भी होता है। आपके पास समय अधिक रहता है कि आप अपने विशद परिप्रेक्ष्य में अपने लक्ष्य निर्धारित कर उनको प्राप्त कर सकें। यह याद रखें कि आपकी हर गतिविधि आपकी सफलता में सहायक रहती है, यदि उसे पूरी तरह व्यवस्थित रखें।

जीत लो ख्वाब को

प्रायः हम लोग शुरुआत तो कई योजनाओं की कर देते हैं, पर उनमें से ज़्यादातर बीच में ही छोड़ दी जाती हैं। यदि हम उसे छोड़ देंगे तो कौन उसे पूरा करेगा? और यदि आवश्यक नहीं था तो उसको शुरू ही क्यों किया था? ऐसे प्रश्न खुद से पूछते रहें। किसी काम को शुरू करने से पूर्व उसकी सारी परेशानियों या चुनौतियों का आकलन करना बहुत ज़रूरी होता है। यदि परिस्थिति में बदलाव आता है तो वह भी आपकी योजना में एक संभावना के रूप में सोचा जाना चाहिए।

किसी भी काम पर प्रोजेक्ट को पूरा करने में योजना बनाना, उसको लागू करने के लिए प्रतिबद्ध होना और पूरी लगन से काम करना ज़रूरी होता है। कहां से संसाधनों की उपलब्धि होगी, कितना काम आप स्वयं करेंगे या कितना करवाएंगे और इसकी पूर्णता से आपके कितने लक्ष्य प्राप्त होंगे, इसका ख़ाका आपके मन में या काग़ज़ पर पहले से होना चाहिए। बेशक, यह ख़ाका अंतिम तो नहीं हो सकता, पर आपकी कार्य-यात्रा का एक रोड-मैप आपके सामने रहेगा। हो सकता है कि कोई काम काफ़ी जटिल हो, अतः उसे टुकड़ों में बांटकर उसे आसान किया जा सकता है, जिस प्रकार आप घर चलाने के लिए अपना बज़ट बनाते हैं, वैसे ही हर काम के लिए बनाएं, क्योंकि हर काम यदि एक सोची-समझी परियोजना की तरह पूरा किया जाएगा तो समय की बर्बादी भी कम होगी और आपकी ऊर्जा या धन भी कम खपेगा।

मैंने एक बार 'किशोरवय में रोमांस' विषय पर एक उपन्यास लिखा था, जो मेरे एक मित्र की सच्ची कथा पर आधारित था। मैंने उसे प्रकाशक को देने से पूर्व अच्छी तरह देखा-परखा, उसकी घटनाएं पुनर्व्यस्थित कीं तथा व्यक्तियों और जगहों के नाम बदले। प्रकाशक उसे शीघ्र छापना चाहता था, पर मैंने स्पष्ट कह दिया कि इसको 'मांझने' में कम-से-कम दो हफ्ते का समय तो लगेगा ही। मैं नहीं चाहता था कि उसमें कैसी भी कोई ग़लती रह जाए। अपना हर काम अपनी पूरी योग्यता के अनुसार त्रुटिहीन रखना चाहिए।

असल में, जीवन की अवधि तो सीमित होती है और काम एक के बाद एक आते ही रहते हैं। सारे काम एक दिन में भली प्रकार पूरे करने के लिए एक दिन में 40 से 45 घंटे होने चाहिए! मेरा नियम है कि मैं अपने किए काम को समय से पूर्व ही पूरा करना चाहता हूं। इसके लिए मेहनत, लगन और जी-तोड़ काम करना तो ज़रूरी है ही, बीच-बीच में अज्ञात पारिस्थित्कि आक्षेप का भी ख़्याल रखना पड़ता है। इसके लिए अपने उपलब्ध संसाधनों और समय के लिए एक 'कुशन' (विश्राम) का प्रावधान रखना ज़रूरी होता है। इसके साथ आपको अपनी क्षमता का पूर्व आकलन करना ज़रूरी है। इसे जितना व्यावहारिक रखेंगे, उसके उतने अच्छे ही परिणाम मिलेंगे। अपने समय और आराम की गुंजाइश होनी ही चाहिए। यदि नींद पूरी न हो, थकावट हो, उस स्थिति में काम करते रहने से काम भी दोयम स्तर का

होगा और समय भी ज़्यादा ही लगेगा। शरीर और दिमाग़ की अपनी सीमाएं होती हैं। यदि कोई काम आप दूसरे से करवा सकते हैं और वह आपसे बेहतर कर सकता है, तो इन मामलें में अपने 'अहम्' को मत उछलने दीजिए। आपका उद्देश्य यदि कार्य की पूर्णता का है तो वही रखिए– इसमें 'तेरा–मेरा' मत सोचिए। यदि वह काम करना आपकी क्षमता से बाहर है तो चाहे आप कितनी देर तक और कितनी भी बार वह काम करें, उतनी संपूर्णता के साथ नहीं कर सकते, जो दूसरा कर सकता है। कई लोग इस अहमन्यता के चक्कर में अपना काम बिगाड़ लेते हैं। हर आदमी हर काम नहीं कर सकता। हर एक की अपनी-अपनी एक नैसर्गिक योग्यता होती है। हो सकता है किसी काम में दूसरा ज़्यादा योग्य हो। यदि अपने काम में उसका अहसान आपने लिया है तो आप उसका निपटारा उसकी कीमत चुकाकर या उसका कोई अटका हुआ काम करके या करवाकर कर सकते हैं।

परंतु आपको निठल्ले कभी नहीं बैठना चाहिए। बेकार बैठने से न आपकी योग्यता कम होती है, आपका काम करने का मन ही होता, इसलिए चाहे कुछ भी करें, बेकार कभी न बैठें। चाहे परिस्थिति कितनी भी विपरीत हो, अगर अकर्मण्यता का सहारा लिया, तो शायद आप दोबारा काम करने के योग्य भी न रह पाएं। जीवन का एक सकारात्मक रुझान रखिए और कभी अपने को हीन मत समझिए।

जीत लो ख़्वाब को

41

ग़लत राह चुनने से बचें?

जीवन में हमारे साथ प्रायः कुछ 'अचानक' नहीं होता। हर घटना के पीछे एक 'कार्य-कार्य' संबंध का नियम काम करता रहता है, चाहे उसे हम समझें या न समझें। यदि हम कोई कार्य करते हैं तो उसके पीछे कारण भी ज़रूर होगा। न बिना कारण के कर्म हो सकता है, न बिना कार्य के कारण पैदा हो सकता है। यह एक तरह क्रिया-प्रतिक्रिया का ही संबंध है। हमारे जीवन में जो कुछ होता है– अच्छा या बुरा, उसमें हमेशा अपना योगदान कम नहीं होता। यदि कुछ गड़बड़ हो तो हम सदा भाग्य को दोष देते हैं। इस संदर्भ में मैं अपना व्यक्तिगत अनुभव बताता हूं। मेरा आधुनिकतम मोबाइल फोन किसी जेबकतरे ने एक शादी समारोह की भीड़भाड़ के दौरान मार लिया। वैसे मैं अपना मोबाइल फोन सदा अपने एक बैग में रखता था जो मेरे हाथ में ही रहता था, पर उस दिन मैंने उसे ग़लती से अपनी जेब में रख दिया था। इस प्रकार मैंने भी एक तरह से उस जेब कतरे को अवसर दिया कि वह मेरा मोबाइल फोन उड़ा ले! अब इसके लिए मैं केवल भाग्य को दोष नहीं दे सकता– इसमें मेरा भी योगदान था।

यदि आप गौर से अपने जीवन पर नज़र डालें तो आप पाएंगे कि 'हानि-लाभ' हमें अपने किसी-न-किसी काम से ही प्राप्त होते हैं। मेरा तो यह मानना है कि हर अच्छाई या बुराई में कहीं-न-कहीं हमारा योगदान होता है, इसलिए विगत की दुर्घटना का 'स्यापा' करना और आगत के लिए तैयार न रहना ग़लत है। जो हो गया, वह तो अब ठीक नहीं हो सकता, पर जो होने वाला है, उसमें तो आप स्वयं को सुधार सकते हैं, क्योंकि हर घटना की दो संभावनाएं रहती हैं– या तो वह आपके लिए अनुकूल होगी या प्रतिकूल। ज़्यादातर मामलों में हम अपनी लापरवाही से उसे

प्रतिकूल और अपने चौंकन्नेपन से उसे अनुकूल बना सकते हैं। यदि हम अपनी ग़लतियों से सीख लेते रहेंगे तो हम उन्हें नहीं दोहराएंगे। फिर सीख तो हमें हर उपलब्ध स्रोत से लेनी चाहिए।

जब मैंने इंडियन पुलिस सर्विस ज्वॉइन की तो मुझे अपने निजी सचिवों से काफ़ी कुछ सीखने का अवसर मिला। वे लोग कई अफ़सरों के साथ काम कर चुके थे और उनके अनुभव का भंडार बहुत समृद्ध था। मैं तो उन्हें अपना गुरु समझता था तथा किसी भी जटिल परिस्थिति में मैं उनसे पूछता रहता था कि विगत में उसके साथ कैसे निपटा गया था।

जीवन में किसी रिमोट कंट्रोल की सुविधा नहीं होती, न इसे आप 'रिवाइन्ड' कर सकते हैं, न 'फास्ट फारवर्ड'! इसमें तो जो हो गया वह एक स्थायी घटना होती है जिसको कतई बदला नहीं जा सकता। हमारी तो समय से भिड़ंत केवल वर्तमान में ही होती है। इसी को हम अच्छा या बुरा कर सकते हैं। यदि वर्तमान सही रहा तो आगत भी सुधरेगा और विगत की पीड़ादायक स्मृतियां भी क्षीण पड़ने लगेंगी। हम जिन्हें विजयी कहते हैं वे भी हमारी तरह के इंसान ही थे और वे भी कभी-न-कभी हारे तो होंगे, पर उन्होंने अपनी हार से सबक सीखा और आज वे हमारे आदर्श हैं। हमें भी उनका अनुसरण करना चाहिए। कड़ी मेहनत तो करें पर स्वयं को दंडित न करें। जीवन के सुख-सुविधाओं का आनंद लेते रहें, पर अपने मार्ग से कभी च्युत न हों। बीच-बीच में देखते रहें कि कहीं आप पथ भ्रष्ट तो नहीं हो रहे। अपना विज़न और ध्येय स्पष्ट रखें। जीवन का शाश्वत नियम है कि जो जैसा करेगा वैसा भरेगा। यदि आप सफल होना चाहते हैं तो यह आपके हाथ में ही है।

42

अवसर को पहचानें

हम सभी ने देखा होगा कि प्राय: दोषारोपण का लक्ष्य उसी व्यक्ति को बनाया जाता है जो उस समय उपस्थित न हो, इसलिए यदि ऐसे दोषारोपण से बचना हो तो आप ज़्यादा-से-ज़्यादा उपस्थित रहने का प्रयत्न करें। ग़लतियां तो होती ही हैं सभी से, पर उनसे मुंह छिपाने से, उनका कष्ट कम थोड़े ही हो जाता है। संसार में ऐसा कोई नहीं है जिसे हार न मिली हो या वह असफल न हुआ हो। चाहे मैं होऊं या आप, ऐसे मौके तो आते ही रहते हैं।

यह तो हम पर निर्भर है कि हर मौके का फायदा कैसे उठाएं। परेशानी में भी बेहतरी का मौका ढूंढना ही तो बुद्धिमत्ता है। जब मेरा भारतीय पुलिस सेवा में चुनाव हुआ और मुझे मैसूर (आज का कर्नाटक) 'कॉडर' दिया गया तो मुझे बधाई से ज़्यादा सांत्वनाएं दी गईं, पर मुझे कोई बुरा नहीं लगा कि अपने घर जलालाबाद, पंजाब से 2500 किलोमीटर दूर काम के लिए जाना पड़ेगा।

सच कहूं तो मैंने कभी ऐसा सोचा भी नहीं और तुरंत अपनी ट्रेनिंग और बाद में काम में व्यस्त हो गया। मैंने अपना काम पूरी निष्ठा और उत्साह से किया। बेशक, मुझे दक्षिण भारतीय खाना – इडली, डोसा, बड़ा इत्यादि खाना पड़ा और कन्नड़ सीखनी पड़ी, पर मैंने इस चुनौती को एक मौका समझा। मैंने कन्नड़ सीखी और अपने काम को अपनी पूरी योग्यता के साथ अंज़ाम दिया। मैंने अपने काम को ही अपना मिशन समझा और यदा-कदा की परेशानियों के बावज़ूद मैं आगे बढ़ता रहा। मैं समझता हूं कि परेशानी व समस्या तो आती ही रहती हैं, वे कोई स्थयी रूप से नहीं आतीं। उनका हल भी मिलता ही है। मेरी शिक्षा-दीक्षा किसी पब्लिक स्कूल में नहीं हुई थी, पर बावज़ूद इसके मैं पुलिस में अपने देश के सर्वोच्च पद तक पहुंचने में सफल

रहा। मैंने सदा सर्वोत्तम स्थिति पाने की कामना की और वह मुझे मिलती भी रही। मेरा यह स्वभाव रहा है कि जो काम भी मैं करता हूं, पूरे जोशो-ख़रोश से करता हूं और उसका फल भी बढ़िया ही मिलता है।

मैं अपनी ताकत का इस्तेमाल अपनी कमज़ोरियां दूर करने के लिए करता हूं। निरंतर अपना ज्ञान बढ़ाता रहता हूं और अपने गुणों का मैं आदर भी करता रहता हूं। यदि आप अपनी ख़ूबियों पर भरोसा नहीं करेंगे तो दूसरा कोई क्यों करेगा? मैं तो हर मौके को अपनी बेहतरी के लिए ही प्रयोग करता रहता हूं। संदेह, शक, भय और चिंता से मैं भरसक दूर रहकर अपना काम करता रहता हूं, क्योंकि काम से मन हटाया तो यह ऋणात्मकता के अजगर मुझे निगलकर बिलकुल नाकारा बना देंगे।

मैं मानता हूं कि परेशानियां, समस्याएं तो आती ही रहेंगी। सर्वाधिक सफल व्यक्तियों को भी इन्होंने नहीं बक्शा, पर बज़ाय उनसे घबराकर मैं तो उनके हल पाने पर अपना ध्यान केंद्रित रखता हूं। रोज़मर्रा के जीवन में भी ऐसी समस्या आया ही करती है। इसके अनुभवों को मैं तो संजोकर रखता हूं। एक बार मेरे एक मित्र ने मुझसे सरकारी विभाग में अटका अपने रिश्तेदार का कुछ काम करवाने को कहा। सेवा-निवृत्ति के बाद मेरा सरकारी लोगों से ज़्यादा वास्ता नहीं रह गया है। मैंने इस पर बहुत सोचा, फिर अपने मित्र से 'न' कह दिया। कहा कि सरकारी लोगों से बहुत डीलिंग हो चुकी। चाहे किसी की वास्तविक समस्या भी है, मैं उसके लिए सरकारी अमले से कुछ कहना नहीं चाहता। इस तरह के इम्तिहान तो ज़िंदगीभर चलते ही रहते हैं। इनसे पास होना आपकी ही जिम्मेदारी है। जोखिम तो हर चीज़ में होता है— बढ़िया भोजन से भी फूड पॉयजनिंग हो सकती है और दिल्ली में तो रास्ता पार करते हुए भी आपकी 'इतिश्री' हो सकती है।

आगे बढ़ना है तो जोखिम तो उठाना ही पड़ेगा, नहीं तो जहां हैं वहीं मकड़ी की भांति पड़े सड़ते रहो। सफलता उनको ही मिलती है जो साहस से आगे बढ़ते हैं और जोखिम उठाते हैं। मौके तो आपको मिलते ही रहते हैं पर आप पर निर्भर है कि कैसे उनको अपने अनुकूल बनाया जाए; काले बादलों में भी बिजली की चमकती रेखा ढूंढी जाए और अपनी परेशानी को अपनी उन्नति की एक सीढ़ी बना दिया जाए। हताशा को विजय और निराशा को सफलता बना देना भी आपके हाथ की बात है। पूरे साहस, निष्ठा और लगन से काम करते रहें।

130 *जीत लो ख्वाब को*

43

को-आर्डिनेशन से सफलता पायें

किसी से प्रशंसा पाने की कामना न करें– सभी लोग अपने कामों में व्यस्त रहते हैं। कभी-कभी जब हम अपना सर्वोत्तम प्रदर्शन दिखाते हैं तो हमें दूसरों से यह प्रशंसा पाने की कामना रहती है कि हमने समाज या दूसरों के जीवन को बेहतर बनाने में कुछ अपना भी योगदान दिया है लेकिन दूसरों से यह कामना करना स्वयं को दुःखी करना ही है। याद रखें, प्रभु यीशू ने 12 कोढ़ियों को चंगा किया था, पर उनमें से सिर्फ़ एक ने ही उन्हें धन्यवाद दिया। एक व्यापारी ने मुझे बताया कि सारे वर्गों में व्यापारीगण ही सबसे स्वार्थी लोग होते हैं। यदि कोई उनके काम का नहीं तो एक सेकेंड में वे उसे निकाल बाहर करते हैं।

पर सिर्फ़ व्यापारी ही नहीं, मेरे अनुभव के अनुसार तो सारा संसार स्वार्थियों से भरा पड़ा है। तारीफ़ करना तो दूर, ज़्यादातर लोग तो आपसे बदले में बिना किसी फायदे के बात भी करना पसंद नहीं करेंगे। जब आप सत्ता में होते हैं तो वे आपकी बड़ी लल्लो-चप्पो करते रहेंगे, पर आप जैसे ही सत्ता से बाहर हुए, वे आपको पहचानेंगे भी नहीं। कभी-कभी तो आपके ही दोष गिनाने लगेंगे।

इस व्यवहार से हमें आश्चर्य नहीं होना चाहिए, क्योंकि यह दुनिया ही ऐसी है इसलिए ऐसे जहान से किसी मान्यता या तारीफ़ की कामना न रखते हुए दंतचित्त होकर पूरी योग्यता से अपना काम करते रहना ही श्रेयस्कर है।

बिना मांगे न अपनी राय देना, न दूसरों के मामले में अपनी टांग अड़ाना– हम लोगों का स्वभाव है कि हम दुनियाभर के सलाहकार बनना चाहते हैं और हर विषय पर अपनी राय बिना मांगे देते रहते हैं। हम यह भूल जाते हैं कि जैसे हमें दूसरों का हमारे मामले में दखल देना अच्छा नहीं लगता, दूसरों को भी हमारा बिना मांगे दखल खलता होगा। हमें इस आदत से बचना चाहिए। हमें भरोसा

रखना चाहिए कि दूसरा अपना काम अच्छी तरह ही कर रहा होगा। बेमांगी राय का कभी स्वागत नहीं होता। एक पुरानी कहावत के अनुसार, बेमांगे न किसी को नमक दें, न अपनी राय। ज़्यादातर लोग भी राय नहीं मांगते, वे तो चाहते हैं कि उनकी बात की सिर्फ़ ताईद ही की जाए, क्योंकि वैसे तो वे सर्वज्ञ होते हैं!

एक तो हमें कभी अनुचित राय देनी ही नहीं चाहिए, दूसरे, वह राय कभी न दें, जो आप स्वयं नहीं अपना रहे। ऐसी राय तो कभी न दें, जो आप पर भरोसा करने वाले को नुकसान पहुंचाए। यह याद रहे कि भगवान ने हर एक को अद्वितीय बनाया है। हर एक में कुछ-न-कुछ ऐसा हुनर होता है, जो किसी और में नहीं होता, इसलिए ज़रूरी नहीं कि उसकी समस्या का वही समाधान हो, जो आपकी समस्या का हुआ हो। इन मामलों में किसी के प्रति द्वेष भी नहीं रखना चाहिए। दूसरों को माफ़ करने से उनका इतना भला चाहे न हो, पर आपकी मानसिक शांति में तो इजाफ़ा हो ही जाएगा।

अगर कोई दुर्घटना या ग़लती होती है तो उसका रोना न रोते रहें। उससे उबरने का प्रयास करें, क्योंकि हर दिन आपको स्वयं को सुधारने का एक नया मौका मिल सकता है। आपको अपने अनुभव के अलावा दूसरों के अनुभव से भी सीख लेनी चाहिए। यह भी याद रखें कि आपका निर्णय तभी सफल होता है जब वह अपने या दूसरों के अनुभव की आंच में पककर निकला हो। जब भी आपको लगे कि आपकी दिशा या दशा ग़लत हो रही है, स्वयं को तुरंत सुधारने का प्रयत्न करें। इस संदर्भ में मैं एक अपना अनुभव बताता हूं।

मैं स्वयं एक डॉक्टर बनना चाहता था और इसके लिए मैंने कॉलेज में चिकित्सा शास्त्र के लिए उपयोगी विषय लिए, पर शीघ्र ही मेरी समझ में आ गया कि मैं यह नहीं कर पाऊंगा, तुरंत मैंने कला संकाय के विष्ज्ञय लेकर, अततः अंग्रेजी में एम.ए. किया। मुझे कभी इसका अफसोस नहीं रहा कि मैं डॉक्टर नहीं बन पाया, क्योंकि मेरी समझ में आ गया था कि मेरे अंदर इसके लिए वांछित योग्यता नहीं है। एक अन्य घटना भी ऐसी ही हुई, जिसे तब मेरे हितैषियों ने भी भयंकर करार दिया था, जब मैंने अपने आई.पी.एस. में चुनाव के उपरांत मैसूर (आज का कर्नाटक) प्रांत में जाना स्वीकार किया। वहां की भाषा, संस्कृति और माहौल के लिए मैं पूरी तरह अनज़ाना था, लेकिन मैंने इसे कभी कोई ग़लती नहीं समझा कि मैं अपने घर से 2000 से ज़्यादा किलोमीटर दूर काम करने गया। इससे न मुझे कोई झटका लगा और न मैं विचलित हुआ, बल्कि अपने बदले माहौल का पूरा लुत्फ़ उठाया।

मेरा तो विचार है कि जिसे हम ग़लत निर्णय कहते हैं, वह निर्णय तो सही ही होते हैं, पर शायद ग़लत समय पर लिए जाते हैं। मैं तो अपनी ग़लतियों को भविष्य के लिए एक सीख मानता हूं। जो आप करना चाहते हैं या होना चाहते हैं, उसको करने से कभी भयभीत न हों, परंतु उसके लिए जो कीमत चुकानी है, उसका भुगतान करने को तैयार रहें। यह याद रखें कि जीवन में एकाध ही मौका मिलता है, दूसरा मौका तो कभी नहीं मिलता। अतः मौके का लाभ उठाएं और जीवन को ऐसे, उसके अनुसार, समन्वित करें कि आपका जीवन आपको वही दे जो आप चाहते हैं।

44

निष्ठावान रहें, सफलता कदम चूमेगी

यदि किसी उपक्रम में आप सफल नहीं हो पा रहे तो उसमें अपना प्रयास तब तक जारी रखें, जब तक सफल न हो जाएं। बीच में ही उसे न छोड़ें। आपका प्रयास यदि निष्ठापूर्ण रहेगा तो सफलता स्वयं आपको ढूंढेगी। यद्यपि सभी काम तो सफलता की उम्मीद में किए जाते हैं, पर कुछ अप्रत्याशित होने की संभावना को ध्यान में रखते हुए दूसरा विकल्प भी सोचकर रखें। अपने विचारों में दृढ़ता तो रखें, पर जड़ता नहीं।

मेरे पिताजी भारत के बंटवारे के पहले हमारे पुश्तैनी गांव खजूरवाला (अब पाकिस्तान में) के प्रमुख थे और सैकड़ों एकड़ ज़मीन के मालिक थे। तब मैं आठ साल का था। हम बेहद कठिन समय से गुज़रे। मेरे स्वर्गीय पिताजी को तो बहुत संघर्ष करना पड़ा। मैं भी घास काटने और उसको बेचने में उनका मददगार रहता था, पर उन्होंने अपनी सैकड़ों एकड़ ज़मीन गंवाने और प्रतिष्ठित पद छूट जाने का कतई रोना नहीं रोया और परिस्थितियों से जूझते रहे। फिर जब पाकिस्तान में अपनी छोड़ी गई ज़मीन की एवज़ में भारत सरकार ने हमें कुछ ज़मीन दी तो उन्होंने दोबारा जीवन व्यवस्थित करने का संघर्ष शुरू किया और कुछ वर्षों में ही हम पुनः आरामदेह जीवन बिताने लायक हो गए। उन्होंने मेरी और मेरी बहनों की पढ़ाई भी पूरी करवाई। मेहनत तथा पूरे उद्यम से काम करने का ही यह नतीजा था।

हमें अपना उद्देश्य तो निश्चित रखना चाहिए, पर उसको पाने के विकल्प कई सोचकर रखने चाहिए। मेरे मां-बाप और अन्य हितैषी चाहते थे कि मैं एक डॉक्टर बनूं, इसलिए मैंने गवर्नमेंट कॉलेज लुधियाना में विज्ञान के विषय लिए, पर वे मुझे बड़े दुरुह और दुर्गम लगे, फलस्वरूप मैं कम-से-कम अंक लेकर ही पास हो पाया।

मेरी समझ में आ गया कि मैं यह विषय नहीं पढ़ सकता, इसलिए स्नातक परीक्षा के लिए मैंने अंग्रेजी ऑनर्स का पाठ्यक्रम चुना। मैं बी.ए. के विषय तो पास कर सका, ऑनर्स वाले नहीं। अंततः मैं बी.ए. हो गया। मुझे जीवन की शुरुआत में ही समझ में आ गया कि यदि अपना लक्ष्य प्राप्त करना है तो बिना पूरी लगन और मेहनत के ऐसा नहीं हो पाएगा। जो बीत गया, उसे भूलकर मैंने अपनी स्नातकोत्तर परीक्षा में कड़ी मेहनत की और ऑल इंडिया सर्विस एग्जामिनेशन में भी अपना भाग्य आज़माया और कई लोगों की कामनाओं को हताश करता हुआ, मैं दोनों परीक्षाओं में पहले प्रयास में ही सफल हो गया। तब मैं मात्र 20 वर्ष का था। मेरी सफलता का रहस्य यही था कि मैंने अपनी योग्यता और क्षमता पहचान ली तथा अपनी शिक्षा की धारा बदलकर वह पाया, जिसके मैं योग्य था। यदि मैं डॉक्टर बनने की ज़िद पर अटका रहता, तो शायद कुछ भी न बन पाता।

ऐसी वैकल्पिक संभावनाएं और अप्रत्याशित परिवर्तन तब ही सूझते हैं जब हम पूरी मेहनत और लगन से कुछ पाने का प्रयास करते हैं। आपका उद्देश्य कभी दृष्टि से ओझल नहीं होना चाहिए और हर विकल्प की संभावनाएं खुली रखनी चाहिए। समस्याएं तो सदा ही पैदा होती रहेंगी, एक सुलझी तो दूसरी सामने आ जाएगी। पिछले हफ्ते मैं बाथरूम में फंस गया, उसका बड़ा सुंदर हैंडल ऐसा फंसा कि दरवाज़ा खुल ही नहीं पाया। सर्दी का मौसम था, मैं पांच मिनट तक घरवालों का ध्यान आकर्षित करने के लिए दरवाज़ा खटखटाता रहा। मैं सर्दी से जकड़ा जा रहा था, कोढ़ में खाज़ यह कि बाथरूम में पानी आना भी बंद हो गया। लगभग आधा दिन लग गया तब कहीं बाहर से मदद मिल सकी।

एक बार ऑफिस में भी हमारी फोटोस्टेट मशीन ख़राब हो गई। हमें संसद के अधिकृत प्रश्नों के उत्तरों की प्रतिलिपि निकालना ज़रूरी था। अंततः एक अफ़सर को बुलाया गया, जिसने यह काम बेहद ऊंची कीमत पर बाहर से करवाया। इस काम को करते-करते सुबह के चार बज गए थे।

यदि हम सदा शीर्षस्थ स्थिति में रहना चाहते हैं तो हमें अपनी क्षमताएं, सोच-विचार इत्यादि को सदा मांजते रहना चाहिए और आंखें खुली रखनी चाहिए। जीवन में कई तरह की स्थितियां पैदा हो जाती हैं। कोई दो स्थितियां बिलकुल एक-सी नहीं होती, थोड़ा-बहुत अंतर तो रहता ही है। ज़रूरी नहीं कि एक का समाधान दूसरे में भी लागू हो सके, इसलिए हमें सदा सृजनशील रहना ज़रूरी है। प्रायः ऐसी स्थितियों में हल हमारी सहज प्रतिक्रियाएं प्रदान करती हैं। हमें उन पर भरोसा करना चाहिए। सदा बाहर से ही प्राप्त मदद कारगर नहीं होती; कभी-कभी आपकी अंतर्प्रेरणा ऐसी स्थितियों में बड़े चमत्कार दिखा देती है।

हमें किसी स्थिति से डरकर चुपचाप नहीं बैठ जाना चाहिए। अपना पूरा प्रयत्न तो करते रहना चाहिए। कभी-कभी हमारी कोई युक्ति बड़ी-से-बड़ी समस्या का भी

चुटकियों में समाधान दे देती है। यदि आपको लगे कि बिना हिचकिचाए किया गया आपका साहसपूर्ण काम वांछित फल दे सकता है, तो उसको चरितार्थ करने में भय नहीं करें। प्राय: लोग समस्याओं के सामने यह समझकर हार मान लेते हैं कि वे इसे सुलझा ही नहीं सकते। उन्हें लगता है कि शायद उनके प्रयास से गड़बड़ी और ज़्यादा हो जाएगी, पर यह याद रखें कि प्रयास करके ग़लती करना, बिना प्रयास के थक-हारकर बैठ जाने से कहीं अच्छा होता है।

जीवन एक परिवर्तनशील चलने वाली प्रक्रिया है। इसमें तरह-तरह की और नई समस्याएं आती रहती हैं। हमें भी उसी के अनुसार अपने को ढालना ज़रूरी है। सदा नए तौर पर किसी समस्या का समाधान करने की सोचें, क्योंकि जीवन में कुछ भी स्थायी और एक-सा नहीं होता। आपके प्रयास से तो वह ठीक भी हो सकता है, चुपचाप हार मानकर बैठने से तो स्थिति कभी नहीं सुधरने वाली, इसलिए सुधार की संभावना की तरफ़ ही काम क्यों न किया जाए।

45

वर्तमान में जीना सीखें?

जीवन में हमें प्रतिपल सीख मिलती रहती है। इस दौरान हम सभी से ग़लतियां भी होती हैं। एक समय मैं भी समझता था कि एक साथ कई काम करने से समय की बचत होती है– यथा खाते हुए फोन पर बात करना; टी.वी. देखते हुए काम करना और एक साथ मोबाइल और लैंडलाइन पर कॉलों का ज़वाब देना, पर शीघ्र ही मेरी समझ में आ गया कि ऐसा करते समय मैं एक भी काम सही ढंग से नहीं कर पा रहा था। सच तो यह है कि एक वक्त में एक ही काम अच्छी तरह हो पाता है। मेरी समझ में आ गया कि आपका समय वर्तमान पर ही केंद्रित रहना चाहिए, जो महत्त्वपूर्ण है और ज़रूरी है। प्राय: हमारे देशवासी विगत और आगत के चक्करों में उनके रहते हैं और प्रस्तुत पर ध्यान नहीं देते। विगत का रोना और आगत का भय दोनों ऐसी क्रियाएं हैं जिनका तत्काल तो आप पर कोई प्रभाव नहीं पड़ने वाला, सिवाय समय और ऊर्जा की बर्बादी के आपको कुछ हासिल नहीं होगा। जो बीत चुका है वह बदला नहीं जा सकता है और जो अभी हुआ नहीं है, उसे आप छू भी नहीं सकते, इसलिए ध्यान सदा वर्तमान पर ही केंद्रित रखना चाहिए।

मैंने भी विगत के स्यापे और आगत के भय में काफ़ी समय खोया है। अब मुझे मेरी ग़लती का अहसास हो चुका है। विगत तो दफ़न हो चुका है और आगत के बारे में कुछ नहीं कहा जा सकता, सिवाय इसके कि अपने वर्तमान में प्रयत्न से ही हम इसे बेहतर बना सकते हैं।

इसलिए हमारे ध्यान का केंद्र प्रस्तुत या वर्तमान पर ही होना चाहिए। एक अध्ययन ने यह बताया कि लोगों को ज़्यादातर यही अफ़सोस रहता है कि 'बेवज़ह

पैसा नहीं बचा पाए!' उसके बाद उन्हें अफ़सोस रहता है कि स्कूल में वे ज़्यादा मेहनत नहीं कर पाए, जो उन्हें करनी चाहिए थी। अन्य अफ़सोस के कारण होते हैं– धूम्रपान क्यों शुरू किया, ज़्यादा व्यायाम क्यों नहीं किया या दुनिया ज़्यादा क्यों नहीं देखी। अफ़सोस के ये कारण सही हो सकते हैं, पर यह भी सत्य है कि बीती बात पर रोने से कुछ नहीं मिलता। परिवर्तन जीवन का अटल नियम है और जो विगत में ही रहते हैं, वर्तमान की अनदेखी करते हैं, उनका भविष्य भी हाथ में निकल जाता है।

यह भी सच है कि यह हम सभी को मालूम रहता है, पर ज़रूरी यह है कि आप स्वयं से पूछते रहें– ''मैं ऐसा क्या करूं, जिसका उम्दा प्रभाव हो और बढ़िया परिणाम मिले?'' दुनिया तो वही रहती है, पर हम सबका उसको देखने का नज़रिया अलग-अलग होता है। जब हम अच्छी चीज़ों की कामना करते हैं तो वे उन्हें आकर्षित भी करते हैं।

स्वयं से पूछते रहें कि क्या करने से जीवन पर एक धनात्मक प्रभाव पड़ेगा। आपको अपना एक ऐसा दोस्त खुद ही बनाना पड़ेगा, जो सतत आपका उत्साह बढ़ाता रहे और हौसला देता रहे।

जिस दिशा में आप जाना चाहते हैं, उसके लिए पूरी चेष्टा करनी चाहिए, पर यह भी देखें कि ऐसा करने से आपको क्या हासिल होने वाला है। संभावित परिणाम जान लेना, बाद में पछताने से कहीं अच्छा है। ऐसा कर आप अपनी मर्ज़ी से स्वयं को ताकत देते रहते हैं। आप प्रसन्न लोगों से मिलें या दु:खी लोगों से– यह आपका अपना चुनाव होता है।

जहां तक भविष्य का प्रश्न है, लोगों की इसके बारे में प्राय: तीन प्रकार की प्रतिक्रियाएं होती हैं, इसे होने दो, यह क्या और कैसा प्रभाव देगा और ऐसा क्यों होगा? पर यह स्पष्ट है कि भविष्य उन्हीं का बनता है जो इसके स्वागत के लिए तैयार होते हैं। अंतत: यह जीवन तो आपका ही है और इसके अच्छे-बुरे होने की जिम्मेदारी केवल आपकी ही है। आपको मालूम होना चाहिए कि आप इससे क्या चाहते हैं। यदि आप अपना उद्देश्य स्पष्ट पहचान सके तो आधी लड़ाई तो आप जीत ही लेते हैं। आपको स्वयं ही तय करना होता है कि कैसे इसको प्राप्त किया जाए।

इसके लिए आपको कई संघर्ष करने होते हैं; कई लोगों का सामना भी करना होता है। आप लोगों को तो बदल नहीं सकते और ऐसा प्रयास करना भी दु:ख को ही न्यौता देता है। इससे अच्छा है कि आप स्वयं में बदलाव लाएं, जो आपकी क्षमता में होता है। यदि आप स्वयं में वांछित बदलाव ला सकें तो आपको एक गहन सुख की अनुभूति होगी कि आप अपनी मनचाही दिशा में अग्रसर हैं।

अप्रिय घटनाओं पर शोक मनाना बेकार है। हर एक की शिकायत करने से स्वयं को बचाएं। अच्छा यही है कि आप बुरे-से-बुरे माहौल में अच्छाई का अंश

जीत लो ख्वाब को

ढूंढते रहें। हर आदमी में कुछ-न-कुछ अच्छा होता है और कुछ बुरा। आप में यह समझ होनी चाहिए कि बुरे में से किस प्रकार अच्छाई ढूंढें और उसे अपनाएं। जैसे हम चाहते हैं कि हमें अपने स्वतंत्र निर्वाह के लिए हमेशा जगह उपलब्ध रहे, वैसे ही औरों की भी कामना होती है। इसकी गुंज़ाइश दूसरों को भी देते रहें। सदा परेशानियों का रोना न रोते रहें। जगह की कमी, ट्रैफिक जाम, अपराध, दुर्घटनाएं, बढ़ती कीमतें, नित्य का लंबा कार्यकाल, दबंग अफ़सर, कामचोर मातहत, भीड़भाड़ के कारण विलंब इत्यादि तो कुछ ऐसे विषय हैं जिन पर विश्वभर में लोगों की शिकायतें रहती ही हैं। हर चीज़ हर जगह सही कभी नहीं हो सकती। सब कुछ एक साथ पाने की कामना अंततः आपकी झोली में कुछ भी नहीं डाल पाती। 'सारी' पाने के चक्कर में 'आधी' भी नहीं मिलती! एक साथ कई कामों को शुरू कर देने का परिणाम प्रायः असंतोष ही होता है। स्नायु विशेषज्ञों का कहना है कि दिमाग़ एक साथ दो कामों में ध्यान केंद्रित नहीं कर सकता। अतः वही करें जो आपको अपने लिए सही लगता है और उसे पूरे मनोयोग से करें। सफलता का यही नुस्खा है। जो सामने है, उपलब्ध है, उसी में ध्यान लगायें।

गौतम बुद्ध ने कितना सही कहा था– ''विगत से निकलो और आगत के स्वप्न देखना छोड़ो, जो प्रस्तुत है उसी में ध्यान लगाओ!''

46

चुनौतियों का सदा समाना करें?

जीवन में चुनौतियों का सामना तो हर व्यक्ति को, हर पीढ़ी को सदैव करना ही पड़ता है पर सफल वह होता है जो इन चुनौतियों के व्यवधानों को अपनी उन्नति की सीढ़ी बना लेता है। जीवन पर गौर से नज़र डालें तो स्पष्ट होगा कि इसमें हर क़दम पर कोई-न-कोई चुनौती छिपी रहती है।

चुनौती को एक रुकावट, व्यवधान, समस्या या आगे बढ़ने और उन्नति करने के मौके के रूप में लिया जा सकता है, यह आप पर ही निर्भर है कि इसे आप किस रूप में देखते हैं। किसी समस्या का समाधान का सही फल तो आपको बाद में ही मिलता है; तुरंत तो सिर्फ़ सिनेमा या कल्प कथाओं में ही होता है, जीवन में नहीं!

दूसरों को आपकी समस्याएं हल्की परेशानियां लग सकती हैं पर आपके लिए तो जीवन-मृत्यु का सवाल खड़ा कर सकती हैं। एक बार मैं दिल्ली से बाहर जा रहा था अपना घर बंद करके, क्योंकि वहां और कोई नहीं था, पर पता नहीं मैंने घर की चाबी कहां रख दी थी। यह एक विकट समस्या हो गई— या तो घर खुला छोड़कर जाओ या तयशुदा ट्रेन से जाना रद्द करो। मैं चाबी हर संभावित जगह पर ढूंढता रहा— घर के पीछे के हिस्से में भी गया, पर अंतत: वह मुझे मेरे मोबाइल फोन वाले बैग में ही मिली और जान-में-जान आई। दूसरों को यह एक साधारण समस्या लग सकती है पर उस समय यह विकट थी, अपना प्रोग्राम रद्द करो, रिज़र्वेशन के पैसे गंवाओ, जिसका भुगतान प्रोग्राम के संयोजन कर्ताओं ने ही किया था।

यदि कोई उलझन सामने आए तो उससे घबराना नहीं चाहिए, उसको दूर करने का जमकर प्रयत्न करेंगे तो उसकी काट भी निकल ही आएगी। वैसे भी ये उलझनें

ही तो हमें अपनी उपलब्धि की कीमत का महत्त्व समझाती हैं। यह तो यूं समझें कि अगर सर्दी नहीं झेली हो तो वसंत का क्या मज़ा, यदि गरीबी नहीं काटी तो अमीरी में क्या लुत्फ़ आएगा?

भारत का जब विभाजन हुआ तो पंजाब के लगभग हर परिवार पर कहर टूटा था। हर एक की कथा यही है– अचानक ख़ूब ख़ुशहाल लोग पैसे-पैसे को मोहताज़ होकर बेघर हो गए। मेरे अपने परिवार का भी यही हाल हुआ। मेरे पिता स्वर्गीय करतार सिंह अपने पूरे परिवार– मैं, मेरी माता और दो बहनों– के साथ 1 अगस्त, 1947 को अपना पुश्तैनी गांव खजूरवाला छोड़कर भारत आ गए थे। जेब में कुल पूंजी थी– 400 रुपए!

हमारा मन था कि 15 अगस्त, 1947 को अपने देश का स्वतंत्रता समारोह देखें। 15 अगस्त तक हमारे पिताजी ने 200 रुपए खर्च कर दिए थे। 15 अगस्त को जब हम लोग पं. नेहरू, लॉर्ड माउंटबेटन एवं लेडी माउंटबेटन इत्यादि को बग्घी में आते देख रहे थे तो किसी जेब कतरे ने मेरे पिताजी की जेब से बचे 200 रुपए भी साफ़ कर दिए। अब हमारे पास एक पैसा नहीं बचा था, पर मैंने अपने पिताजी के चेहरे पर कोई शिकन नहीं देखी। मेरी मां के जेवरात (सोने के कंगन इत्यादि) बेचकर कैसे भी काम चला। फिर सरकार ने पाकिस्तान में छोड़ी गई ज़मीन के एवज़ में हमें थोड़ी-सी ज़मीन भारत में प्रदान की और कुछ काम चलने लगा। वह घास खोदकर बेचते थे और मैं पशु चराता था और उनकी रखवाली करता था। थोड़े-बहुत पैसे मिलते थे, जिनसे हमारी रोटी चलती थी। सरकार की दी हुई ज़मीन पर मेरे पिताजी ने इतनी मेहनत और चतुराई से काम किया कि हमारे दिन सुधर गए। यह उसकी लगन और हिम्मत थी कि हम उन बुरे हालातों में ज़िंदा रह सके।

आज मैं सोचता हूं कि यह एक बेहद कड़ा आघात था, पर शायद मेरे लिए आंखें खोलने वाली घटना थी, तब ही मुझे पैसे की समझ में आई, पर आज हमारी तीसरी पीढ़ी बेहिचक हज़ारों रुपए खाने-पीने और सैर-सपाटे में उड़ा देती है।

सच कहूं तो अपने जीवन की कोई भी उलझन दूर करने की रुकावट हम स्वयं ही होते हैं। अगर हम अपना दृष्टिकोण धनात्मक रखें, हौसला बुलंद रखें और हल ढूंढने को आतुर हों तो हम जीवन की हर विपरीत परिस्थिति से भी पार पा सकते हैं।

जब भी कोई चुनौती सामने आए तो बज़ाय उससे नज़र चुराने के हमें उसका सामना कर इसको जीतने का रास्ता ढूंढना चाहिए। कभी-कभी तो सीधे छलांग लगाने से, उससे कतरा कर निकलने से भी काम बन जाता है। यदि एक तरीका कामयाब न हो तो दूसरे विकल्पों का प्रयोग करें, पर चुनौतियों को स्वयं पर हावी नहीं होने देना चाहिए। याद रखें, पतंग और हवाई जहाज हवा के विरोध में ऊपर उठते हैं, उनके साथ बहकर नहीं।

आप जैसे-जैसे चुनौतियों को दूर करते जाएंगे, दूसरे लोग आपको सम्मान देने लगेंगे। सदैव चुनौतियों से जूझने पर ही उनको हम दूर कर सकते हैं, हिम्मत हारने से नहीं। समस्याएं और चुनौतियों को पार करना ही सफलता की कीमत चुकाना है।

एक सफल व्यक्ति सिर्फ़ मनचाही चुनौतियों से ही नहीं जूझता, वह हर चुनौती का सामना करता है। जो चलता है वही गिरता है, बैठा हुआ तो नहीं। जो चलता है वही मंज़िल भी पाता है। राह में जितनी परेशानियां आएं, मंज़िल उतनी ही ज़्यादा प्यारी लगती है। हम में से हर एक के पास कोई-न-कोई विशिष्ट योग्यता होती है। हमारे पास संकल्प के रूप में अकूत ताकत भी होती है पर हम कभी उसको महसूस ही नहीं करते। परेशानियों, चुनौतियों में ही आपकी असली ताकत अपना जौहर दिखाती है, इसलिए उनसे डरें नहीं, क्योंकि यह तो वह मौका है जब आप अपनी सारी क्षमता-योग्यता, आपकी संपूर्ण कलाओं के साथ प्रकट हो सकती है। ऐसा न करके हम अपने पास रखी पूंजी को व्यर्थ में ज़ाया होने देते हैं। आप अपनी साधारण सीमाओं को ही अपनी क्षमता का अंत न मानें, आप में बहुत कुछ ज़्यादा करने की कुव्वत है, अपने को मौका तो दीजिए। याद रखें, मानव की क्षमताएं असीम होती हैं, यदि वह संकल्प ले ले। उसकी बुद्धिमता, कल्पना शक्ति चमत्कार करने की ताकत रखती है। अपने को असहाय व कमज़ोर न समझें और हर चुनौती का डटकर सामना करें।

47

शरीर स्वस्थ तो दिमाग तेज

कुछ भी करने के लिए शरीर तो स्वस्थ होना ही चाहिए। यदि शरीर स्वस्थ नहीं रहेगा तो हम कुछ भी अच्छी तरह नहीं कर पाएंगे– न मेहनत ही होगी, न हमारी सोच ही दुरुस्त होगी। इसलिए किसी भी अच्छी सेवा में जाने के लिए हमारा शरीर स्वस्थ होना, पहली अर्हता होती है – चाहे पुलिस की सेवा हो, फौज में जाना हो या निजी सुरक्षा सेवाओं में।

इसलिए सरकारी सेवाओं में भर्ती के पूर्व चुने प्रत्याशियों की चिकित्सीय जांच होना अनिवार्य है। योग्यता का प्रमाणपत्र पाकर ही उनका अंतिम चुनाव निश्चित हो पाता है, क्योंकि यदि शरीर स्वस्थ नहीं होगा तो हमारा दिमाग़ उसी पर केंद्रित रहेगा और हम मनचाहा काम सही तरह नहीं कर सकते, अपनी महत्त्वाकांक्षा को प्राप्त करना तो बहुत दूर की बात है। माना भी जाता है कि हमारा स्वस्थ शरीर सबसे बड़ी पूंजी होता है। एक कहावत के अनुसार– ''आदमी के स्वास्थ्य की सही जांच के लिए देखो– यदि वह दो सीढ़ी एक साथ चढ़ता है तो वह स्वस्थ है और दवाई की दो गोली एक साथ खाता है तो वह अस्वस्थ है!''

इसीलिए शरीर और दिमाग़ का घनिष्ठ संबंध माना जाता है। दिमाग़ तब ही बढ़िया काम करता है, जब वह पूर्णतः स्वस्थ हो। मनुष्य सदियों से यह जानने का प्रयत्न करता रहा है कि कैसे शरीर और मन को स्वस्थ रखे।

अच्छे स्वास्थ्य को प्राप्त करने के कई तरीके और तत्व हैं– खुली हवा में रहना, थोड़ा व्यायाम करते रहना, सही खुराक लेना और प्रसन्नचित्त रहना, इत्यादि। हम सभी को ऐसी समस्याओं का सामना तो करते ही रहना पड़ता है जो हम पर दबाव बढ़ाती हैं। परिवेश या माहौल का परिवर्तन और पारिवारिक समस्याएं इत्यादि कई ऐसे घटक हैं जो हमारे स्वास्थ्य को प्रभावित करते हैं।

जीत लो ख्वाब को

अत: अच्छा स्वास्थ्य और एक स्वस्थ दिमाग़ रखने का एक तरीका है– स्वयं को व्यस्त रखना। जब मैं यह लेख लिख रहा था तो मेरे चचेरे भाई बाबूराम का हनुमानगढ़ से फोन आया। वह कह रहा था कि अब घूमना-फिरना मुश्किल हो गया है, क्योंकि मन में किसी-न-किसी बीमारी का ख़्याल आता ही रहता है। मैंने इसका ज़वाब पुरानी पंजाबी कहावत में दिया– "बैठ गया तो गुहा, लेट गया तो मुआ– जो चलता रहा तो लोहा!" (जो बैठा रहता है वह तो गोबर है, लेटा रहता है वह मुर्दा है, पर जो चलता रहता है वह लोहे के समान सुदृढ़ रहता है)। अपनी व्यस्तता में भी अपने स्वास्थ्य का ख़्याल रखना चाहिए। यदि ध्यान नहीं रखेंगे तो आप एक ऐसे मैकेनिक के समान हैं जो अपने औजारों का ही ख़्याल नहीं रखता है।

वैसे मन या दिमाग़ का लोगों के लिए अलग-अलग अर्थ होता है। हल्के-फुल्के रूप में इसका अर्थ चेतना से होता है, जिसमें याददाश्त, कामनाएं, कल्पनाएं, भावनाएं इत्यादि सभी शामिल हैं। वस्तुत: मन शरीर का कोई ऐसा हिस्सा नहीं होता, जिसको देखा या छुआ जा सके। यह तो एक अमूर्त अस्तित्व होता है, जिससे हम बहस करते हैं और सर्वोत्तम मार्ग लेने के लिए मनाते रहते हैं। यह हमारी बुद्धिमत्ता और तर्क शक्ति का समेकित रूप है जो हमारे कर्म का कारण देता है। खैर! ... कुछ भी हो, पर मन का शरीर पर या हमारी हर गतिविधि पर पूरा प्रभाव पड़ता है।

लेकिन अभी तक ऐसा कोई यंत्र या मशीन नहीं बनी जो इसकी ताकत को नाप सके, पर यह भी सच है कि इसके बिना हम कुछ कर भी नहीं सकते – जैसे हमें रहने को अच्छा मकान चाहिए, उसी तरह हमारे मन को भी शरीर रूपी एक स्वस्थ आवास चाहिए। वस्तुत: हमारी हर ताकत और प्रसन्नता का आधार हमारा स्वस्थ मन ही होता है।

कभी-कभी यह सवाल भी उठता है कि स्वास्थ्य की परिभाषा क्या है। 'विश्व स्वास्थ्य संगठन' के अनुसार– 'स्वास्थ्य का अर्थ हमारे मानसिक, शारीरिक और सामाजिक चेतना का पूर्ण स्वस्थ होना है; इसका अर्थ किसी कमज़ोरी या व्याधि का मात्र अभाव ही नहीं होता।' यह भी सच है कि पहले लोग धन कमाने के चक्कर में स्वास्थ्य गंवा देते हैं और फिर स्वास्थ्य सुधारने के चक्कर में धन गंवाते रहते हैं। हम सभी को यह सीख लेनी चाहिए, थोड़ी-बहुत मेहनत और व्यायाम करते रहें, तभी स्वास्थ्य अच्छा रह पाएगा। स्वस्थ रहने के लिए बच्चों की एक कविता है:-

"कोई मना नहीं कर सकता
कि कहीं भी ये छह डॉक्टर सर्वोत्तम रहते हैं;
धूप, पानी, विश्राम, हवा, व्यायाम और खुराक;
ये सदा आपकी देखभाल करते रहते हैं
यदि आपका मन चाहे
तो ये कोई भी व्याधि दूर कर सकते हैं

बिना एक पैसा लिए!''

कभी-कभी यह भी पूछा जाता है कि कैसे पता लगाएं कि कोई दर्द मामूली है या ख़तरनाक? इसका उत्तर है कि हर दर्द (भावनात्मक, भौतिक या मानसिक) एक संदेश देता है आपके स्वास्थ्य के बारे में– ''यदि हम ऐसा ख़ूब करें तो हम जीवंत और जीवित रहेंगे; यदि हम ऐसा कम करेंगे तो हम ज़्यादा अच्छे रहेंगे।'' इस संदेश को हमें समझना पड़ता है। यदि दर्द तीखा है तो हमें जीवन में काफ़ी बदलाव लाने ही ज़रूरत है; यदि हल्का है तो कम परिवर्तन करने पड़ेंगे। इसमें शामिल हैं कुछ पुरानी बुरी आदतों से त्राण पाना और कुछ अच्छी आदतें अपनाना।

आदमी अपने अनुभव से सीखता है। एक ज़माना था कि मुझे होटल-रेस्तरां का खाना बहुत रुचता था, पर एक बार एक फाइव स्टार होटल में खाना खाने के बाद मुझे फूड पॉयज़निंग हो गई, तब से मैं जब भी फाइव स्टार होटलों की पार्टी में जाता हूं तो सिर्फ़ फल या हल्के, पचने वाले वसा रहित व्यंजन ही लेता हूं। यहां तक कि पार्टियां भी मज़बूरी में ही अटैंड करता हूं। देश-विदेश में जाता रहता हूं, जहां हमें फाइव या सेवन स्टार होटलों में ठहराया जाता है।

अब तो अपने विगत के कटु अनुभव के बाद मैं प्राय: फलों का रस या फल ही लेता हूं। एक बार किसी ने मुझसे पूछा कि आपका वज़न तो कम हो गया है, पर चेहरे पर तेज़ कैसे बरकरार है। मैंने कहा कि यह फाइव स्टार होटलों की कृपा है, जहां मुझे महीने में एकाध बार तो जाना ही पड़ता है और मैं बहुत चुन-चुनकर स्वास्थ्यवर्द्धक फल या जूस या हल्की, सुपाच्य ख़ुराक ही लेता हूं।

स्वस्थ रहने के लिए कोई एक डॉक्टरी नुस्खा नहीं होता। इसके लिए तो आपको स्वयं प्रयत्न करना पड़ता है– नियमित व्यायाम, संतुलित आहार इत्यादि। नित्य व्यायाम तो अब मेरा अटूट हिस्सा है, यदि न करूं तो खाली-खाली लगता है। सिर्फ़ कहीं बाहर आना-जाना हो तब ही यह क्रम टूटता है। याद रखें, संतुलित आहार, नियमित व्यायाम, पूरी नींद एवं प्रसन्नचित रहना, स्वस्थ रहने के कुछ अनिवार्य नियम हैं। यदि प्रखर मस्तिष्क की कामना है तो आपको अपना शरीर भी स्वस्थ रखना ही पड़ेगा, तभी आप एक उच्च गुणवत्ता पूर्ण जीवन बिता सकेंगे और अपना चुना हुआ लक्ष्य पा सकेंगे।

48

आत्मसम्मान से समझौता न करें

आत्मसम्मान का भाव आपके चारों तरफ़ एक फौलादी कवच के समान होता है, जिसे कोई भेद नहीं सकता। आत्मसम्मान और आत्म-गौरव लगभग एक से ही भाव हैं और दोनों ही आत्मानुशासन के फल हैं। आत्मसम्मान का आधार है जीवन में अपने हर एक काम और गतिविधि की जिम्मेदारी स्वीकार करना। इसकी नींव अपने आप के प्रति ईमानदार होना है, भले ही कोई कुछ भी कहे। दूसरों को प्रसन्न करने के चक्कर में कभी आत्मसम्मान से समझौता नहीं करना चाहिए। जब आप अपनी अपेक्षाओं पर खरे उतरते हैं तो आपका अपने प्रति सम्मान बढ़ता है। इसे कभी खोने न दें, चाहे दुनिया कुछ भी कहे।

जब तक आप स्वयं न चाहें, इसको कोई छू भी नहीं सकता। बेशक, कुछ लोग जो 'कुली' होते हैं, जो दबे को दबाते हैं और दबंग से दबे हैं, उनसे निर्वाह में इस पर काफ़ी आंच आने का ख़तरा रहता है– ऐसे कई मित्र, बॉस या मातहत मिलते हैं– पर आपको इसे अक्षत रखना चाहिए। मेरे साथ तो ऐसे कई मौके आए जब ऐसे लोगों ने अपनी राय मुझ पर थोपनी चाही। ऐसा तो होता ही रहेगा, पर आपको सदैव सचेत रहना चाहिए कि आत्मसम्मान, आत्मविश्वास और आत्मगौरव न टूटे। आत्मसम्मान का अर्थ– अपने किए की पूरी जिम्मेदारी स्वीकार करना है, चाहे वह आपकी ग़लती हो, त्रुटि हो या ग़लतफहमी हो। ग़लती का अर्थ तो समझ का फ़र्क होता है पर इसके उजागर होने पर इसके उत्तरदायित्व से बचना कायरता है– आत्मसम्मान को खोना है।

एक बार मेरे एक घनिष्ठ संबंधी ने परिवार के मामले में कुछ ग़लत टिप्पणी की। मैंने उनसे स्पष्ट शब्दों में कह दिया कि यह विषय ख़त्म हो चुका है और चर्चा

योग्य नहीं है। ऐसे ही एक बार मेरे एक पड़ोसी ज़ाहिरी तौर पर मेरे सलाहकार पर प्रच्छन्न रूप से अपना कुछ काम करवाने के लिए मुझ पर दबाव बढ़ाने लगे। मैंने उनकी अवहेलना की और पिंड छुड़ाया। एक बार तो मेरा एक मातहत मेरे आदेश को टालने की इसलिए कोशिश करता रहा कि वह आदेश मेरे ही हित में नहीं होगा। मेरे आगाह करने पर भी जब वह नहीं माना तो मुझे उसे सेवा से खारिज़ करवाना पड़ा, यह कहकर कि उसकी ग़लती से बहुत हानि हुई है।

इस तरह के कार्यों में यदि आप ठसक से अपनी बात नहीं कहेंगे तो आपका आत्मगौरव खंडित होता जाएगा। दूसरों की तरह हम भी अपना सम्मान स्वयं अपने लिए अर्जित करते हैं। यदि कोई काम आपने किसी दबाव या लालच में आकर किया है, जो आपको नहीं करना था, तो निश्चित आप अपनी नज़रों में गिरेंगे और इस प्रकार अपना आत्मसम्मान खोएंगे। दूसरे भी आपको तब ही सम्मान देते हैं, जब आप स्वयं को सम्मान देते हैं पर यह क्षत-विक्षत तभी होता है जब आप इसकी छूट देते हैं। कोई दूसरा आपका सम्मान खंडित कर ही नहीं सकता, जब तक कि आप न चाहें। अपना आत्मसम्मान कायम रखने का एक नियम है– कभी वह काम दूसरों के लिए न करें जो आप खुद नहीं कर सकते। यदि दूसरों के प्रति सम्मान का भाव रखेंगे तो आप स्वयं भी अपना आत्मसम्मान अक्षत रखेंगे और जितना आपका अपने ऊपर विश्वास दृढ़ होगा, उतने ही आप अपने प्रयास में सफल रहेंगे। सौंदर्य और बुद्धिमत्ता भी गुण है पर सबसे बड़ा गुण है आत्मसम्मान रखना। जो आपको सही लगता है और आप वही करने का हौसला रखते हैं तथा करते भी हैं तो आपका आत्मविश्वास, सम्मान व गौरव क्यों नहीं बढ़ेगा। आत्मसम्मान तब प्राप्त होता है, जब आप समझते हैं जो-जो सही था, वह आपने किया है और जो सत्य था वही आपने कहा है। यह बाज़ारों में नहीं मिलता, न दौलत से ख़रीदा जा सकता है; यह तो एक स्वत: उद्‌यूत भाव है, जो करनी और कथनी के साथ से पैदा होता है।

इसको एक ख़तरा तब भी रहता है जब आप अपनी तुलना दूसरे से करते हैं। सभी तो एक जैसे नहीं होते हैं, न हो सकते हैं। हर कोई कुछ ख़ास गुण लेकर पैदा होता है। दूसरे के कुछ गुण आप में नहीं होंगे और आपके कुछ गुण उसमें नहीं होंगे। बेवज़ह तुलना से आप मन में व्यर्थ ही हीन भावना लाकर अपने आत्मसम्मान के भाव में सेंध लगाते हैं। यह ठीक है कि मैं गाना अच्छा नहीं गा सकता। बाथरूम में ही सुर नहीं बंधता और लता मंगेशकर या मोहम्मद रफी सैकड़ों क्या हज़ारों गाने बड़े सधे हुए सुर में कहीं भी गा सकते हैं तो क्या मैं उनसे हीन हूं? इस क्षेत्र में वे मुझसे आगे हो सकते हैं, लेकिन ऐसे कई अन्य क्षेत्र हैं जिनमें वे मेरे सामने नहीं ठहर सकते। ऐसे फालतू के भावों से बचने के लिए सदा अपने गुणों की तुलना, अपने प्रदर्शन से ही करें, किसी दूसरे से नहीं। आप तो स्वयं से अपना मुकाबला करके निरंतर प्रगति को प्राप्त करते रहें। यदि कभी कोई आपको हीन बताता है तो

उस भाव को मन में पनपने ही न दें, क्योंकि अपने पर तरस या दया का भाव रखने से ज़्यादा कोई अहितकार भाव नहीं होता है।

अपने अंदर सदा धनात्मकता का संचार रखें। ऐसे टी.वी. प्रोग्राम, अख़बार की ख़बरें या उपन्यास आदि न पढ़ें, जिनसे मन में ऋणात्मकता आती हो, क्योंकि यदि ऐसे भावों को आपने अंदर जाने दिया तो एक-न-एक दिन वे ज़रूर अपना प्रभाव पैदा करेंगे। इस संदर्भ में मैं प्रसिद्ध अंग्रेजी उपन्यासकार थॉमस हार्डो का भी ज़िक्र करना चाहता हूं। मुझे तो वह सदा रूखा, चिड़चिड़ा व मन में उदासी पैदा करने वाला लेखक ही लगा। यदि मेरी बात मानी जाए तो मैं तो पी.जी. वुडहाउस जैसे मज़ेदार उपन्यास लिखने वाले को ही प्रश्रय दूंगा। जोक्स की किताबें या वे पुस्तकें जो मन में उत्फुल्लता और आनंद जगाएं– वही पढ़नी चाहिए, जिससे मन में कभी कमज़ोरी न आए और अपने अंदर कोई विषणता न पैठ पाए, तभी आत्मसम्मान बचेगा और आत्मगौरव का भाव वृद्धि पाएगा।

49

पाजिटिव थिंकिंग को मूल मंत्र बनाएं

हम सभी चाहते हैं कि जीवन-यापन का ढर्रा ऐसा हो कि हर काम शीघ्र हो जाए और कोई निराशा या असफलता न झेलनी पड़े, पर ऐसा हो नहीं पाता। क़दम-क़दम पर हमें ऋणात्मक विचार, काम, ऐसी मानसिकता वाले लोगों से मुलाकात करनी पड़ती है, जिनसे हम कभी मिलना नहीं चाहेंगे।

ऋणात्मक (निगेटिव)और धनात्मक (पाजिटिव) दो एकदम विपरीत दिशाएं हैं। चुनाव तो हमको ही करना है कि किधर चलें। सिर्फ़ धनात्मक विचार ही रखना काफ़ी नहीं, उनका उसी रूप में क्रियान्वयन करना भी ज़रूरी है। यदि हम अपने कमरे में प्रकाश और उत्फुल्लता चाहते हैं तो हमें उठकर खिड़कियां खोलनी ही पड़ेंगी, नहीं तो कितना भी हम धनात्मक रहें, असर तो ऋणात्मक ही रहेगा। हमें केवल सही या सकारात्मक रास्ता ही नहीं चुनना होता है, यह भी देखना ज़रूरी है कि हमारा कर्म हमें किस तरफ़ ले जा रहा है। पहले जब लोग मुझसे हाल-चाल पूछते थे तो मेरा ज़वाब होता था– 'बुरा नहीं है!' पर इसको अब मैंने बदल दिया है। अब मैं कहता हूं– 'बहुत बढ़िया-उम्दा-श्रेष्ठ!' क्योंकि इस ज़वाब में धनात्मकता अपने पूरे ज़ोर से चमकती है, जबकि पहले वाले में तो सिर्फ़ ऋणात्मकता की अनुपस्थिति ही स्पष्ट हो पाती थी। इस ज़वाब से आप दूसरे को भी ऋणात्मकता के साथ अनुप्राणित कर सकते हैं।

असल में ये दोनों प्रकार ही अपना असर फैलाते हैं। यदि हम धनात्मकता चाहते हैं तो स्पष्ट रूप में इसको ही व्याप्त होने दें। दूसरों– सुनने वालों को भी तो इसका स्पर्श कराएं। वैसे भी आप जैसा प्रभाव चाहते हैं, वैसा ही फैलाते हैं। यदि धनात्मक रहेंगे, धनात्मकता फैलाएंगे तो ऐसे ही लोग मिलेंगे, ऋणात्मक रहेंगे तो वैसे ही लोग अपनी तरफ़ आकर्षित होते रहेंगे।

यह ठीक है कि सब में अच्छे गुण नहीं होते, पर ऐसा तो कोई नहीं होता, जिसमें सिर्फ़ अवगुण ही हों, गुण न हों। हमें कोशिश यही करनी चाहिए कि ऋणात्मकता में भी धनात्मकता के अंश ढूंढें और उनको बाहर लाने का प्रयत्न करें।

बज़ाय छिद्रान्वेषी होने के, हमें दूसरों की योग्यता का अन्वेषण करना चाहिए। हर एक में कोई-न-कोई तो ऐसा गुण मिल ही सकता है, जो आप में न हो। इसी को ग्रहण करने का प्रयत्न करें। इससे आपका जीवन ज़्यादा धनात्मक होगा और आपके संपर्क में आकर उस व्यक्ति की भी ऋणात्मकता घटेगी, यह ज़रूरी नहीं कि आप धनात्मक व्यवहार करने वाले व्यक्तियों की तलाश करते रहें। ऐसा पूरी तरह धनात्मक व्यक्ति तो आप कभी नहीं ढूंढ पाएंगे। अच्छा यही हो कि आपके जो भी साथी, सहयोगी, मित्र, रिश्तेदार मिलें, उनमें से उनकी अच्छाइयों को बाहर लाकर स्वयं भी लाभांवित हों और उसके व्यक्तित्व से भी बुराइयों का शमन करवाएं। संगति का बड़ा असर होता है। सदा प्रसन्नता से हर एक का स्वागत करें। मुस्कान एक ऐसी चेष्टा है जो माहौल से ऋणात्मकता हटाकर धनात्मकता स्वतः बढ़ाती है।

यदि किसी कारणवश मुश्किल हालात में, आपके अंदर भी ऋणात्मकता का संचार हो जाए तो उसको तुरंत बाहर निकालने का प्रयास करें। चाहे इसके लिए आपको क्षमा याचना तक क्यों न करनी पड़े। एक बार मेरा ड्राइवर स्टेशन पर कार लेकर बहुत देर से आया। मुझे भीड़ भरे स्टेशन पर काफ़ी प्रतीक्षा करनी पड़ी। कारण पूछने पर उसने बताया कि वह ट्रैफिक जाम में फंस गया थ। घर जाकर मैं अपनी पत्नी पर भी बरसा कि गाड़ी इतनी देर में स्टेशन पर क्यों भेजी। बाद में मुझे महसूस हुआ कि इसमें इन दोनों की कोई ग़लती नहीं थी। यह परेशानी अप्रत्याशित थी। अतः मेरा उन दोनों पर क्रोध प्रकट करना ग़लत था। यह ऋणात्मकता मेरे अंदर आई थी। मैंने तुरंत इसका परिहार अपनी पत्नी और ड्राइवर, दोनों से क्षमा याचना कर किया।

हम सब अपनी-अपनी तर्क-बुद्धि से अपना जीवन-यापन करते हैं पर हर एक को अपना तर्क ही सही लगता है, लेकिन यह सही नहीं है। बर्नाड शॉ की इस उक्ति से सहमत होना ज़रूरी नहीं कि "तर्कसम्मत आदमी ही दुनिया की बात मानता है।" बेतुके लोग भी ऐसा करते हुए मिल सकते हैं। अपने तर्क को सदा दूसरों की परिस्थिति में जांचकर ही हम इसके सही या ग़लत होने का निर्णय कर सकते हैं।

आप अपने काम में कितने भी माहिर हों, समस्याओं से तो आप बच नहीं सकते। कोई जटिल काम, लड़ाकू ग्राहक, स्नायु-भंजक काम ख़त्म करने का समय- कभी-न-कभी तो आपके सामने आएंगे ही, लेकिन इनसे जूझने का तरीका आपको साधारण से असाधारण बनाता है। आपको अपना दिमाग़ दौड़ाकर हर संभव तरीके से उनका समाधान खोजना पड़ेगा। सफलता कभी आसानी से नहीं मिलती, हर क़दम पर आपकी लगन, परिश्रम, क्षमता और निष्ठा की परीक्षा होती रहती है। जीवन में समस्याएं तो आती हैं, लेकिन उनको व्यवधान या रुकावट के रूप में हम ही देखते हैं। उनको अपनी उन्नति की सीढ़ी के रूप में देखें। यदि कभी ग़लती हो जाए तो निःसंकोच उसको सुधारें। बज़ाय दूसरों की आलोचना के अपने हितों की आवाज़ ध्यान से सुनें। कभी-कभी हमारी सफलता बीच में मार्ग सुधार कर भी प्राप्त होती है। ग़लती को सुधारने व उसे अपनी जिम्मेदारी मानने से कभी दरेग न करें। भूलों को सुधारते रहें और अपने लक्ष्य प्राप्त करते रहें, यही धनात्मक दृष्टिकोण रखने का लाभ है।

50

प्रशंसा की शक्ति

चाहे हम कितना भी संभलकर काम करें, कुछ-न-कुछ गड़बड़ या ग़लती तो हो ही जाती है, पर क्या यह सही है कि उस ग़लती को ऋणात्मकता से उजागर कर हम अपने मतभेद गहरे कर लें?

अपने से बड़ों– बॉस, वरिष्ठजनों इत्यादि से तारीफ की कामना तो सभी को रहती है। उनकी एक हल्की-सी सराहना भी हमारा हौसला बढ़ा देती है। सही समय पर सही तारीफ को कार्य की बेहतरी के लिए एक बड़ा निवेश जैसा समझना चाहिए। जब किसी को दिया गया काम बखूबी पूरा हो जाए, तो खुलकर तारीफ करना चाहिए। सराहना करने में कंजूसी कभी न करें। मेरे एक बॉस थे जो कभी किसी की तारीफ नहीं करते थे। मैंने उनसे यह पाठ सीखा कि ऐसा कभी नहीं करना चाहिए। यदि तारीफ की हल्की-सी भी गुंजाइश है तो उसका इस्तेमाल करना चाहिए। एक हल्की-सी मुस्कान, सहमति या शारीरिक-भाषा द्वारा प्रशंसा का भाव, आपके मातहत या सहायक को इतना प्रोत्साहन दे सकती है कि वह स्वयं अपनी कार्य कुशलता के लिए सदा सतर्क रहे।

चाहे हम मालिक हों या नौकर, प्रशंसा सभी पर अच्छा प्रभाव डालती है। यह सराहना टालू न हो, वरन् कार्यकर्ता को मालूम हो कि उसका प्रयास सही माना गया है। यदि दी गई समय सीमा में कोई सफ़ाई से पूरा किया गया है तो कार्यकर्ता की सराहना करना आपका कर्तव्य है। यदि कोई कमज़ोरी भी है तो पहले तारीफ करें, बाद में उस कमज़ोरी को सुधारने का भी सुझाव दे सकते हैं। यह बात दोनों पर लागू होती है। यदि आप स्वयं कार्यकर्ता हैं तो काम ऐसा करें कि तारीफ अपने आप मिले लेकिन तारीफ करने के तुरंत बाद ही अपना कुछ काम करने का अनुग्रह तारीफ का मूल्य घटा देता है। अगले ही क्षण समझ में आ जाएगा कि यह तारीफ तो एक बहाना है, क्योंकि इनको कुछ अपना काम मुझसे करवाना है।

यद्यपि किसी की पीठ पीछे बुराई करना सही नहीं होता, पर पीठ पीछे तारीफ करना बहुत अच्छा प्रभाव देता है, क्योंकि तब उसको (काम करने वाले को) आपकी ईमानदारी पर कोई शक़ नहीं होता। सामने तारीफ में एक खुशामदी भाव भी हो सकता है, पर पीठ पीछे की सराहना तो स्वभावतः निश्छल ही मालूम होगी। तारीफ करते समय कार्य की जटिलता को सही प्रकार सुलझाने का ख़ास उल्लेख, तारीफ को और प्रभावकारी बना देता है। याद रखें कि कुशलता की तारीफ समझदार को प्रोत्साहित करती है, पर अकुशलता की सराहना उस कार्यकर्ता को अपना सुधार करने से रोकती है। यदि काम छोटा और अजटिल हो तो एक मुस्कान ही काफ़ी है, पर यदि वह दुरुह और लंबा चलने वाला हो तो सराहना भी विशद और विविध होनी चाहिए। झूठी तारीफ कभी न करें, पर सच्ची तारीफ का मौका कभी न गंवाएं।

असल में, दिक्कत यह है कि हम सभी प्रायः ऋणात्मकता से अभिभूत रहते हैं। हम सदा दूसरों की ग़लती और अपनी योग्यता प्रकाशित करना चाहते हैं। यदि किसी ने चार अच्छे काम किए हैं और एक नहीं तो हम कमज़ोरी पर ही पहले आक्रमण करना चाहते हैं, जबकि अपने मामले में हमारी प्रतिक्रिया इसके बिलकुल उलट रहती है। सदा दूसरों की तारीफ पहले करें और अकुशलता की आलोचना बाद में, जबकि अपनी ग़लती पहले बताएं और अपनी कुशलता का ज़िक्र चलते-फिरते अंदाज़ में, थोड़े शर्माते हुए करना चाहिए।

सराहना करने में कभी विलंब न करें। यह कोई मात्र औपचारिकता नहीं लगनी चाहिए, न झूठी तारीफ। स्पष्ट करें कि इसमें तारीफ लायक क्या काम था। अगले को मालूम होना चाहिए कि न केवल उसकी कुशलता का मर्म समझा ही गया है, बल्कि उसे सराहा भी गया है।

वस्तुतः स्वयं को महत्त्वपूर्ण बताना हम सभी की एक स्वाभाविक चेष्टा होती है। कोई अपने आपको नाकारा और गुमनाम नहीं बताना चाहता। यदि दूसरा व्यक्ति आपसे अपना महत्त्व जानना चाहता है तो उसे निःसंकोच बताएं। तारीफ करना एक योग्य प्रबंधक का आज की दुनिया में महत्त्वपूर्ण गुण है। काम करने से ज़्यादा मुश्किल दूसरे से सही काम करवाना होता है। इसमें तारीफ़ करना, वह भी सही और सही मौके पर, सर्वाधिक कारगर अभिप्रेरणा का काम करता है। तारीफ किसी की कभी भी की जा सकती है, चाहे वह बच्चा हो या वयस्क। जब मैं अपनी दो वर्षीय पोती की सधे क़दमों से सीढ़ी चढ़ने की तारीफ करता हूं तो वह गद्गद् हो जाती है। एक बार मैंने प्रधानमंत्री की प्रशंसा उनके सामने ही की थी, उनकी अच्छी नीति की, जिसने प्रशासनिक सुधार लाने में बड़ी भूमिका निभाई तो उन्होंने सहमति में न सिर्फ़ अपना सिर हिलाया, वरन् मुस्कुराकर उसका स्वागत भी किया। तारीफ की ताकत के बारे में मार्क ट्वेन ने एक बार कहा था– "अच्छी तारीफ के बल पर तो मैं दो महीने काट सकता हूं। यह तो हम पर निर्भर है कि कैसे उस हर व्यक्ति से सर्वोत्तम काम करवाएं जो हमारे संपर्क में आता है!"

51

जीवन को सार्थक बनाएं

किसी भी काम को करने के पूर्व उसका तार्किक रूप से औचित्य समझना बेहद ज़रूरी होता है। यह सिर्फ़ किसी व्यक्ति या संस्थान के लिए ही नहीं, राष्ट्रों के लिए भी आवश्यक है। एक धुंधले ख़ाके से काम नहीं चलने वाला। हमें इसको स्पष्ट रूप से परिभाषित करना ज़रूरी है, क्योंकि तभी हम साहसिक निर्णय लेकर अपने जीवन को सफल बना सकते हैं। जो सार्थक निर्णय आप लें, उसका पूरे उत्साह और साहस से निर्वाह करना भी आवश्यक है।

इसमें शामिल हैं अपने अस्तित्व का उत्तरदायित्व समझना, अपने स्वास्थ्य, कैरियर, धन की ज़रूरत, संबंधों और भावों-आदतों की आवश्यकता तथा अपनी धार्मिक और आध्यात्मिक मान्यताएं भी समझना। यह सोचना भी शामिल है कि हम क्या अभी तक जीवन में उपलब्ध कर पाए हैं या क्या और प्राप्त करना चाहिए। क्या हम वह हो पाए हैं या होने को अग्रसर हैं जो हमने सोचा था? हमें इसी सोच-विचार और सतत आत्म-परीक्षण द्वारा अपना लक्ष्य निर्धारित करना चाहिए तथा अपनी योग्यता एवं स्वाभाविक प्रवृत्ति से अपने लक्ष्य प्राप्त करने के लिए सदा केंद्रित रहना चाहिए।

हमें इसके लिए पूरी शिद्दत से दत्तचित्त होकर काम करना पड़ेगा और बहकाव को पीछे छोड़ना पड़ेगा। जितना बड़ा लक्ष्य होगा, उसके लिए हमें उतना ही काम करना पड़ेगा। जो पाना है वह पाना ही है। इसमें किसी दोयम स्थिति से समझौते की कोई जगह नहीं होनी चाहिए।

इसके साथ-साथ हमें अपने स्वास्थ्य पर भी पूरा ध्यान रखना आवश्यक है। वर्तमान में स्थित होकर अपना उद्देश्य प्राप्त करें, विगत की ग़लतियों और आगत के लिए भय को त्यागकर। यदि आपको लगे कि कोई अन्य काम आपको अपने लक्ष्य से पथ भ्रष्ट कर रहा है तो स्पष्ट रूप से उसको नकार दें, चाहे किसी को बुरा लगे

या अच्छा। ज़िंदगी आपकी है और आपको ही इसे कामयाब या नाकामयाब बनाना है। यह याद रखें, सफलता के लिए कोई छोटा रास्ता होता ही नहीं है।

लेकिन अपनी दिशा और दशा का हर क़दम पर मुआयना करते रहें, निरंतर आत्म-परीक्षण कर अपना मार्ग सुधारते रहें। आपका मार्ग दर्शक कोई और नहीं केवल आप ही होते हैं। जीवन का मार्ग कभी-कभी बड़ा बेढब और दुर्गम हो जाता है। उसको पार करना आपका ही कर्तव्य है, तभी आप अपना वांछित परिणाम प्राप्त कर सकते हैं। यह पाठ मैंने स्वयं कई उलझनें पार करके सीखा है।

भारत के विभाजन के समय मेरे मां-बाप, मेरी दो बहनों और मुझे लेकर पाकिस्तान से हिन्दुस्तान पहुंचे थे। ऐसी हालत थी कि यह सोचना भी मुश्किल था कि अगला भोजन कहां से मिलेगा। हमारी तो वसुधा-संपत्ति उसी पुश्तैनी गांव में छूट गई, जो अब पाकिस्तान में है।

मेरे स्वर्गीय पिताजी महंत करतार सिंह के पास वहां (पुश्तैनी गांव में) 3000 एकड़ भूमि थी और यहां उन्हें घास काटकर और जानवरों को चराकर दो जून रोटी के लिए जी-तोड़ मेहनत करनी पड़ रही थी। इस पर भयंकर कष्टकारक जीवन के लिए भी उनके मन में कोई गिला नहीं था, न उन्होंने कभी अपने दुर्दिनों का रोना रोया। भारत आने के एक वर्ष बाद हमें भारत में थोड़ी ज़मीन मिली। मेरे पिताजी पूरी मेहनत से उसको जोतते-बोते थे। अपनी खेती से जब कुछ कमाई होने लगी, तब उन्होंने एक साइकिल ख़रीदी तथा खेतों में काम करने के लिए नौकर रखे।

मुझे उन दिनों की अच्छी तरह याद है जब हम दिनभर में एक बार ही खाना खा पाते थे। एक बार मैंने अपने दादाजी महंत नत्था सिंह से दो रोटी की फ़रमाइश की तो उनको आटा भी अपने पड़ोसियों से मांगना पड़ा था।

मैं तीन किलोमीटर दूर स्थित अपने स्कूल रोज़ पैदल ही आता-जाता था। वहां स्कूल में बेंचें या कुर्सी तो दूर, हमें अपने बैठने के लिए एक टाट भी घर से ही लाना पड़ता था। स्कूल की कक्षाएं प्रायः खुले में या पेड़ के नीचे लगती थीं।

बेहद मुश्किल से मेरे पिताजी मुझे गवर्नमेंट कॉलेज लुधियाना भेज पाए थे। मुझे केवल 125 रुपए महीने के मिलते थे, जिसमें शामिल था— दो बार ट्रेन में 4 रुपए का भाड़ा देकर जलालाबाद आना, अपने माता-पिता का हाल जानने को। मैं लुधियाना स्टेशन से अपना सामान कंधे पर लादकर पैदल ही अपने कॉलेज के हॉस्टल में आता था जिससे 2 आना (आज के एक रुपया का आठवां हिस्सा) सवारी के किराये के बचा सकूं, पर यह मेरी मेहनत और लगन ही थी जिसने ईश्वर की कृपा से मेरा भारतीय पुलिस सेवा में चयन करवाया था, वह भी प्रथम प्रयास में ही, जब मैं विद्यार्थी ही था। जब किसी ने मुझसे पूछा कि मेरी कामयाबी का राज़ क्या है, तो मैंने कहा मेरी अटूट लगन। मैं सफलता मिलने तक लगातार प्रयत्न में जुटा रहता था और जो तय किया है उसको प्राप्त किए बिना चैन से नहीं बैठता था। मैं तो यह मानता हूं कि भाग्य, नियति या तुक्का जैसा कुछ नहीं होता, यदि आपका हौसला बुलंद है और संकल्प दृढ़ है। आप भी चाहें तो इस सफलता के नुस्खे को आज़मा सकते हैं और मेरी बात की ताईद कर सकते हैं।

जीत लो ख्वाब को

52

अच्छी नींद की ताकत

'विश्व स्वास्थ्य संगठन' के अनुसार स्वास्थ्य का अर्थ शारीरिक, मानसिक और सामाजिक रूप से पूरी तरह भला-चंगा महसूस करना है, इसका अर्थ किसी व्याधि या कमज़ोरी का न होना ही नहीं है। अच्छा स्वास्थ्य ही मन और शरीर के मध्य मज़बूत संबंध स्थापित करता है। मतलब यही है कि यदि शरीर पूरी तरह स्वस्थ होगा, तभी हमारा दिमाग़ अच्छी तरह काम करेगा और स्मृति भी प्रखर रहेगी।

इलि नाइस विश्वविद्यालय में हुआ एक शोध कहता है– दिमाग़ और चेतन मस्तिष्क को जीवंत रखने में व्यायाम की भी प्रमुख भूमिका होती है। यदि नियमित व्यायाम चलता रहे तो जीवनभर स्वास्थ्य अच्छा रह सकता है और हम पूरी चेतनता से काम करते रह सकते हैं।

व्यायाम मस्तिष्क के कोशों को एक नूतन वृद्धि प्रदान करता है और इस तरह दिमाग़ का ढांचा भी सुधारता रहता है। इससे ये कोश स्वयं को नया करते रहते हैं तथा स्नायु-रसायन के स्राव द्वारा हमारे विवेक, जिजीविषा एवं कोशों का नवीनीकरण चालू रहता है। इस शोध के अनुसार निष्क्रियता हमारे शैक्षणिक प्रदर्शन को गिराती है तथा नियमित व्यायाम के कार्यक्रम हमारा ध्यान एकाग्र रखते हैं और स्मृति को प्रखर बनाते हैं। हमारी निर्णय लेने की क्षमता भी बढ़ती है। इससे यह स्पष्ट है कि दिमाग़, स्मृति और स्वास्थ्य आपस में गहरे जुड़े हैं।

अपने दिमाग़ को तेज़ करने और स्मृति को प्रखर बनाने के लिए हमें कुछ अच्छी आदतें अपनानी चाहिए। याददाश्त तेज़ होने से कई लाभ होते हैं। अच्छी तरह अभ्यास से हम अपने ऊपर दबाव को घटा सकते हैं। दबाव एवं तनाव हमारी स्मृति शक्ति के लिए घातक होते हैं। इनसे हमारी बौद्धिकत्ता भी क्षीण होती है। ध्यान

एकाग्र करके हम अपनी स्मृति को प्रखर कर सकते हैं। यदि दिमाग़ पर दबाव या तनाव रहेगा तो ध्यान एकाग्र करना बहुत मुश्किल हो जाता है।

दबाव से निजात पाने के लिए आपको स्वयं ही अपना कारगर तरीका ढूंढना पड़ेगा। कुछ लोग इसके लिए अपने मित्रों, परिवार से समागम करते हैं तो कुछ अपनी अभिरुचियों में डूब जाते हैं। कुछ लोग 'स्पा' में जाते हैं, मनचाहा संगीत सुनते हैं या कुछ जमकर कसरत करते हैं। ऐसे कई तरीके हो सकते हैं। आपको स्वयं ढूंढना पड़ेगा कि आपके लिए कौन-सा तरीका सर्वाधिक असरदार और सुलभ रहता है।

नियमित और समुचित व्यायाम करें– नियमित और समुचित व्यायाम सिर्फ़ हमारे शारीरिक स्वास्थ्य ही नहीं, वरन् दिमाग़ी सेहत के लिए भी बहुत ज़रूरी है। नियमित व्यायाम से शरीर में ऑक्सीजन ज़्यादा आती है, जिससे रोग प्रतिरोधात्मक शक्ति भी बढ़ती है और शीघ्र बीमार पड़ने की संभावना भी घटती है। व्यायाम आपके शरीर-मन पर एक भार-सा नहीं होना चाहिए। अपनी उम्र और काठी के लिए समुचित व्यायाम का कार्यक्रम बनाएं और उसका नित्य पालन करें। ऐसी कसरतें चुनें, जिसमें समूचे शरीर का प्रयोग होता रहे– हाथ-पैर-धड़-सिर-गर्दन इत्यादि सबका। दिल में भी ख़ून का संचरण ठीक तरह हो। आप चाहें तो इसके लिए अपने चिकित्सक से सलाह ले सकते हैं। योगासन, दौड़ना, उठक-बैठक करना कुछ भी चुन सकते हैं, अपनी शारीरिक और मानसिक सुविधा के अनुसार, पर उनको नित्य एक नियत समय पर करते रहें।

पूरी और अच्छी नींद भी लें– नींद रोज़ शरीर में ताज़गी भरने में बड़ी भूमिका निभाती है। यदि नींद पूरी नहीं होगी तो आपका दिमाग़ अपनी पूरी चेतना से काम नहीं कर पाएगा। मैंने स्वयं भी देखा है कि यदि कुछ दिन तक ठीक से नींद नहीं आए तो शरीर में एक थकान-सी भरने लगती है और दिमाग़ भी आलसी हो जाता है, इसलिए जब तक नींद पूरी नहीं होगी, आप अपना सर्वोत्तम प्रदर्शन नहीं दे सकते। वस्तुतः नींद और व्यायाम शरीर को स्वस्थ रखने के दो आवश्यक स्तंभ हैं। ये दोनों एक-दूसरे पर निर्भर करते हैं। यदि शरीर थका नहीं होगा अर्थात् व्यायाम समुचित नहीं होगा तो नींद सही नहीं आएगी और यदि नींद पूरी नहीं होगी तो आपका व्यायाम भी सही नहीं होगा। कई डॉक्टर तो इन दोनों की पर्याप्तता इलाज का एक ज़रूरी हिस्सा मानते हैं। हमारी भारतीय पुलिस सेवा में तो 'फिजिकल फिटनेस' (शारीरिक योग्यता) एक अत्यावश्यक तत्व माना जाता है। इसके लिए पूरी नींद और समुचित व्यायाम अपरिहार्य है, क्योंकि तभी शरीर की ग्रंथियों से वह स्राव– यथा एंडोर्फिन इत्यादि होते हैं जो शरीर को स्वस्थ रखते हैं। कुछ लोगों का मानना है कि दिन में तीन बार व्यायाम करना चाहिए। मैं इससे सहमत नहीं हूं। चूंकि हम रोज़ भोजन ग्रहण करते हैं अतः रोज़ एक बार ही व्यायाम करना काफ़ी है।

व्यायाम और नींद रक्तचाप को सही रखती है तथा कोलेस्ट्रॉल घटाकर शरीर की प्रतिरोधात्मक शक्ति बढ़ाती है– पेशियों को ताकत देती है तथा हड्डियों को मज़बूत रखती है। इससे शरीर का चयापचय (मैटाबॉलिज़्म) भी सही रहता है। इसके साथ-साथ संतुलित आहार भी लेना आवश्यक है। चिकित्सा विशेषज्ञ मानते हैं कि स्मृति को प्रखर रखने के लिए ओमेगा फैटी एसिड्स जो ठंडे पानी की मछली में पाया जाता है– यथा सालमन, मॉकटेल और ट्यूना, विटामिन 'बी' कॉम्पलेक्स प्रदान करने वाले खट्टे फल; स्ट्रॉबेरीज़, पालक, हरी पत्तेदार सब्जियां, एस्पारेगस, खरबूजा-तरबूज, काली दालें व पीली दालें समुचित मात्रा में खानी चाहिए।

अच्छे स्वास्थ्य के लिए डॉक्टर एंटी-ऑक्सीडेंट्स (यथा विटामिन 'सी', 'ई' और बीटा कैरोटिन) खाने की सलाह भी देते हैं। यह एंटी-ऑक्सीडेंट्स शरीर में विषाक्तता का शमन करते हैं। विटामिन 'सी' से ऑक्सीजन का मस्तिष्क तक प्रभाव भी बढ़ जाता है, जिससे भी स्मृति प्रखर होती है। कई प्राकृतिक रूप से उपलब्ध एंटी-ऑक्सीडेंट्स के स्रोत हैं : जामुन, ब्रोकली, टमाटर, ग्रीन टी, अखरोट, बादाम जैसे सूखे मेवे, शकरकंद, रेस्पबैरीज़ इत्यादि। इन प्राकृतिक पोषक तत्वों की अपनी ख़ुराक में उनके सहज रूप में ही शामिल करना ठीक रहता है, तभी वे ज़्यादा असरदार रहते हैं।

स्मृति तो हमारे जीवन की एक डायरी के समान है, क्योंकि इसी से हमें पूरे संसार की ख़बर रहती है। यह प्रकृति प्रदत्त अनूठी देन है मानव को और इसी के आधार पर हम अपने जीवन का निरंतर सुधार कर इसे मनचाहे रूप में जी सकते हैं।

53

सफलता का फार्मूला

मुझसे कई बार पूछा गया है कि कामयाब होने के राज़ क्या हैं? मैं तो साफ़ तौर पर कबूल करता हूं कि इसका ज्ञान तो मुझे तीर और तुक्के से ही तरीके से प्राप्त हुआ है। कभी-कभी तो एक क्षेत्र में मिली सफलता का गुर दूसरे क्षेत्र में कारगर नहीं रहता! पर एक चीज़ हर क्षेत्र में सफलता पाने के लिए ज़रूरी है– लगन और लक्ष्य के प्रति एकाग्रता। बिना इसके कोई भी कामयाबी हासिल नहीं हो सकती।

किसी भी काम में एकजुट होकर लगे रहना ज़रूरी है। जब तक लक्ष्य प्राप्त न हो, उससे मुंह नहीं मोड़ना चाहिए। व्यवधान और रुकावटें तो सदा ही आती रहेंगी। मेहनत से घबराना नहीं चाहिए, बल्कि और कटिबद्ध होकर काम करना चाहिए, क्योंकि व्यवधान ही तो आपकी लगन की आज़माइश करते हैं।

यदि आपकी इच्छाशक्ति दृढ़ है, संकल्प मज़बूत है तो ऐसी कोई मुश्किल नहीं जो आसान न हो जाए। हमें अपने हृदय पर यह संदेश लिख देना चाहिए कि कष्ट का निवारण, ज़्यादा कष्ट सहने से और समस्याओं का निवारण और बड़ी समस्याओं से जूझने पर ही होता है, जितनी उलझनें और समस्णएं आएंगी, सफलता उतनी ही प्यारी लगेगी।

सफलता की कामना करना और कोई प्रयत्न न करना, हवाई किले बनाना है। हवाई किले बनाना कोई ग़लत नहीं, पर एक बार उनका ख़ाका तैयार हो गया तो अपनी कर्मठता से उसकी नींव का पत्थर तो रख दें, बाद में उपलब्धि के महल और कंगूरे बनते रहेंगे!

अपनी योग्यता को निखारने का केवल एक ही रास्ता है– अभ्यास और निरंतर अभ्यास। शिखर पर कोई आसमान से टपककर नहीं पहुंचता, उसे

क़दम-दर-क़दम अपना रास्ता बनाना पड़ता है। बैठे-बैठे तो सिर्फ़ मुर्गी ही अंडा दे सकती है!

सब कुछ प्रयास पर ही निर्भर करता है, लेकिन प्रयास पूरी निष्ठा और मेहनत से किया जाना चाहिए। जो भी काम करो, पूरी निष्ठा और ईमानदारी से करो। चाहे भले ही सड़क पर झाड़ू लगाने का काम हो या वीयोबन की तरह संगीत-सृजन का या शेक्सपियर की तरह कविता लिखने का। सड़क भी साफ़ इस तरह करो कि फ़रिश्ते भी तुम्हारी कार्य-कुशलता की तारीफ करें।

हमारी पहचान परिणामों से प्राप्त होती है, मात्र सोच-विचार से नहीं। आप जितने भी हुनरमंद हों, पर यदि आपके अंदर प्रतिबद्धता नहीं और कड़ा श्रम करने की क्षमता नहीं तो आप जीवन में ऊपर नहीं उठ सकते। मैंने अपने कई मित्रों को अपने दुर्भाग्य का रोना रोते देखा है। मैंने उनसे सदा यही कहा है कि अपने प्रयत्न की सच्चाई और स्तर पर भी एक नज़र डाल लो। मैं तो यह मानता हूं कि अपने ध्येय को प्राप्त करने के लिए हम जितना प्रयत्न करते हैं, उसी के अनुरूप हमारा भाग्य भी बदल जाता है।

मैं अब तक 35 से अधिक किताबें लिख चुका हूं और यदि भारतीय भाषाओं में उनके अनुवाद भी जोड़ दें तो संख्या 55 के पार पहुंच जाती है। लोग कहते हैं कि मैं इनके लिए इतना समय कैसे निकाल लेता हूं। मेरा ज़वाब होता है कि मैं फालतू कामों में समय बर्बाद नहीं करता। मैं अपने काम से काम रखता हूं और चुने हुए प्रोग्रामों में ही शिरकत करता हूं। मैं अपनी 'करना है' की एक सूची बनाता हूं, जिसमें शामिल रहता है रोज़ कम-से-कम 500 से 1000 शब्दों का लेखन। 30 दिसंबर 2011 को मुझे मुंबई एयरपोर्ट पर 10 घंटों तक रुकना पड़ा था। कुहरे के कारण जहाज के आने में विलंब हो रहा था। बज़ाय समय की बर्बादी का रोना रोने के, मैंने अपना लैपटॉप खोला और तब तक काम करता रहा, जब तक प्लेन में जाने की घोषणा न हो गई।

वस्तुतः मैंने कई ऋणात्मक परिस्थितियों को अपनी युक्ति से धनात्मक बनाया है। यदि कभी ऐसा अतिरिक्त समय मुझे मिलता है तो मैं अपने हफ्तावार लेख लिखने में उसका सदुपयोग कर लेता हूं।

एक बार 2011 के दिसंबर की घटना की लगभग पुनरावृत्ति हुई। मैं 2011 दिसंबर को दिल्ली से मुंबई जा रहा था। प्लेन ठीक दस बजे अपने निर्धारित समय पर उड़ा, पर तुरंत ही वापस आ गया, क्योंकि इसके एक इंजन पर चील ने आघात कर दिया था। दिल्ली वापस आकर प्लेन की पूरी जांच हुई, क्योंकि एक ही इंजन के सहारे मुंबई तक उड़ना ख़तरनाक था। प्लेन को बदला जाना ज़रूरी था और इस बदलाव में 6 घंटे का समय लगना था। मैंने इस अवधि के एक-एक मिनट का सदुपयोग किया।

मैं यह नहीं मानता कि मैं कभी टालमटोल करता ही नहीं। जब भी ऐसा करना पड़ता है तो मैं यह सुनिश्चित करता हूं कि यह अवधि स्टॉप वॉच से 10 मिनट से ज़्यादा की न हो। अत: मैं अपनी स्टॉप वॉच चला देता हूं, इस आदेश के साथ कि जो भी मुझे करना है मैं ठीक दस मिनट के बाद करने लगूंगा। मैं अंदाज़े लगाने में विश्वास नहीं करता, जो भी मुझे करना है, वह मैं अपनी डायरी में लिख लेता हूं। दूसरे शब्दों में कहूं तो मैं दिन और रात के हर उपलब्ध मिनट के लिए अपने काम स्पष्ट रखता हूं, जिससे समय कतई बर्बाद न हो।

योजना बनाकर अपनी कार्य करने की सूची रखना, एक अनंत प्रक्रिया है जो हमें जीवन के हर स्तर पर चालू रखनी चाहिए। जीवन में हर काम या उद्देश्य को पाने के लिए, चाहे दफ्तर का हो या घर का, एक पूरी योजना बनाकर काम करना, किसी भी क्षेत्र में सफलता के लिए अपरिहार्य है। याद रखें, अपना काम तो सिर्फ़ हमें ही करना पड़ेगा; कोई दूसरा आपके लिए नहीं करने वाला। जेब में हाथ डालकर घूमने से तो सफलता कभी नहीं मिलती। कोई भी सार्थक काम करने के लिए अत्यावश्यक है कि प्रयत्न किया जाए। इसके लिए कोई आसान तरीका होता ही नहीं है। यह पूरी तरह हम पर ही निर्भर है कि हम अपने जीवन को कैसा बनाएं।

■■■■

जीत लो ख्वाब को

www.ingramcontent.com/pod-product-compliance
Lightning Source LLC
LaVergne TN
LVHW051239080426
835513LV00016B/1671